논객시대

논객시대

인문·사회 담론의 전성기를 수놓은
진보 논객 총정리

노정태 지음

반비

이 책은 하나의 크고 본질적인 질문에 대한 답을 찾는 과정에서 시
작되었다. 때는 내가 21개월 하고도 1주일의 군생활을 마친 후 현실 감
각을 다시 찾아가던 2012년 하반기였다. 끝없는 이합집산 끝에 한국의
진보정당 운동은 원래의 형체를 알아볼 수 없게 변해버렸다. 이른바 범
야권은 '안철수 현상'에 직면해 어찌해야 할지 종잡지 못하고 있는 상황
이었다. 안철수 본인과 지지자들 또한 혼란스럽기는 마찬가지인 것처럼
보였다. 진보는 몰락했고, 야권은 분열한 가운데, 2012년 대선이 치뤄졌
고 한 해가 넘어갔다.

나의 질문은 간단했다. 어쩌다 이렇게 되었을까? 어느 시점까지 기억
을 돌이켜보면, 그때는 상황이 이렇지 않았다. 분당 이전의 민주노동당
을 지지하던 나는, 그 진보정당이 국회에서 10석을 차지하던 짜릿한 순
간을 아직도 기억하고 있다. 1997년에는 역사상 최초의 수평적 정권교
체가 이루어졌고, 2002년에는 몇 번이나 낙선할 술 알면서도 지역살능

구도에 정면도전한 어떤 신념의 투사가 대통령에 당선되었다. 세계에서 가장 빠른 인터넷을 사용하던 한국인들은 온 국민의 숙원이었던 월드컵 16강을 넘어 4강에 오르는 위업을 목격했고, 1인당 GDP는 2만 불을 넘었다.

2014년 현재의 한국 사회를 이해하기 위해 우리는 다양한 방법론과 시선을 동원해볼 수 있다. 가령, 박근혜의 당선을 '박정희의 귀환'으로 단정지을 때, 그렇게 말하는 이는 오늘의 문제를 1960년대, 그리고 1970년대에 일어난 사건과의 연장선에서 파악하고 있는 셈이다. 일제의 식민통치, 해방, 한국전쟁, 4.19 학생 혁명과 5.16 군사 쿠데타, 유신 독재, 부마항쟁, 서울의 봄과 5월 광주 등으로 이어지는 전통적인 정치 서사를 동원하고 있는 것이다.

그런데 과연 그것만으로 충분한가? 1983년에 태어나 군사독재를 직접 경험한 바 없고, 이른바 '87년 체제'를 공기처럼 당연하게 여겨온 나로서는 곧이곧대로 고개를 끄덕이기 어려웠다. 2014년 현재의 문제를 파악하기 위해서는, 1997년 외환위기와 정권교체로 시작되는 최근의 현대사를 되짚어야 하기 때문이다. 단지 그 시절에 내 몸과 마음이 자라서가 아니라, 그때를 기점으로 한국 사회는 이전과 전혀 다른 사회가 되어갔으며 지금도 그런 변화가 계속되고 있다고 판단했기 때문이다. 진보정치의 몰락, 전통적으로 세를 유지해온 야권의 분열, 사회 연대와 노동 조직의 와해 등 오늘날의 과제에 대응하려면, 마치 술이 깬 아침 간밤의 일을 필사적으로 떠올리려 노력하는 것과 같은 반성적 고찰이 필요하다는 결론을 내렸다.

문제는 탐구의 방법론이었다. 다양한 방식으로 목차를 고안하고 습작을 해보았다. 속된 말로, 맨땅에 헤딩하는 기분을 느낄 수밖에 없었다. 우리는 우리가 살아온, 혹은 지금까지도 지속되고 있는 '현재'를, 제대로 파악하고 있지 못했다. 의지할 만한 참고문헌이나 선행 연구를 찾기 어려웠다는 말이다. 나는 당황했다.

그럼에도 불구하고 저 질문에 대한 대답을 구하고 싶었다. 내가 직접 풀 수 없다면, 이 문제를 좀 더 풀기 쉬운 방정식으로 전환하기라도 해야 했다. 나는 갓 제대했고, 대학원 석사 학위까지 받았기에 복학할 학교가 없는 처지였으며, 경제적으로도 궁핍했다. 어쩌면 당시 나의 삶의 조건이, 대학에 입학하여 비로소 넓은 세상과 맞닥뜨렸던 무렵과 비슷했는지도 모르겠다. 그래서일까. 문득 '논객'들이 떠올랐다. 내가 세상과 만나고 세상을 이해할 수 있게 해주었던 그들. 이른바 사회과학이 담론의 시장에서 썰물처럼 빠져나간 후, 21세기의 변화한 환경 속에서 판단의 기준을 제공했던 바로 그들 말이다.

사마천의 『사기』는 본기(本紀), 표(表), 서(書), 세가(世家), 그리고 열전(列傳)으로 이루어져 있다. 이중 가장 대중적으로 읽히고 사랑받는 것은 총 70권으로 이루어진 '열전'이다. 왕과 제후를 제외한 이들의 이야기를 사마천은 탁월한 글솜씨로 풀어나갔다. 물론 본기, 표, 서, 세가 등도 중요하지만, 정치가에서 일반 서민까지 수많은 이들을 망라한 『사기 열전』을 통해, 후대 사람들은 고대 중국의 역사를 마치 오늘의 일처럼 실감하며 읽어내려갈 수 있다.

『논객시대』가 취한 전략도 이와 유사하다. 대통령 혹은 굵직한 정치적 사건 중심으로 본기를 쓰거나, 경제지표를 놓고 표와 그래프를 그리는 대신, 책 읽는 대중들에게 친숙할 뿐 아니라 이 뜨거운 시대를 함께 살아나갔던 진보 논객들의 열전을 써내려갔다. 따라서 독자들은 개별 논객들의 이야기를 통해, 그 시대를 다양한 각도에서 여러 차례 바라보게 될 것이다.

이 책에서 다루는 진보 논객은 모두 아홉 명이다. 책에 등장하는 순서대로 이름을 불러보자. 강준만, 진중권, 유시민, 박노자, 우석훈, 김규항, 김어준, 홍세화, 고종석. '우리가 어쩌다가 이렇게 되었을까?'라는 질문을 떠올리며 한숨을 내쉴 독자라면, 이 목록을 바라보며 착잡하고도 묘한 감회에 사로잡힐 거라고 나는 추측한다.

어떤 독자는 저 논객들 중 누군가를 아직도 좋아할 수 있다. 혹은, 한때 열렬히 추종했지만 지금은 식상해졌거나, 혹은 나와 우리 모두를 속였다고 분노에 사로잡혀 있을지도 모르겠다. 설령 독자가 진보정당 혹은 민주당 계열 야권의 지지자가 아니라 할지라도 이들의 이름이 주는 무게감은 결코 가볍지 않을 것이다. 지난 10여 년간 대중들 곁에서 정치적 판단의 기준을 제시하고 목청을 높이며 활약했거나, 어떤 사건을 겪고 입장을 바꿨거나, 아예 펜을 놓았거나, 지금까지도 무언가 해보기 위해 노력하는 사람들이기 때문이다.

이들 가운데 유시민은 국회의원을 거쳐 보건복지부 장관까지 역임한 바 있지만, 독자들은 이 모든 등장인물들을 바라볼 때 위화감이나 거리감보다는 친숙함을 느낄 것이다. 이들은 우리와 함께, 각자의 글과 말을 통해, 지난 세월을 치열하게 살아온 논객들이기 때문이다. 이 책을 쓴 나 자신이 그렇다. 나는 이들 중 누군가를 진심으로 미워했고, 또 어떤 이에게는 부치지 않은 팬레터를 쓴 적도 있다. 하지만 이제 잠시 응원의 박수와 분노의 야유를 멈추고, 그들과 우리가 살아온 그 시절을 돌아보면 어떨까.

한국 사회의 거의 모든 사건에 개입하고 발언해야만 했던, '논객'이라는 사람들의 치열한 이야기, IMF 외환위기 이후 대한민국이 겪어온 역사를 다루는 열전이 여기 있다. 지난 십 수 년간을 입체적으로, 한 걸음 더 나아가 총체적으로 되살리는 것이 이 책의 가장 중요한 목표라고 할 수 있다. 같은 시대를 다른 방향에서 살아간, 서로 다른 입장을 취하며 더러 싸우기도 했던 논객들의 이야기를 비교·대조하여 당시를 이해함으로써 오늘날의 분열과 갈등을 해결하기 위한 실마리를 독자가 찾아낼 수 있기를 희망한다.

한편 『논객시대』는 책에 대한 책이기도 하다. 약간의 차이가 있지만, 대략 1997년 외환위기와 대선 전후부터, 2012년 대선과 그 후까지 출간된 진보 논객들의 책을 대상으로 한다. 진보 논객들이 활약했던 시대를 연구하고 판단하기 위해 논객들이 쓴 책 자체를 심도 깊게 읽어나간다.

왜 책인가? 가령 김어준을 이야기하면서 그가 만든 웹진인 《딴지일보》를 연구하지 않으면 과연 합당한 일인가? 유시민은 칼럼을 쓰는 논객이면서 동시에 MBC의 「100분 토론」 진행자로도 명성을 날리지 않았나? 진중권에 대해 그 유명한 인터넷 논객질을 빼고 나면 대체 무슨 이야기를 할 수 있겠는가? 『논객시대』의 탐구 대상을 책으로 한정하는 것에 대해, 나 스스로도 여러 방향에서 비판할 수 있지만, 그럼에도 불구하고 이 책은 논객들이 쓴 책에 대한 책으로 만들어졌다.

오늘날은 정치인들이 직접 트위터나 페이스북에 의견을 올리고, 그것을 기자들이 기사화하고, 논란이 생기면 다시 SNS를 통해 해명하는 것이 일반화돼 있다. 1990년대 말에서 2000년대 초까지만 해도 사정이 전혀 달랐다. 당시는 종이 신문의 전성기였고, 이를 견제하기 위한 대항마로 인터넷이 겨우 거론되던 시점이었다. 하여 우리의 논객들은 신문이나 잡지의 지면에 칼럼을 쓰거나, 어떤 언론에서도 받아주기 어려운 이야기를 하기 위해 스스로 매체를 창간하거나, 아주 빨리 단행본을 써서 펴내는 방식 등으로 대응했다.

당시 만들어진 웹진이나 인터넷 사이트 가운데 오늘날에도 접속할 수 있는 것은 거의 없지만, 책은 다르다. 내 책꽂이에서 나와 함께 나이를 먹어가는 책도 있고, 도서관의 서가에 꽂혀 무심히 흐르는 세월을 지켜보는 책도 있다. 여전히 책은 과거로 돌아가는 데 가장 빠르고 믿음직한 타임머신이다. 하여 나는 한 꼭지 한 꼭지를 쓸 때마다 서울 시내 공립도서관의 신세를 질 수밖에 없었다. 최선을 다해, 논객들이 쓴 책을 모두 구해, 전부 다시 읽어낸 결과 『논객시대』 한 권이 나온 셈이다.

하지만 이 책은 일반적인 서평집이 아니라, 영미권 언론에서 한 분야를 차지하고 있는 '문학적 저널리즘(Literary Journalism)' 혹은 '서사적 논픽션(Narrative Nonfiction)'에 해당한다고 나는 주장하고 싶다. 이 책에는 이런 내용이 있었고 저 책에는 저런 소리가 적혀 있다는 식에서 한 걸음 더 나아가, 그런 글을 쓸 때 해당 논객은 무슨 생각을 했고 무엇을 고민했는지, 어떤 질문을 회피하려 했을지 적극적으로 추측하고 이유를 설명하고자 했다. 다소 과격한 비유를 해보자. 여기에서 한 구의 시체가, 저기에서 또 한 구의 시체가 나왔을 때, 프로파일러는 두 사건의 공통점을 발견해 연쇄살인범의 흔적을 쫓기 시작한다. 이러한 지적 작업을 가리키는 별도의 용어를 찾기 어려우므로, 나는 『논객시대』를 서사적 논픽션이라고 스스로 생각하며 원고를 써내려갔다.

오늘날, 인터넷의 활성화 및 경기 침체로 인해 언론 환경은 날이 갈수록 위축되고 있다. 문학적 저널리즘, 혹은 서사적 논픽션은 원래부터 한국 언론 및 출판 시장에서 그리 큰 지분을 차지하고 있지 못했기에, 새로운 책을 쓰려고 해도 기댈 만한 선행 연구가 없는 악순환의 고리를 끊기가 매우 어렵다. 이러한 현실 속에서 서사적 논픽션을 쓰기 위해, 나는 연구의 대상과 방법론에 부러 제약을 가할 수밖에 없었다. 몇몇 예외를 빼고 나면, 『논객시대』의 참고문헌에는 오직 해당 논객들이 직접 쓴 책만이 포함되어 있다. 설령 단행본으로 엮여 있지 않더라도, 검색을 통해 인터넷에서 찾아볼 수 있는 텍스트를 우선 선정했다. 사적인 경로로 전해 들었거나, 독자가 확인할 수 없는 '뒷이야기'에 기반하여 내용을 작성하지 않았다는 얘기다. 지적인 투명성을 확보한 가운데 유의미한 논의를 끌어내는 한 표본을 만들자, 이것이 이 책의 또 다른 목표라고 할 수 있다.

이제 감사의 말씀을 전해야 할 때이다. 어쩔 수 없이 원고 작성 및 제작에 직접 관련된 분들만을 이 지면에 모시려 한다. 이 책의 원고 대부분은 《프레시안》의 주말 서평 섹션인 '프레시안 books'에 연재된 것을 조금 혹은 많이 수정하여 엮은 것이다. 해당 지면을 담당하며 내 원고와 불평을 받아준 김용언 팀장께 특별히, 그리고 지면을 허락해준 《프레시안》에 감사의 뜻을 표한다. 특히 《프레시안》의 강양구 팀장님은 적절한 조언을 통해 이 책의 방향을 결정하는 데 도움을 주었다. 한편 「늑대소년은 이탈리아에서 무엇을 보았나」는 내가 참여하여 만드는 독립잡지 《도미노》 3호에 실린 원고를 수정한 것이다. 내가 알지 못하는 영역을 깨우쳐주며 지적 나태에 빠지는 것을 방지해주는 《도미노》 동료들에게도 큰 감사의 말을 전한다. 또한 이 책의 기획 단계에서부터 함께 논의해주고 게으른 저자를 이끌어준 반비의 김희진 편집장께도 감사의 말씀을 드린다. 디자인 연구자 박해천 선생께서는 연재 당시 내가 저질렀던 착오와 실수를 지적해주셨다. 한편 이 책의 표지는 미술평론가 임근준 선생의 강의에서 얻은 아이디어에 바탕을 두고 있다. 늘 신선한 지적 자극을 선사하는 두 분께 감사의 뜻을 표한다. 여기에 열거되지 않은 분들께는 따로 시간과 기회를 내어 감사의 말씀을 드리겠다.

『논객시대』는 내 이름을 걸고 혼자 써서 펴내는 첫 번째 단행본이다. 어떤 의미에서, 내가 나의 20대를 바라보며 쓴 책이기도 한 셈이다. 그런 의미에서 이 책의 주인공인 아홉 명의 진보 논객들이야말로 가장 큰 감사 인사를 받으셔야 할 분들이다. 10여 년 전 그들의 책을 읽었기에 오늘의 내가 있으며, 다시 한 번 그들의 책을 읽었기에 『논객시대』가 나올 수 있었다. 끝으로 이 책을 선택하여 읽기 시작하신 독자 여러분께 감사 말씀을 드린다. 독자 여러분이 오늘을 살아갈 힘을 되찾으려 할 때, 이 거칠고 서툰 책이 조금이나마 도움이 될 수 있기를, 간절히 희망한다.

차례

논객들의 시대, 우리들의 시대

1.

'나무만 보고 숲을 못 보는' 사람은 숲 속에 있을까, 아니면 숲 밖에 있을까? 우리에게 너무도 익숙한 사고 틀에 따르면 당연히 숲 속에 있고, 그래서 나무 한 그루 한 그루만을 바라볼 뿐 숲 전체를 조망할 수는 없다. 그런데 이런 해석은 올바른 걸까? 내가 혹은 당신이, 나무들로 빽빽한 숲 속에 있다면, 당연히 숲을 볼 수밖에 없는 일 아닐까?

눈을 어디로 돌려도 나무들이 무성하고, 잎사귀들이 서로 부대끼는 소리가 들려오며, 온갖 짐승들의 발자국과 날갯짓으로 당신의 오감은 꽉 차오른다. 아무리 걷고 또 걸어도 탁 트인 하늘은 나타나지 않고 끝이 없을 듯한 짙푸른 장막이 서서히 눈에 익을 무렵 드디어 작은 오솔길을 발견할 때, 비로소 우리는 '나무가 아니라 숲'을 보게 되는 것은 아닐까. 다시 말하면, 숲 속에 뛰어들어야만 나무가 아니라 숲을 볼 수 있을지 모른다.

2.

　국민국가를 건설하고 자본제 생산양식을 도입하려는 찰나 외세의 침략에 시달려 결국 식민지로 전락하고 만 조선이라는 나라. 조선의 지식인들은 그리하여 국민국가도 자본주의도 완성하지 못한 상태에서 그것을 '극복'하기 위한 투쟁에 나서야 했다. 국민국가와 자본주의가 결국 근대라는 하나의 본질이 표현되는 두 가지 양태라 하면, 제대로 도래하지도 않은 근대와 맞서 싸우면서 동시에 그것을 추구해야 하는 이중의 모순을 이해하기. 이러한 근대를 "학문적으로 필사적으로 밝혀보라는 것이 남북이 인문·사회학도에게 국가적 요청 사항으로 강제했던 것"(『내가 읽고 만난 일본』, 그린비, 2012, 693쪽)이라고, 김윤식은 회상했다.

　김윤식이 그러한 시대적 요청을 감지하고 모종의 행동에 착수한 것은 1970년의 일이었다. 현해탄을 건너 일본으로 향한 것이다. '우리'에게는 없는 근대의 숲, '우리'에게 근대를 이식하고 동시에 '자발적'으로 성장하던 근대의 맹아를 짓밟은 일본에 가서, 해방 이후까지도 결국은 '우리'에게 지대한 영향을 미친 그들의 근대를 보고 배우기. 『내가 읽고 만난 일본』은 바로 이러한 문제의식을 품고, 근대라는 숲을 보기 위해 일본이라는 숲으로 뛰어들었던 한 젊은 연구자의 심정을, 수십 년이 지나 곱씹어보는 책이다.

　김윤식은 1970년과 1980년 두 차례에 걸쳐 일본으로 향했다. 첫 번째로 일본에 갔을 때 도서관에서 쉼 없이 읽고 또 읽으며 일본에서 '근대'를 형성해나간 고바야시 히데오와 에토 준 등의 저서를 탐독한다. 하지만 근대에 직면한 고국의 모순된 상황을 돌파해나갈 힘을 확보하지는 못한 채로 귀국했다. 김윤식 자신의 표현에 따르자면, "『한국 근대 문예비평사 연구』(일지사, 1999)를 간행했고, 그 연장선상에서 동화와 같은 루카치 흉내를 낸 문예비평의 현장에서 동분서주해 마지않았다."(같은 책, 559쪽)

하여 "5월의 광주까지 보아"버린 후, "군화로 무장된 현실 체제는 미동도 하지 않"(같은 곳)는 상황에서, 김윤식은 두 번째로 일본행을 단행한다. 요컨대 일본에 가기, 가서 '우리'가 직접 만들지도 경험하지도 못한 근대의 흔적을 주워오기, 그리하여 역시 일본에 세 차례나 건너갔지만 본인의 '고아 의식'에 함몰된 채로 역사의 급류에 속절없이 휩쓸려버린 천재 춘원 이광수를 이해하기, 이는 젊은 김윤식에게 필생의 과업이 되었다.

3.

『내가 읽고 만난 일본』은 그런 의미에서 『이광수와 그의 시대』(솔, 1999)의 저자 본인이 직접 쓴 기나긴 프리퀄이라고 할 수 있다. 굳이 요즘 표현을 빌리자면 '김윤식 비긴스'라고 할 수 있을지도 모르겠다. 물론 이미 학계에서의 입지가 굳건했지만, 우리가 아는 김윤식을 '그' 김윤식으로 만들어준 저작을 단 하나만 꼽자면 역시 『이광수와 그의 시대』일

터이기 때문이다. 요컨대 『내가 읽고 만난 일본』은 근대의 이중 모순에 사로잡힌 채 군사독재에 신음하는 조국을 바라보며 괴로워하던 젊은 학자가, 두 차례 일본을 방문한 다음 획기적인 성과물을 내놓음으로써 왕좌에 오르는 장면에서 마무리되는 이야기이기도 하다.

1981년 12월 29일 귀국한 김윤식은 이듬해 정초부터 원고를 쓰기 시작했다. 아침 8시부터 12시까지 매일 원고지 스무 매씩. 스스로 일본에서 찾아내고 복사하고 번역한 수많은 자료들도 국내에 처음 소개했다. 가령 '조선의 천재' 이광수가 최초로 쓴 소설은 일본어로 된 『사랑인가』였다, 그것이 이광수의 '고아 의식'을 드러내는 또 하나의 증거다 등등. 철저하고 집요하게 수집한 자료와 증거 앞에서 누구든 감히 반론을 제기하기는 매우 어려웠을 것이다.

애초에 이광수의 시대는 '자료'라고 할 만한 것이 온전히 남아 있기 어려운 시절이었다. 그럼에도 불구하고 김윤식은 최선을 다해 가능한 한 많은 자료를 독자들에게 제공했다. "어떤 점에서는 독자에게 판단을 맡길 수 있는 이점이 있었고, 또한 다음 연구자를 위한 조금의 배려를 겸한 것이기는 했지만, 그 때문에 글의 전체적인 균형이 흔들리고 논리 전개의 일관성이 빈약해진 것도 사실로 인정된다."(757쪽)고 말하면서도, 김윤식은 다음과 같은 결론에 도달한다.

"그것은 불가피한 일이 아니었겠는가. 이광수라는 인물과 그가 살았던 시대 자체가 매우 허술하고, 수미일관하지 못하며, 군데군데 금이 갔고, 한마디로 비합리적인 것 또는 '착란의 논리', '밤의 논리'에 속했던 것이 아니었던가. 그러기에 나의 이 글의 문체라든가 글 전체의 모양이 허술한 것은 이광수와 그가 살았던 시대에 오히려 상응하는 정직성일

지도 모른다. 다시 말해 춘원이 살았던 시대는 망국에서 해방까지 이르는 기구한 역사의 '괄호 속'이 아니었던가."(같은 곳)

4.

'이광수의 시대'를 '나의 시대'와 구분하고, 당시의 허술함을 지적하는 태도는 양자를 확연히 구분 짓고 비가역적인 것으로 만들려는 의지의 소산이다. 이광수의 시대에는 '밤의 논리'가 지배했다고, 이광수의 시대에는 역사를 바라보는 지식인들의 시선이 수미일관하지 못했다고, 이광수는 자기 시대에 고아 의식을 극복하기 위해 아버지를 찾아 헤매다가 결국 가짜 아버지인 대일본제국 앞에 무릎을 꿇었지만, 저 멀리서 동터오는 해방의 아침을 전혀 알지 못했다고, 김윤식은 수많은 자료를 통해 강조하고 반복하고 또 곱씹었다.

『이광수와 그의 시대』를 관통하는 주제 의식 중 하나가 바로 이 '단절 의지'이다. 이를 우리는 개정증보판에 추가로 수록된 논문인 「탄생 1백주년 속의 이광수 문학」에서 분명한 형태로 확인할 수 있다. "나는 5년에 걸쳐 이 연재를 마쳤는데, 이광수란 '나의 시대'와 무관하다는 시각이 이 제목 속에 함의되어 있었다."(『이광수와 그의 시대』 2, 솔, 1999, 470쪽)고 김윤식은 말한다.

"이광수가 '나의 시대'와는 무관하다는 생각을 내가 품게 된 것은, 한 문인이나 사상가란 자기 시대의 소명감에서 자유로울 수 없다는 매우 소박한 이유에서이다. 그가 '그의 시대'를 살았다고 함으로써 그를 한성

시킬 필요가 있었는데, 나와의 거리감 확보 없이는 그에 대한 객관화가 불가능하다고 판단한 까닭이다."(같은 곳)

여기서 우리는 한 가지 역설적인 상황을 목격하게 된다. 앞서 살펴봤듯이, 김윤식은 이광수가 경험한 '일본을 통한 근대'의 체험을 고스란히 반복하면서, 이광수의 시점으로 직접 뛰어들어 일본을 바라보고 극복하려 했다. 동시에 자신의 경험을 글로 풀어내는 과정에서, 구태여 힘주어가며 이광수와의 거리감을 확보함으로써 객관화하려고 애썼다.

이유는 어렵지 않게 알 수 있다. 김윤식에게는 '식민지 근대화론'을 극복하고 '근대화 맹아론'을 주창해야 할 중대한 역사적 사명이 있었기 때문이다. 조선 민족을 '일본식'으로 개조해야 한다고 믿었던 이광수, 즉 조선 내부에는 '근대'라는 이상향이 없고 다만 일본을 통해 수입될 수 있을 뿐이라고 생각했던 이광수와 달리, 김윤식은 조선 내부에 근대성의 씨앗이 이미 잠재되어 있었지만 채 싹트기도 전에 외세에 짓밟히고 말았다는 입장을 취했다.

이는 자연인 김윤식이라는 한 개인의 학문적 주장이 아니었다. 일제의 식민통치를 자력으로 극복해내지 못하고 미국에 의해 해방되었다는 자의식에 짓눌린 채, 군사독재를 거치며 일본 정신을 군국주의적으로 재흡수하고 있는 상황에 대응해야 한다는 시대적 소명에 더 가까운 것이었다.

5.

그러므로 이광수의 시대는 김윤식의 시대와 완전히 달라야 했다. 김윤식은 이광수를 끝도 없이 몰아붙인다. 고아 의식을 평생 극복하지 못한 사람. 자기중심적 사고에서 벗어날 수 없었고, 지적으로도 괄목할 만한 성취를 보이지 못한 일본 유학생. 일본인들이 서양 것을 베껴놓은 도쿄가 세상의 전부인 줄 알았던 우물 안 개구리. 그래놓고도 본인의 컴플렉스를 극복하지 못해 결국 완벽한 황국신민이 되는 것이 조선을 위하는 길이라고 주장하기까지 한 '조선의 3대 천재'.

그러나 『이광수와 그의 시대』가 나온 지 20년도 더 지난 지금(초판 발행은 1986년), 이제 우리는 물어볼 수 있다. 과연 이광수의 시대와 김윤식의 시대에는 그렇게 어마어마하고 본질적인 차이가 있는가? 일본에서 배워온 얄팍한 지식으로 조선에서 선생 노릇을 했던 이광수의 행태와, 불과 얼마 전까지만 해도 국내 대다수 학술서가 일본 서적을 고스란히 베끼다시피 했던 지적 종속성에는 과연 본질적인 차이가 있는가? 김수영은 자신의 시 「엔카운터 지(誌)」에서 영국의 잡지인《인카운터(Encounter)》를 "나의 모든 프라이드"이자 "재산"이며 "연장"이라고 서슴없이 말했다. 해방 이후 지금까지 달성하지 못한 근대적 주체의 문제를 오직 이광수의 잘못으로 덮어씌움으로써, 김윤식은 그를 (르네 지라르식의) '희생양'으로 삼고 있는 것은 아닌가?

일본이 직접 조선을 통치하던 시대와, 일본식 혹은 미국식 군사 교육을 통해 그나마 '근대적 계획'을 수립할 능력을 갖게 된 군인들이 해방 조국을 통치하던 시대는 과연 어떻게 다른가? 두 시대가 같다고 말할 생각은 전혀 없지만, 이광수가 살았던 '그의 시대'와 김윤식이 살았던 '나의 시대'를 칼같이 나누는 일 자체가—젊은 김윤식의 호언장담과는 달리—거대한 지적 과제처럼 보인다. 적어도 내게는 그렇다.

여전히 김윤식이 자신의 최고 역작으로 꼽는 『이광수와 그의 시대』에서, 논리 전개가 무리하다고 느껴지거나 평전의 대상이 되는 인물에게 지나치게 가혹하다고 여겨질 수 있는 대목의 바탕에는 바로 이런 '타자화'의 기제가 깔려 있다. 비록 나도 일본에서 근대의 신세계를 보았지만 이광수 당신과는 다르다는 자의식이, 『이광수와 그의 시대』를 김윤식의 시대에 철저히 귀속시키는 무언가로 만든다.

6.

이 책의 제목은 '논객시대'이다. 논객들의 시대. 물론 논객이라는 단어는 오래전부터 사용되었고 그때마다 미묘하게 다른 울림을 주었지만, 여기서는 1990년대 말부터 2010년대 중반에 들어서는 현재에 이르기까지, 이른바 '사회과학'이 몰락한 후에 담론의 공백을 메우기 위해 주로 언론매체의 지면을 이용해 논지를 펼쳐온 사람들을 대상으로 삼는다. 진중권, 강준만, 유시민, 박노자, 고종석, 홍세화, 김규항, 김어준, 우석훈 등의 이름을 우리는 꼽아볼 수 있다. 즉 내가 '논객'이라는 단어를 꺼냈을 때 당신이 떠올릴 법한 사람들에 대한 이야기를 할 것이다.

그러나 김윤식과 달리 나는 '논객들의 시대'를 '나의 시대'와 날카롭게 대립시킬 생각이 없다. 현재를 살아가는 수많은 청년들처럼, 나 역시 그들의 글을 읽으며 머리가 굵어졌고, 이 논객들의 영향력은 아직도 죽지 않았다. 그들 중 일부는 나와 다른 독자들을 크게 실망시켰고, 다른 이들 또한 예전 모습을 고스란히 간직하고 있지는 못하다. 하지만 그들은 여전히 살아 있을 뿐 아니라, 납북 후 생사가 확인되지 않아 김윤식의 세계에 더는 영향을 미칠 수 없었던 이광수와 달리, 지금 우리가 살고 있는 이 세계의 일원이다.

요컨대 이른바 '대활약기'는 지났어도 여전히 현재의 인물들이다. 그러므로 '논객시대'는 곧 나의 시대이자 이 글을 읽고 있는 당신의 시대이다. 따라서 이런 종류의 작업은, 즉각적인 비판과 항의를 받을 뿐만 아니라, 이른바 '인간적'으로 상당히 불편한 결과를 초래할 위험을 끌어안는 일이다. 마치 『인물과 사상』을 발간하기 시작할 때의 강준만이 그러했듯이, 실명비판은 또 다른 실명비판을 불러오고, 큰 힘에는 큰 책임이 따르는 법이니 말이다.

그럼에도 불구하고 나는 이 연재의 기획을 내놓았고, 주변의 우려와 근심을 뒤로한 채 글쓰기를 강행했다. 인터넷과 오프라인을 통해 전해진 고마운 반응과 비판을 감안하여, 또한 원고가 작성된 후 바뀐 상황과 새로운 정보 등을 함께 고려하여 고친 다음 책으로 내놓는다. 누군가는 해야 할 일이기 때문이다. 하지만 제대로 설명한다 하더라도 오해를 살 여지가 큰 작업이니만큼, 최선을 다해 먼저 목적과 동기를 독자들에게 납득시킬 필요성은 충분하다 하겠다.

7.

대체 그 시절 우리에게 무슨 일이 일어났던 걸까? 도대체 왜 강준만은 전작들에 비해 현저히 힘이 빠진 상태로 『안철수의 힘』(인물과사상사, 2012)을 쓰게 되었고, 진중권은 필리핀에 다녀오더니 변희재와 '사망유희' 토론을 했으며, 고종석은 붓을 꺾고 트위터에 매진하게 되었을까?

특정한 부류의 지식인들은 '잠수함의 토끼' 혹은 '탄광 속의 카나리아'로 비유되곤 한다. 잠수함이나 탄광의 산소가 부족하면 토끼나 카나리아가 먼저 죽는다. 죽은 짐승들을 본 광부들은 갱도에서 나가고, 잠수함의 수병들은 신선한 공기를 얻기 위해 수면 위로 떠오를 것이다. 그것이 지식인의 사회적 기능이라고 우리는 배웠다.

그리고 우리에게는 논객들이 있다. 내가 이 글에서 '우리'라고 호명하는 사람들이라면, 대체로 이름만 듣고도 누구를 가리키는지 금방 떠올릴 수 있을 것이다. 각자의 머릿속에 나름의 방식으로 갈무리된 논객의 모습들이 있을 터이다. 하지만 우리는 그들을 얼마나 알고 있는가? 또 그들은 우리에 대해 얼마나 알고, 깨달은 바를 우리에게 전해주고 있는가? 잠수함의 토끼는 아직도 살아 있는가?

논객들과 우리들의 현재에 대한 두 가지 질문에 한 가지 방법으로 응답할 필요가 있다. 왜냐하면 그들은 논객이고, 논객은 어떤 의미에서건 시대와 대중의 흐름에 민감하게 반응하는 사람이기 때문이다. 진중권이 달라졌다면, 진중권만 변했을까? 아니다. 고종석은 절필을 선언했지만 이 사건 전후로 더 많은 사람들이 입을 다물었을 것이다. "빠리의 택시운전사" 홍세화의 짧은 정치인 생활과, 지식소매상 유시민의 10년은 여러모로 흥미로운 비교 대상이 될 수 있다.

이들 논객들은 각자의 상황 속에서 나름의 판단을 내렸지만 이는 결코 개인 차원의 선택에 머물지 않는다. 시대와 온몸으로 호흡하고 교감하는 사람들이 한수 한수 돌을 놓는 모습을 지켜보면서, 우리는 논객들의 시대라는 큰 바둑판의 그림을 그려볼 수 있다.

이는 이광수의 입지전적인 출세를 통해 동학혁명 및 개화의 열풍이라는 당대의 단면을 살펴볼 수 있는 것과 같은 이치다. 자신이 어떤 면에서건 '고아'라는 인식에서 벗어나지 못해, 결국 누구보다 빠르고 확실하게 황국신민이 되고자 했던 이광수의 선택이 단지 개인의 일탈과 방황에서 머물지 않는다면, 우리 시대 논객들의 선택 또한 마찬가지일 것이다. 우리는 우리의 시대를, 즉 우리 자신을 이해하기 위해 논객들을 이해해야 한다.

8.

그런데 한 가지 의문이 생긴다. 그렇다. 이런 작업은 꼭 필요하다. 하지만 지금 당장 해야 하는가? 이는 마치 일제시대가 끝나지도 않았는데 『이광수와 그의 시대』를 쓰는 행동이나 진배없지 않은가. 우리는 우리의 시대를 살아가고 있을 뿐, 돌아보며 성찰할 수 있거나 성찰해야 하는 입장에 처해 있다고 할 수는 없지 않을까?

물론 겉으로 보면 그러할 터다. 왜냐하면 김윤식은 이광수라는 인물을 통해 개항기부터 한국전쟁 직전까지의 상황을 다루었고, 이는 저자가 원고를 쓰던 당시에 분명히 과거에 속한 일이었으니 말이다. 하지만 『이광수와 그의 시대』가 껴안고 있는 문제의식, 즉 근대를 성취하면서 동시에 극복해야 하는 주체의 혼란과 갈등, 다시 말해 식민사관의 극복은, 사실상 김윤식이 원고를 쓰던 바로 그 시대의 당면 과제였다.

그렇다면 식민사관을 왜 극복해야 했을까? 지금 우리는 군사독재를 통해 '근대'가 강요되던 당시 지식인들의 복잡한 심경을 다시 한 번 상상해볼 필요가 있다. 4·19 혁명을 통해 이승만을 쫓아냈지만 조국의 지리멸렬한 상황은 결코 나아지지 않았다. 변화가 눈에 보이고 사회가 비로소 변화의 추동력을 얻기 시작한 때는 쿠데타로 권력을 손에 쥔 박정희 소장이 군복을 벗은 후 대통령에 당선된 이후였다. 이른바 '조국 근대화'의 시작이었다.

근대라는 거대한 역사의 목표를 향해 나아가야 한다는 사실에는 변함이 없었다. 문제는 변화의 동력이 어디서 오느냐이다. 당시에는 군사정권에 의해, 아무리 싫다고 하더라도 근대화가 이루어지던 상황이었고, 이는 일본의 식민통치에 의해 조선이 근대화되던 풍경과 묘한 대구를 이루었다. 요컨대 식민사관과 맹아론의 갈등은, '우리'가 제대로 시동을 걸진 못했지만 아무튼 역사의 기관차 노릇을 할 수 있었느냐, 아니면 단지 끌려 다니는 객차 신세에 지나지 않았느냐의 문제인 것이다. 그것은 과거의 일이자 현재진행형의 갈등이었다.

그러나 지금은 어떠한가? 1997년의 정권교체 이후, 군사독재 타도와 대통령 직선제 쟁취로 이어지는 형식적 민주주의의 도입은 실질적으로 완성되었다. 이제 한국은 정부가 바뀐다고 해서 국가가 바뀌지는 않는 수준에 이르렀다. 국민적 합의로 인해 개헌론이 수면 위로 떠오르고, 그래서 제6공화국 체제가 흔들릴 개연성도 그리 크지 않다.

　군사독재에서 민주화로, 민주화에서 정권교체로 이어졌던 정치적 역동성은 이제 과열된 엔진처럼 공회전하고 있다. 동시에 찾아온 IMF 외환위기는 일본을 모방하여 창조해낸 기존의 경제 구도를 허물어뜨렸고, 우리는 청소원부터 사장까지 모두 한 가족 대우를 받던 시절의 이야기를 아득한 꿈처럼 받아들이게 되었다. 정돈된 유교자본주의 외피마저도 이제는 유지되기 힘들어 보인다.

　이렇게 망가진 현실 속에서 극소수의 '위너'를 제외한 나머지는 그저 관성적으로 살아가고 관성적으로 생각하며 관성적으로 개탄할 뿐이다. 2012년 대선 과정과 결과가 극명히 보여주다시피, 논객시대를 지배하던 논리는 더 이상 통용되지 않지만, 이를 대체할 새로운 무언가가 나타나지도 않았다. 가까운 과거와 먼 과거가 충돌해서 어느 한 쪽이 어떤 식으로든 승리를 거두었을 뿐이다.

　그러므로 우리에게는, 군사독재 시절의 문제를 논하기 위해 일제시대의 이광수를 언급할 수 있었던 만큼의 여유도 없다. 어찌됐든 세상이 앞으로 나아가고 있다면 회고적으로 고찰할 수도 있겠다. 하지만 오직 SNS에서만 뜨거웠던, 지리멸렬하기 짝이 없었던 2012년 대선의 과정과 결과가 적나라하게 보여주듯이, 우리는 이미 죽어버렸고 열정이 식어가는 사회 속에서 간신히 숨만 쉬면서 살아가고 있다. 이런 상황에서, 과거에 빗대어 오늘의 문제를 말하겠노라는 태도는, 적어도 나로서는 상상할 수조차 없는 정신적 사치에 지나지 않는다.

　바로 이런 비관적 상황에서 어떻게든 탈출해야 한다. 바로 이것이 내가 이토록 무모한 기획을 하게 된 이유다. 어떤 과거와 또 다른 과거가 얽히고설켜 있을 뿐인, 죽어버린 현재를 되살려내기. 현재사를 다시 현재화하기. 논객시대에 정당한 위상을 부여하고, 바로 그 시대의 산물이자 그 속에서 살아가는 한 사람으로서 목소리를 내고 이를 통해 우리가 살아가는 시대에 개입하는 발언의 형식을 회복하기. 현재사를 재현재화하기.

오늘을 사는 사람으로서, 오늘의 역사를 말함과 동시에 개입하고 참여하기, 그것이 이 책 『논객시대』의 목표다.

9.

이 시점에서 글을 시작하면서 던졌던 질문을 상기해보자. 나무가 아니라 숲을 보기 위해서 우리는 어디에 가 있어야 하는가? 김윤식은 이광수의 시대라는 숲을 보기 위해, 자신이 서 있는 지점은 '이광수의 시대'가 아니라 '김윤식의 시대'임을 강조했다. 이광수의 시대 바깥에 서면 그것을 전체적으로 조망할 수 있으리라, 대신 자신은 이광수가 다녔던 학교를 방문하고 아직 국내에 소개되지 않았던 자료를 확보하여 제시하겠노라, 생각하여 그런 연구 방법론을 택했던 것이다.

그러나 논객시대의 바깥은 없다. 적어도 지금 이 시점에서 한국어를 사용하는 우리에게는 그렇다. 결국 이 숲을 어떤 총체성을 지닌 숲으로 인식하기 위해서는 바로 지금 여기에 극단적으로 충실해야 한다.

짐짓 자신만은 이 현실에서 벗어나 '객관적 제3자'가 될 수 있으리라 여기고 가장무도회를 열어 자기를 그럴싸하게 내보일 방법은 여럿 있을 것이다. 어떤 '이론가'의 풍선에 매달려 허공에 붕 떠오를 수도 있고, 독자 대중이 쉽사리 접할 수 없는 '뒷이야기'들을 수집해서 일종의 '정보 스트립쇼'를 벌여볼 수도 있다. 전자를 택하건 후자를 택하건 독자로서는 뭔가 모르던 이야기를 알게 되었으니 손해 보는 느낌은 들지 않을 테고, 저자 입장에서는 최대한 검증하기 어려운 '소스'를 동원함으로써 단단한 울타리를 치게 된다.

나는 이 두 가지 길을 모두 피할 것이다. 앞으로 이어질 내용은, 비록 논객 개개인의 모든 책을 다룬다는 점에서 과격하긴 하지만, 결국 서평의 범주에 속한다. 절판되었더라도 가까운 도서관에 가면 구할 수 있는 책들만을 소재로 삼는다. 설령 알고 있다 하더라도 논객에 대한 개인 정보나 출간되지 않은 텍스트는 모두 배제한 채, 독자들이 직접 읽고 확인할 수 있는 논의의 지평에서 논객들의 생각을 검토한다. 동시대를 살아온 독자들이 스스로 확인할 수 있는 정보를 통해 지적으로 참여할 수 있도록 한다, 이것이 이 책에서 택할 '현재사의 재현재화'의 방법론이라고 말할 수도 있을 것이다.

유행이 지났고, '맛'이 갔고, 망가졌고, 예전의 총기를 잃었다고, 우리는 쉽게 비아냥거릴 수 있다. 어쩌면 사실인지도 모른다. 하지만 우리가 우리의 논객들을 다시 읽지 않으면, 지금 우리가 얼마나 깊은 바다 속에 들어와 있는지, 우리에게 신선한 공기가 얼마나 절실한지도 모른 채, 다 함께 질식해버릴지도 모른다. 예상되는 파국과 맞서기 위해 나는 용기를 내 이 책을 썼다.

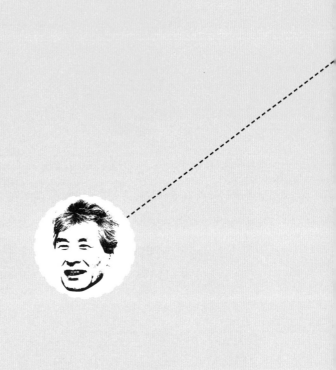

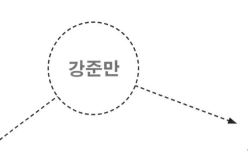

강준만

태초에 강준만이 있었다

실명비판은 무엇을 낳았나

　태초에 강준만이 있었다. 김대중 정권이 태어나기 전, 강준만이 있었다. 안티조선 운동이 첫발을 내딛기 전에도 강준만이 있었다. 민주당 대선 후보 경선을 통해 노무현이 급부상하기 전에, 이미 앞날을 내다보고 '올인'한 사람 역시 강준만이었다.

　단지 정치의 영역에서만 그러한 것도 아니었다. 지금 우리가 '논객'이라는 단어를 들으면 떠올리는, 다시 말해 '논객시대'에서 다룰 논객들 중 적지 않은 이들이 강준만이 창간한 '저널룩'(Journalook: journalism + book)(『인물과 사상』 1권, 개마고원, 1997, 6쪽)인 『인물과 사상』을 통해 각자의 입지를 확보해나갔다. 바로 유시민, 진중권, 고종석 등이다.

　철학자 비트겐슈타인과 러셀의 관계에 대해 누군가 '비트겐슈타인이 아름다운 그림이라면, 러셀은 벽지와도 같다.'고 비유했다. 강순만이 논객시대의 시작과 형성, 어쩌면 지금까지의 전개에 미치는 영향도 바로 이와 같을 것이다. 저작물의 질, 논리, 문장력, 주제 선정, 정치적 지지, 문화적 취향 등에서 어떤 논객이 강준만보다 더 나은 무언가를 보여줄 수는 있다. 하지만 강준만이라는 존재를 배제하면, '논객시대'를 논의하기란 사실상 불가능하다.

심지어 우리가 살펴볼 또 한 사람의 강준만, 말하자면 '후기 강준만' 역시, '전기 강준만'이 대한민국의 지성계에 터뜨린 폭탄과 후폭풍을 염두에 두지 않으면 이해할 수 없다. 강준만은 글을 통해 세상을 바꾼 몇 안 되는 지식인이다. 하지만 세상은 결코 강준만이 원하던 방향으로 가지 않았고 선호했던 방법을 택하지도 않았다. 우리는 이러한 성공과 좌절의 기원 및 전개를 강준만의 텍스트를 통해 모두 확인할 수 있다.

아무리 그렇다고 해도 "태초에 강준만이 있었다."니, 지나치게 추어올린다고 느끼는 독자들이 있을 것이다. 물론 이는 다소 과장된 표현이며, 여기에는 모종의 개인사적 맥락이 숨어 있다. 그 내용을 잠시 풀어놓겠다.

때는 1997년, 아직 IMF 외환위기가 들이닥치기 전이었다. 정확히 몇 월이었는지는 기억이 나지 않는다. 당시 중학생이던 나는 새 책과 헌책을 매매하고 심지어 어떤 책은 빌려주기까지 하던 동네 서점에서 하릴없이 시간을 보내다가 『인물과 사상』 1권과 2권, 그리고 3권을 접하게 되었다.

그 책에 적혀 있는 온갖 '실명비판'의 내용들은 별로 중요하지 않았다. 중요하지 않다기보다는, 어차피 모르는 사람들을 실컷 비판하는 내용일 뿐이므로, 중간중간 등장하는 과격한 표현에만 눈길이 갈 뿐 내용을 온전히 이해할 수는 없었다고 말하는 편이 정확하겠다. 요컨대『인물과 사상』을 처음 접했을 때 나는, '김대중이 왜 이번에는 꼭 당선되어야 하는가.' 같은 내용에 솔깃하기에는 너무 어린 나이였다. 하지만 이런 내용은 달랐다. 가령,

> 석학 대접을 받는 미국 지식인 이름을 한 명 대보시라. 그리고 그 나라 도서관에 가서 컴퓨터 단말기에 그 지식인의 이름을 두들겨보라. 아니 인터넷을 이용해도 될 것이다. 그 지식인이 쓴 논문과 저서의 몇 배가 되는, 그 지식인에 관한 논문과 저서의 이름이 수두룩하게 쏟아져 나올 것이다. 요컨대, 비판이 있어야 석학이 나오는 법이다. 그런데 우리나라엔 그런 비판이 드물다. 아예 없다고 말하고 싶을 정도로 드물어도 너무 드물다. 비판이 있어야 방어를 위해서라도 자신의 이론을 더 정교하게 만들 수 있을 것 아닌가? 그런데 아예 비판이 없으니 발전이 있을 수 없다.(『인물과 사상』 2권, 개마고원, 1997, 7쪽)

평소에 '왜 이렇게 불만이 많으냐.', '네가 그런 식으로 이야기하니 다른 사람들이 기분 나빠하지 않느냐.'라는 이야기를 수도 없이 들어온 중학생이 있다고 해보자. 이토록 시원하게 '우리는 서로 실명을 드러내가며 비판해야 한다.'고 당당하게 선언한 책을 읽었을 때, 이루 말할 수 없이 후련할 수밖에 없지 않겠는가.

단지 어느 불평쟁이 청소년의 속이 시원하게 풀리는 차원에서 끝나는 이야기가 아니다. 강준만은 1997년 1월부터 1년에 네 권씩『인물과 사상』을 출간하는 실험을 시작하기 전부터, 이미『김영삼 이데올로기』

(개마고원, 1995), 『김대중 죽이기』(개마고원, 1995), 『전라도 죽이기』(개마고원, 1995) 등의 책을 통해 우리가 아는 '강준만식 글쓰기'의 원형을 확립한 상태였다. 직설적으로 이야기하고, 정치적 목적이 있는 글임을 명확히 밝히고, 본인의 감정을 있는 그대로 드러내며, 비속어와 과격한 비아냥도 서슴지 않는 글쓰기 말이다.

『인물과 사상』은 이전 시도로부터 한 걸음 더 나아갔다. 1997년 대선을 멀리 앞두고 쓴 세 권의 단행본과 달리, 『인물과 사상』에서 강준만은 다양한 인물과 주제를 한꺼번에 다루었고, 자신이 지향하는 정치적 결과뿐 아니라 글쓰기를 통해 도모하는 사회적, 지적 변화를 명료하게 표현했다. 은유와 직유를 비롯한 각종 수사법이 동원되고, "완곡어법과 간접어법이 남용"되며, "지나친 추상과 관념이 판을" 치는 지식인들의 글쓰기로 인해, "우리에겐 오직 '싸잡아' 비판하는 문화만이 발달돼 있을 뿐"(『인물과 사상』 3권, 개마고원, 1997, 11쪽)이라고 강준만은 지적한 것이다. 그 결과 "우리의 비판엔 좀처럼 실명이 거론되지 않는다."(같은 곳)

실명 거론은 단지 자신의 비판자를 부끄럽게 만드는 것 이상의 의미가 있다. 강준만은 자신이 어떤 매체와 단행본을 통해 해당 발언을 접하게 되었는지를 밝힐 뿐만 아니라 최대한 정확한 출처를 제시했다. 외국 문헌, 혹은 공식적으로 '학계'의 텍스트임이 명백한 책이 아니라, 모든 사람이 휙휙 넘겨보고 대충 집어던지는 신문, 잡지, 몇 권 팔리지도 않은 단행본들이 갑자기 강준만의 베스트셀러인 『인물과 사상』 시리즈에 인용되기 시작한 것이다.

그러므로 강준만의 '실명비판'은 이전 시대의 사회적 담론이나, 집단으로 창작한 문건을 돌려보던 386들의 문화와는 사뭇 다른 차원을 형성했다. 일단 비판의 화자가 '정치적 중립성' 뒤로 숨지 않는다. '나'를 드러내야 한다. 이것은 강준만이 『김대중 죽이기』에서 "나의 고향은 목포다. 그러니 나는 문제의 그 '전라도 사람'임에 틀림이 없다. 그러나 나의 부모님은 모두 황해도 출신이다. 그러니 나는 또 '골수 전라도'는 아닌 셈"(『김대중 죽이기』, 13쪽)이라고 '커밍아웃'할 때부터 시작되었다고 볼 수 있지만, 그가 『인물과 사상』을 통해 사방팔방으로 논쟁을 걸기 시작하면서부터 강준만의 존재감은 더욱 도드라졌다. 우리는 어떤 지식인이 진정 '주체'로서 화자가 되는 광경을 목격한 것이다.

실명비판으로 인해 비판의 주체뿐 아니라 객체 또한 드러날 수밖에 없었다. 당연히 그럴 터다. '실명'을 거론하며 비판하니 말이다. 실명비판을 당한 사람은 순식간에 '객체'가 된다. 더는 집단의 안전한 치마폭에 숨어 있을 수가 없다. 이 경우 대응 방법은 크게 두 가지일 것이다. 스스로 '주체'가 되어 강준만을 비판하거나, 어떤 정치적인 수단을 사용해 자신을 비판한 이에게 불이익을 안겨주는 것이다. 많은 이들이 후자를 택했지만, 강준만은 전자를 택하는 이들에게 기꺼이 『인물과 사상』의 지면을 내주었기에 우리는 『인물과 사상』을 통해 당시 벌어졌던 논쟁을 상당수 복원해낼 수도 있다. 그들 중 일부가 지금까지 우리에게 '논객'으로 기억되고 있음은 물론이다.

실명비판이 한 가지 방법론으로 등장한 지 벌써 10년이 넘었기 때문에, 우리는 그것이 '저격' 행위에 지나지 않는다고 과소평가하기 십상이다. 물론 그런 성격이 짙을 것이다. 실명비판에 열광하는 독자들은 오늘날의 대중들이 김구라처럼 '독설'을 내뱉는 연예인에게 환호하는 세태와 별로 다르지 않은 맥락에서 강준만의 책을 읽었을지도 모른다. 하지만 실명비판은 어쨌든 비판하는 자와 비판받는 자, 즉 '주체'와 '객체'를 개인 단위에서 명료하게 드러냈다. 주체와 객체로 이루어진, 완전하지는 않았지만, 근대 세계의 문이 열린 것이다.

그러므로 태초에 강준만이 있었다. 그의 글은 분명 당시 언론에서 접할 수 있었던 어떤 칼럼들과도 달랐다. "필자는 작금의 세태에 우려를 표한다."와 "나는 그에게 반대한다."는 문자 그대로 하늘과 땅 차이다. 전자가 아니라 후자의 방식으로 말함으로써, '나', '그', '반대', 즉 '주체'(주어), '객체'(목적어), '행위'(동사)라는 문장의 3요소가 모두 명료해지는 것이다. 주체와 객체가 어떤 식으로든 상호작용하는 세계가 열렸다. '실명비판'의 진정한 힘, 혹은 그것이 제시하는 비전의 최종 목표는 바로 거기에 있었다.

근대의 주체에서 정치의 주체로

말하는 자가 누구인지 스스로 밝히면서 본인이 겨냥하는 대상을 명확히 하고 정보의 출처를 제시함으로써 타인도 검증할 수 있도록 자신을 객관화하는 과정. 이는 인쇄 기술이 발명되면서 서양에서 만들어진 이른바 '구텐베르크 은하계'에서, 학술적 글쓰기를 통해 주체를 형성해나가던 과정이기도 하다. 모든 사람이 오직 하나의 책, 즉 성경만을 읽고 암송하던 시대에는 이런 식으로 논의할 필요가 없었다. 가령 중세의 신학자이자 철학자인 토마스 아퀴나스에게 '그 책'은 곧 성경이었고, '그 철학자'는 곧 아리스토텔레스였다. 그러나 책을 암송하는 중세가 막을 내리고, 인쇄술로 대량 복제된 책을 각자 조용히 읽는 근대가 도래했다. 수많은 책들 속에서, 본인의 발언 또한 다양한 책 가운데 하나가 되리라는 믿음하에, 말하자면 '서지정보'로 호명될 수 있는 상대방을 대면하는 것이 구텐베르크 은하계의 존재 양식이다.

그러나 이 근대적 주체는 '전라도 사람'이며 '한국인'이다. 구텐베르크 은하계의 작동 방식에 따라 형상화된 근대의 주체가, 군사독재를 넘어 대통령 직선제를 실시한 지 고작 10년밖에 안 된 개발도상국의 선거판에서 특정 후보를 지지하고 자신이 받아온 과도한 비판에 항거하며 기존 언론의 틀을 넘어 자기만의 매체를 만들어 투쟁의 전초 기지로 삼았다. 그리고 이렇게 선포한다. "나는 이번 97 대선의 의미는 '위선의 종언'에 있다고 생각한다."(『인물과 사상』 4권, 개마고원, 1997, 5쪽)

이 인용문에서 언뜻 드러나듯이, 강준만 본인은 자신의 방법론을 '근대적 주체'의 형성 과정으로 인지하지 않은 듯하다. 대신 《조선일보》가 자신들의 정치 지향과 지지 세력을 솔직하게 밝히지 않는다고 비판하며 그것을 '위선'이라고 호명했다. 그간 한국 언론이 "두꺼운 위선의 탈을 쓰고 '킹 메이커'의 역할을 자임"(같은 책, 10쪽)해왔다고 비판할 때, 강준만의 언어 속에는 도덕적 판단과 정치적 판단이 어지럽게 혼재돼 있음을 어렵지 않게 확인할 수 있다.

이런 난맥상은 강준만 자신이 천명한 "비판의 공정성 잣대"에 대한 '4대 원칙'에 잘 드러나 있다. 하나씩 살펴보자.

강준만이 말하는 첫 번째 원칙은 "정의의 원칙"이다. 다수라고 해서 무조건 비판하거나 편들지 않고, 소수의 경우에도 마찬가지이며, 다만 정의의 편에 선다는 것이다. 그런데 문제는 "나의 정의는 낭신의 불의이고, 당신의 정의는 나의 불의일 수 있는" 상황이다. 여기서 강준만의 결론은 다음과 같다. "답이 없다. 그냥 싸우는 수밖에 없는 것이다."(같은 책, 13쪽)

그런 과정을 통해 중간에 있는 사람들을 설득할 수 있으리라고, 애써 희망 섞인 관측을 내놓지만, '두 개의 정의가 맞서는 상황'에서 1997년의 강준만은 양자를 아우르는 시각을 가지고 있지 않다. 물론 '맞서 싸우지 않는다' 역시 하나의 선택지이므로, 강준만은 분명 어떤 결단을 내렸지만, 나의 세계관과 타인의 세계관이 서로 충돌할 때 어찌해야 하느냐를 둘러싼 고민은 찾아볼 수 없다. "그냥 싸우는 수밖에 없는 것이다."

두 번째는 "구조적 불공정 관계에 대한 배려의 원칙"이다. "정치적인 여야 간의 갈등 관계, 지역 갈등 관계, 남녀 간의 갈등 관계, 비장애인-장애인의 갈등 관계" 속에서 "무조건 100퍼센트 약자의 편을 드는 건 아니지만, 거의 대부분 약자의 편"(같은 곳)에 서는 것이다. 여기까지는 쉽게 고개를 끄덕일 수 있지만, "바로 그런 이유로 똑같은 정치자금의 문제라도 나는 야당의 정치자금에 대해선 관대하다."(14쪽)는 결론으로 이어질 때, 우리는 고개를 갸웃하게 된다. 왜 이렇게 무리한 예를 드는 걸까? 답은 잠시 후에 밝혀질 터이므로, 일단 강준만의 4대 원칙을 마저 살펴보자.

셋째, "언론의 공정성 보완의 원칙"이 있다. "어떤 인물에 대한 언론매체의 태도가 부당하게 적대적이라면 나는 그걸 비판하면서 그 인물의 장점만을 부각시킬 것"이라고 강준만은 선언한다. 그런데 이 글이 나온 시점은 앞서 말했듯 1997년 대선을 앞두고 있던 때이므로, 언론매체가 부당하게 적대적으로 다룬 사람이 누구인지는 자명하다.

마지막으로 넷째. 이것은 한 문단을 통째로 인용해보자.

> 넷째. '택일적 경쟁 관계에서의 특수성'의 원칙이다. 앞서 말한 원칙들은
> 택일적 경쟁 또는 갈등 관계에서는 상황에 따라 유보될 수 있다. 택일적 경
> 쟁 또는 갈등 관계의 대표적인 것으로는 선거를 들 수 있을 것이다.(같은 곳)

첫째, 둘째, 셋째 원칙까지만 해도 보편적으로 받아들일 수 있는 '공정성' 원칙이 아니라, 일종의 야전교범에 가깝다. 우리와 너의 '정의'가 충돌하면, 일단 맞붙어 싸우는 것이 첫째 원칙이요, 우리 편은 본래 구조적으로 불공정한 관계에 놓여 있으니 좀 더 관대하게 다루어야 한다는 것이 둘째 원칙이며, 언론의 부당한 비판을 많이 받았으므로 장점만을 말하는 것은 셋째 원칙이다.

그런데 여기서 한 걸음 더 나아가, 심지어 이 원칙 같지도 않은 원칙조차 "택일적 경쟁 또는 갈등 상황", 다시 말해 선거판에서는 "상황에 따라 유보"한다. 그것이 바로 "택일적 경쟁 관계에서의 특수성"의 원칙이라는데, 아니 이런 걸 '원칙'이라고 할 수나 있나? 여차하면 지키지 않을 수도 있다는 원칙이 무슨 놈의 원칙인가?

저 네 가지, 혹은 3+1가지의 원칙은, 결국 이런 목적을 염두에 두고 만들어진 것이다. 《한겨레》의 시평에 '검색 대상으로서의 내각제'라는 제목의 글을 쓴 임재경이라는 사람을 두고 강준만은 다음과 같이 질타한다.

> 임씨는 최근 신문과 방송을 전혀 읽지도 보지도 않는 것일까? 나는 DJP

연합에 대한 우려와 반대는 어느 정도 필요하다고 보는 사람이다. 그러나 언론의 DJP연합에 대한 우려와 반대는 그 정도를 넘어서도 훨씬 넘어섰다. 지금 선거판에선 DJP연합의 정략적 요소를 훨씬 능가하는 정치인들 간의 이합집산이 벌어져도《한겨레》를 포함한 모든 언론이 방관자의 자세로 보도만 해주고 있을 뿐이다. 그러나 DJP연합에 대해선 정반대였다. 임씨는 제발 게으름 피우지 말고《한겨레》라도 제대로 읽어보기를 권한다.(같은 책, 8쪽)

'원칙'들을 적용해보자. 첫째, 정의의 원칙. '우리 편'은 DJP연합이 '정의롭다'고 볼 것이고 상대방은 그렇지 않다고 생각할 터이니 싸울 수밖에 없다. 둘째, 구조적 불공정 관계에 대한 배려의 원칙. 우리 편은 야당이니, 우리 편의 정략적 행위는 상대방에 비해 덜 비판하는 식으로 배려해주어야 한다. 셋째, 언론의 공정성 보완의 원칙. 하다못해《한겨레》까지 DJP연합을 비판하고 있으니 이는 더 말할 것도 없다. 넷째, '택일적 경쟁 관계에서의 특수성'의 원칙. 지금 한창 선거전이 진행되는 게 안 보이는가?

당시 강준만이, 혹은 그를 비롯한 수많은 이들이 얼마나 절박하게 정권교체를 바랐는지를 염두에 두고, 또 벌써 15년도 더 지난 일이므로 다소 관대한 시선으로 바라보려고 아무리 노력해도 저 '원칙'들을 원칙이라고 불러주기란 매우 어려운 일이다. 더 곤란하게도 강준만의 이러한 '원칙'에 동의하지 않는 순간, '위선자'라고 비난받으며 손가락질을 당할 개연성이 적지 않다.

앞서 이야기한 것처럼 강준만은 구텐베르크 은하계의 방법론대로 움직였다. 그런데 정작 그를 움직이게 하는 동인(動因)은 정치적 목적의식이었고, 이 과정에서 동원하는 수사법은 종종 도덕주의의 색깔을 띠었다. 1997년 1월 이후 총 네 권이 출간된 『인물과 사상』은 대선 열기를 주도하는 히트 상품이 되었고, 강준만의 활약에 힘입었는지 몰라도 대한민국은 민주화 10년 만에 선거를 통해 수평적 정권교체에 성공한다. 김대중이 드디어 대통령에 당선된 것이다.

안티조선이라는 시민운동

강준만이 만들어낸, 혹은 차용한 방법론과 그것이 지향하는 바는, 얼핏 보기에 서로 잘 맞지 않으나 따로 떼어낼 수도 없는 것이었다. 김대중, 호남, 민주당에게 부당한 비판을 가하면서 정작 자신들이 여당을 옹호하고 있다는 사실은 의뭉스럽게 감춰버리는 자들의 정체를 폭로하기 위해 강준만은 실명을 거론해야 했다. 실명까지 거론하는 판이니 당연히 근거와 출처를 명확히 밝혀야 하며, 들어오는 반론을 받아줘야 한다.

요컨대 특정한 정치적 목적이 없었다면 강준만으로서는 굳이 실명비판을 할 이유가 없었다. 그런데 실명비판을 하지 않았더라면 강준만이 최초이자 최대의 논객으로 떠올라 이후 노무현의 당선에 이르기까지 특정 진영에 큰 영향력을 행사하는 일은 일어나지 않았을 것이다. 구텐베르크 은하계라는 근대의 형식과 전근대적 지역감정 혹은 이에 맞서는 정치투쟁이 절묘하게 뒤섞인 형국이었다.

그리하여 '나는 비판한다, 고로 존재한다.'고 말할 수 있는 특정한 수

체의 형식이 정립되었다. 물론 비판 대상은 정치인, 야당이었지만 당시 막강한 영향력을 행사하던 신한국당, 그들을 비호하는 '족벌 언론'도 빼놓을 수 없다.

독일에서 유학 중이던 진중권은 《조선일보》를 겁내지 않는 매체'를 찾다가 『인물과 사상』에 '극우 파시스트 연구', 훗날 『네 무덤에 침을 뱉으마』(개마고원, 1998)로 묶여 나오는 원고를 쓰기 시작했다. 한 시대가 끝나고 다른 시대가 열리고 있음이 명백해졌다. 청와대에서 일하던 최장집이 한국전쟁에 대해 쓴 논문을 《조선일보》 기자 이한우가 물고 늘어지며 색깔론 시비가 붙었다. 이를 두고 강준만은 "스승의 등에 칼을 꽂았다."고 비난했고, 이한우는 강준만을 명예훼손으로 고소했다. 이 광경을 보고 참을 수 없었던 '빠리의 택시운전사' 홍세화는 같은 문구를 자신의 칼럼에 반복하며, 에밀 졸라를 인용하여 '나를 고소하라!'고 외쳤다. 이 부름에 시민사회가 화답하면서 바야흐로 '안티조선' 움직임이 가시화되었다.

강준만이 지지하는 민주당, 그 민주당의 대선 후보였던 김대중은 드디어 값진 승리를 얻었다. 동시에 강준만이 선거 과정에서 제시했던 주제들 역시 나름의 생명력을 얻었다. 가령 《조선일보》는 정치 혐오를 상품화하는 신문으로, 3류 찌라시 취급을 받아야 마땅하다." 같은 문장들을 예로 들 수 있을 것이다. 자신의 정치 편향성을 드러내지 않고 객관적이며 공정한 척하는 태도야말로 큰 죄악이라는 발상, 그런 분위기를 조장함으로써 국민들이 정치를 혐오하게 만드는 언론이 문제이며, 이를 해결하지 않으면 대한민국의 진정한 민주화는 불가능하다는 결론은, 특히 1987년 대선 결과를 두고 원죄의식을 가질 수밖에 없었던 이들에게 매력적으로 들릴 수밖에 없었다. 그때는 우리가 서로 갈라져 노태우가 대통령이 되고 말았지만, 지금 우리가《조선일보》를 끊는다면 멈춰선 역사의 수레바퀴를 다시 굴러가게 할 수 있을 터였다.

그런데 강준만은 정치 편향성이 강하긴 해도 언론학자였다. 자신이 제시한 주제와 방법론을 활용해 점점 규모를 키워가는 '대중운동' 안티조선에 대한 강준만의 입장은 '전폭적 지지' 내지는 '사상적 후원'하고는 다소 거리가 있다.

> 나의 구상과 무관하게, 최근 활발하게 이루어지고 있는 안티조선 운동은 내가 의도했던 바를 넘어선 운동이다. 물론 나는 그 운동을 뜨겁게 지지하며 그 운동 주체들에게 무한한 존경심을 갖고 있다. 그러나 내가 그 운동의 촉발에 어떤 영향을 미쳤는지는 모르겠으나, 그 운동과 나는 실질적으론 무관하다.(『인물과 사상』 19권, 개마고원, 2001년, 11쪽)

정작 강준만 본인의 의도와는 다르게, 그가 뿌린 씨앗들이 싹을 틔워 올리고 있었던 것이다. 강준만은 "언론개혁을 전문으로 하는 잡지"를 만들어서 "언로(言路)의 시장(市場)에서 싸워보자"(같은 곳)는 마음을 먹고 있었지, 자기희생을 감수해가며, 가령《조선일보》에 반대한다는 내용과 앰블럼을 담은 스티커를 제작해서 뿌리는 등의 행위를 염두에 두고 있지는 않았다.

언론개혁 운동, 혹은 '안티조선'이라는 쇠는, 이미 강준만이라는 대장장이의 생각보다 훨씬 뜨거워졌다. 반면 강준만이 "처음에 구상했던 그 방식은 실패로 돌아갔다. 정기 구독자 10만 이상을 목표로 했던 잡지는 1만을 넘어서더니 그 이후론 계속 내리막길을 치닫고 있기 때문이다."(같은 곳) 강준만의 『인물과 사상』은 스스로 1인 출판사, 1인 잡지, 1인 편집장 겸 논설위원이 되어 활자의 기관총을 쏘아대겠다는 취지의 언론운동이자 지식인 운동이었다. 하지만 정작 시민들은 강준만의 생각과 달리, 인쇄 매체가 아니라 인터넷에 뿌리를 둔 정치운동, 선거운동, 언론 소비자 운동의 방향으로 기울고 있었다.

21세기에 들어서자 시민사회에서 진행되던 언론운동은 정치 개혁에 대한 열망과 서서히 한 몸이 되어갔다. 이에 대한 강준만의 입장은 양면적이었다. 방금 살펴본 것처럼 그는 자신이 계획했던 언론운동, 즉 월간 『인물과 사상』을 통한 언론시장 개혁 작업이 잘 풀리지 않고, 이를 대중 '운동'이 대체해가는 과정을 착잡한 시선으로 바라보았다.

당시 강준만은 《조선일보》와 오래전부터 가장 잘 싸워온 한 정치인에게 일찌감치 눈도장을 찍어둔 상태였다. 강준만은 노무현이 민주당 대선 후보 경선에서 짜릿한 역전극을 거두고 대선 후보가 되기 전이었던 2001년, 이미 『노무현과 국민 사기극』(인물과사상사, 2001)을 내놓았던 것이다.

'옥석논쟁'과 정치 논객으로서의 강준만

『노무현과 국민 사기극』의 주제의식은 매우 간단명료하다. 깨끗한 정치인을 원한다면 깨끗한 정치인을 찍어라. 그가 노무현이다. 그런데 여기서 한 가지 문제가 남는다. 당선보다 낙선한 경험이 더 많은 노무현,

경상도 출신인데 민주당에 들어와 있는 노무현을 대체 무슨 근거로 '찍어줘야 한다'고 말할 수 있는가? 여기서 강준만이 대답을 끌어낸 방식이 중요했다. 그는 노무현을 지지해야 할 이유를,《조선일보》의 반대와 방해에서 귀류법적으로 도출해낸 것이다. 이 대목을 다소 길게 인용해 보자.

속된 말로, 노무현은《조선일보》에게 오래전부터 찍혔다. 왜 그랬을까? 그건 두 가지 이유 때문으로 볼 수 있다. 하나는 노무현의 개혁 지향성이다. 개혁 지향적이라는 평가를 받는 정치인들은 많다. 그러나 시늉으로 그런 건지 진짜로 그런 건지 잘 살펴봐야 한다. 노무현은 진짜였다.《조선일보》와 같은 신문은 진짜를 좋아하지 않는다. 아마도 그런 자세의 당연한 귀결이었겠지만, 노무현이 언론에게 고분고분하지 않았다는 게 두 번째 이유였을 것이다.

사실 내가 언론학도로서 노무현이라는 정치인에 주목하게 된 것도 바로 그런 이유 때문이었다. 노무현이 거의 모든 정치인들이 굴종적인 태도를 취하는 언론에 대해서도 정면 도전을 한 건 내가 보기에도 참으로 '대담한' 일이었다. 다만 나는 그러한 '대담함'이 진정한 개혁으로 가는 길이라는 점에 주목하여 그에 대해 매우 긍정적인 생각을 갖게 된 반면, 수구 기득권 세력이 아닐지라도 "사람은 모름지기 대세를 따라야 한다."고 믿는 이른바 '주류 콤플렉스'를 받아들인 사람들은 그 '대담함'을 부정적으로 보았다는 차이가 있을 것이다.(『노무현과 국민 사기극』, 30쪽)

당시 노무현은 민주당의 여러 대선 주자 중 하나였을 뿐 '대세'는 이 인제였고, 이제 대세를 따르느냐 따르지 않느냐 정도가 이슈였다. 강준만은, 대선 경선을 통해 급부상하기 전에 일찍이 노무현을 낙점하고, 노무현을 위한 단행본을 펴낸 것이다.

『노무현과 국민 사기극』에는 우리가 흔히 '안티조선'의 내용으로 알고 있는 주장들이 고스란히 들어 있다. 일제시대부터 기득권을 누려온 기회주의적 언론, 그런 언론이 쥐락펴락하는 한국 정치판에서 유일하게 머리를 굽히지 않는 한 정치인. 그를 지지함으로써 언론을 개혁하고, 동시에 1987년에 못다 피운 민주주의의 꽃망울을 터뜨린다는 계획은, 강준만과 독자들이 공유한 세계관에서 대단히 '논리적'으로 결부되어 있었다. 이런 논리는 약 1년 후 출간된 유시민의 『노무현은 왜 조선일보와 싸우는가』(개마고원, 2002)에서 거의 같은 방식으로 되풀이된다.

논리의 얼개가 한 번 이렇게 고정돼버린 이상, 되돌릴 수는 없었다. 1997년 대선이 '위선과의 싸움'이었다면, 2002년 대선은 "'보혁 구도'의 싸움도 아니고 '좌우 구도'의 싸움도 아니다. 지역주의 싸움도 아니"고, "'KS 대 상고(商高)'의 싸움도 아"니고, "자존심을 지킬 수 없게 만들었던, 일백 년 묵은 '내 마음속 공포'와의 싸움"(『노무현과 자존심』, 인물과사상사, 2002, 16쪽)이다. 그 공포의 근원을 외부 대상에 투영하여 타자화한다면, 바로 《조선일보》일 거라고, 독자들은 생각했으리라.

강준만으로서도, 이렇게까지 상황이 비상해진 이상, 김대중 당선 이후 지금까지 해왔(다고 본인이 주장하)던 대로 정부 비판에 무게를 두고 있을 수는 없는 노릇이었다. 당장 선거가 다가오고 있고, 《조선일보》와 당당하게 맞붙던 정치인이 대선 후보가 되었다. 요컨대 다시금 '공정성의 네 가지 원칙'을 작동시켜야 할 시점이었던 것이다. 대선을 앞두고 벌어진 지방자치단체장 선거에서, 서울시장 후보로 민주노동당이 내세운 이문옥 후보를 두고 벌어진 이른바 '진강논쟁(진중권-강준만 논쟁)', 혹은 '옥석논쟁(이문옥-김민석 지지 논쟁)'은 바로 이런 맥락을 염두에 두어야 제대로 독해할 수 있다.

당시의 선거 구도를 복기해보자. 한나라당에서 나온 서울시장 후보 이명박은 여론조사 결과 승리에 필요한 지지율을 이미 확보한 상태였다. 반면 민주당에서 내세운 서울시장 후보 김민석은, 이른바 '동교동계'의 전폭적인 지원에도 불구하고 지지율을 끌어올리지 못했다. 그런 와중에 출마한 민주노동당 후보 이문옥은, 지방선거에서 좋은 결과를 끌어낸 후 이를 '전초전' 삼아 대선 승리를 거머쥐어야 한다는 강준만과 (그가 적극적으로 퍼뜨린 세계관으로 정치, 언론, 사회, 역사를 해석하던) 범여권 지지자들에게 눈엣가시처럼 보일 수밖에 없었다.

진중권과 강준만이 벌인 논쟁이지만, 여기서는 강준만의 경우만을 다루어보자. 앞서 우리가 살펴보았듯이 강준만에게는 선거에 임할 때 공정함을 정의하는 4대 원칙이 있다. 정의의 원칙, 구조적 불공정 관계에 대한 배려의 원칙, 언론의 공정성 보완의 원칙, 마지막으로 '택일적 경쟁 관계에서의 특수성'의 원칙. 여당 후보 김민석과 제3당 후보인 이문옥 중 누구를 지지해야 하느냐. 여기에 이 네 가지 원칙을 적용해보면 어떨까?

우선 정의의 원칙. 김민석을 지지하는 사람에게는 김민석이 정의로운 후보이며, 이문옥을 지지하는 사람에게는 이문옥 지지가 정의로운 행위다. 이 경우 양자가 싸워보는 수밖에 없고, 실제로 강준만과 진중권이 논쟁을 함으로써 원칙이 달성되었다. 그다음, 구조적 불공정 관계에 대한 배려의 원칙. 구조적 불공정에 시달리고 있다면, 당연히 현재 여당인 김민석보다는 이문옥에게 무게를 실어주는 것이 옳다. 언론의 공정성 보완의 원칙. 이명박과 김민석의 경쟁 구도는 그나마 언론에서 다루어주지만, 이문옥은 아예 보도조차 제대로 해주지 않았다.

이렇게 놓고 보면 이문옥과 민주노동당이 2승 1무로 우위에 선다.(설령 마지막 네 번째 원칙에서 지더라도 2승 1무 1패가 된다.) 진중권이 이기고 강준만이 질 상황이다. 하지만 우리는 마지막 원칙, "'택일적 경쟁 관계에서의 특수성'의 원칙"이 마치 트럼프 카드의 조커 패처럼 여차하면 다른 원칙을 죄다 들어엎을 수 있는 힘을 가지고 있음을 알고 있다. 서울시장 선거라는 '택일적 경쟁 관계'는 2002년 대선이라는 또 하나의 '택일적 경쟁 관계'에 영향을 줄 것이므로, 서울시장 선거에서는 민주당이 이겨야 하고, 민주노동당은 당선 가능성을 높일 수 있는 구청장 선거 등에 집중하는 편이 낫다는 것이 강준만의 논리였다.

김민석은 이명박에게 큰 차이로 패배했고, 설령 이문옥의 표가 전부 김민석에게 갔다고 하더라도 질 수밖에 없는 상황이어서, 선거가 끝난 후 강준만은 머쓱해졌다. 그럼에도 불구하고 대선은 노무현의 승리로 끝났고, 이 과정에서 DJP연합보다 한 걸음 더 나아가, 여론조사를 통한 대선 후보 단일화라는 새로운 형식이 도입되었다. 강준만이『김대중 죽이기』시절부터 미리 포석을 깔아놓았기 때문인지, 아니면 이회창을 꺾어야 한다는 절박감이 압도한 탓이었는지, 노무현과 정몽준의 단일화에 대해서는 DJP연합만큼의 반발과 여론의 매도가 뒤따르지는 않았다. 노무현에 대한 강준만의 지원사격이 '자존심' 등에 맞춰진 이유는 바로 이 때문이었다.

민주당 분당과 호남 사람 강준만

강준만은 졸지에 '킹 메이커', 그것도 두 명의 대통령을 만들어낸 킹
메이커가 되어버렸다. 김대중과 노무현은 경우가 또 달랐다. 김대중은
강력한 반대 세력이 있었지만 그만큼 튼튼한 지지 기반 역시 확보하고
있었던 반면, 민주당 내에서도 지지 세력이 없었던 노무현은 그야말로
'바람'을 타고 대통령이 되었다. 강준만은 이 바람을 직접 만들어내거
나 운용하지는 않았지만, 이데올로기적 기반을 제공했다고 해도 큰 무
리는 없을 터이다.

딱 거기까지였다. 대통령이 된 노무현은 자신을 따르는 핵심 세력을
이끌고 탈당하여 열린우리당을 창당했다. 민주당 입장에서 보자면 분
명 배신 행위였다. 배신 행위에 대한 보복 수단으로 대통령 탄핵이 선택
되었다. 선거법 위반으로 대통령 탄핵안이 발의되었고, 국회에서 통과
되었으며, 헌법재판소는 위법 사실이 있지만 대통령을 탄핵해야 할 만
큼 중대하지는 않다는 결정을 내렸다. 입법, 사법, 행정부의 3권 분립 원
리가 완벽하게 작동한다는 사실을 우리는 확인할 수 있었지만, 동시에
역사와 전통을 자랑하는 민주당이 거의 괴멸했고, 그 난리가 벌어지기
직전 『노무현 죽이기』(인물과사상사, 2003)와 『노무현 살리기』(인물과사상사,
2003)를 출간하여 노무현을 지원했던 강준만은, 순식간에 '나의 대통령'
을 잃고 말았다.

사태가 이렇게 진행되자 강준만은 급히 『오버하는 사회』(인물과사상사, 2003)를 출간하여 진화에 나섰다. 강준만이 보기에 민주당 분당과, 뒤이은 노무현 대통령의 '재신임 투표' 발언은 모두 '오버'인데, 왜 전자에는 동의하면서 후자에는 반대하는지 도저히 모르겠다며 다음과 같이 열변을 토했다.

> 그런데 참으로 놀라운 일은 많은 사람들이 민주당 분당과 '재신임 정국'을 연계시켜 생각하지 않고 있다는 사실이다. 더욱 놀라운 건 민주당 분당엔 지지를 보내면서도 노 대통령의 '재신임' 발언엔 비판적 태도를 보이는 사람들이다. 그 두 가지가 어찌 분리될 수 있다는 것인가.(『오버하는 사회』, 인물과사상사, 2003, 12쪽)

강준만이 보기에 이는 (『김대중 죽이기』부터 줄곧 지적해왔지만) 심지어 진보적이라는 사람들조차 무감각한 바로 '그것'의 문제였다. 호남 차별, 혹은 강준만의 표현을 빌리자면 "호남 혐오"가 다시 고개를 들었다는 것이다.

> 분위기에 부화뇌동한 사람들도 있을 게다. 그러나 내가 더 주목하는 건 평소 노골적으론 발설할 수 없었거나 자신도 알게 모르게 갖고 있는 '호남 혐오' 감정을 '지역주의 청산'과 '정치개혁'을 빙자해 발산하는 경우다. 자신의 성향에 비추어 '민주화'라고 하는 가치에 정면 도전할 수는 없으니까 '민주화'를 외치는 정당에 지지를 보내기는 했지만 그게 호남 색깔이 강한 정당이라는 데에 늘 불편을 느꼈던 사람들이 '민주당 분당'에 얼씨구나 하

고 지지를 보내면서 그 본색을 드러내고 나선 것이다.(같은 곳)

　　호남 혐오자, 그리고 "강한 가치 지향성을 가진 사람들로서 열린우리당이 내세운 명분에 공감하는 사람들"(같은 책, 13쪽)까지, 그들은 노무현을 대통령으로 만들기 위해 필요한 동력을 민주당에서 얻은 후, 대선이 끝나자 민주당을 헌신짝처럼 내팽개치고 자신들의 '비호남당'을 만들어 떠났다. 노무현 지지는 우리의 자존심을 되찾는 일이라고 강준만이 목 놓아 외친 지 고작 1년이 지난, 『노무현 죽이기』와 『노무현 살리기』의 잉크가 채 마르기도 전에 벌어진 일이었다.

정치에서 문화로

　　『인물과 사상』은 2005년 1월, 통권 33권을 끝으로 막을 내렸다. 강준만은 솔직하게도, 자신이 『인물과 사상』을 끝내기로 한 결정에는 "인터넷보다는 민주당 분당 이후 전개된 정치적 사태가 절대적인 영향을 미쳤다."(『인물과 사상』 33권, 개마고원, 2005)고 말한다. "이번 일을 겪으면서 이른바 '개혁주의자'들의 (내가 보기에) 어두운 면을 너무 많이 보았고 너무 많이 겪었"으며, "내가 옳다고 믿는 게 이른바 '개혁'을 지지하는 사람들 절대 다수의 생각과 충돌할 때엔, 나의 '퇴출'만이 유일한 해법일 것"(같은 곳)이라고, 마지막 『인물과 사상』의 머리말에서 씁쓸하게 곱씹었다. 강준만이 보기에 자신은, 마치 노무현 당선의 발판이 되었지만 버림받은 민주당 같은 신세였을 것이다.

실패한 이는 논객으로서의 강준만뿐만이 아니었다. '언로의 자유시장'을 통해 언론개혁 운동을 하려 했던 '글쟁이', 혹은 언론학자 강준만 역시 고배를 마셨다. 그가 만들어낸 방법론, 즉 자신이 비판하려는 상대를 구체적으로 적시하고 정파적 입장을 드러내는 글쓰기는, '저널룩'보다 인터넷에 더욱 적합한 양식이었던 것이다.

다른 사람들을 깜짝 놀라게 할 만큼 글을 빨리 쓰는 강준만조차 『인물과 사상』을 석 달에 한 권, 1년에 네 권 펴내는 것이 한계였지만, 인터넷에서는 언제나 실시간으로 새로운 글이 올라오고 피드백이 오갔다. 사람들은 강준만의 책에서 배운 논리를 인터넷에서 확대재생산하기 시작했고, 이미 노무현 당선이라는 고지에 오른 이상 강준만이라는 사다리가 더 필요하지 않다고 생각하는 이들이 서서히 늘어나고 있었다. 강준만 스스로 이런 현실을 명확히 인식하고 있었던 것으로 보인다.

> 그간 출판계가 자구책으로 모색해온 방향은 '실용'과 '서구 지향적 교양'인 것 같다. 한 가지 흥미로운 사실은 지난 몇 년간 그 이전과는 달리 시사적인 이슈를 다루는 책이 대중의 호응을 얻은 건 거의 없다는 것이다. 특히 정치 분야가 그렇다. 왜 그럴까? 인터넷이 그 기능을 완전히 흡수해버렸기 때문이다.(같은 곳)

『인물과 사상』의 마지막 주제인 '인터넷 시대의 글쓰기'는 그런 면에서 여러모로 상징적이다. 인터넷에서 글을 쓰고, 민주당 분당 이전에 강준만이 만들어놓은 논리 구조를 재생산하는 사람들은, 바로 그렇기 때문에 민주당 분당 이후 더더욱 강준만이 필요하지 않았다. 지난 두 차례의 대선과 달리, 2007년에 강준만은 침묵을 지켰다. 대신 자신이 정말 하고 싶었다는 작업에 비로소 몰두하게 된다.

> 나는 시사적인 글은 『인물과 사상』에만 국한시키면서 그간 내가 정말 하고 싶었던 작업에 몰두하고 싶다. 그건 바로 사회사(社會史)요 문화사(文化史)다. 물론 나는 그 작업을 내 전공 분야라 할 언론과 대중문화 중심으로 다루겠지만, 정치·경제·사회·문화 그 어느 분야도 따로 독립돼 있는 게 아니라 상호 밀접한 관련을 맺고 있다는 걸 보여드리고 싶다.
>
> 그간 내가 몸담고 있던 언론학계에서는 언론사(言論史) 저서들이 수십여 권 출간되었다. 그런데 나는 그 저서들이 오로지 언론만 다루고 있는 걸 아쉽게 생각해왔다. 나는 언론을 다루면서도 정치·경제·사회·문화의 주요한 흐름은 물론 언론이 그것들과 어떤 관계를 맺고 있는지 그걸 보여주는 책을 쓰고 싶었다.(『자기 검열의 시대』, 인물과사상사, 1998, 5쪽)

1997년 대선에서 김대중이 승리하는 광경을 목격하고, 본인이 추진하는 『인물과 사상』이 성공적으로 돌아가는 것을 보며 강준만은 큰 기쁨을 만끽하고 있었다. 이것이 자신의 마지막 칼럼집이 될 거라고, 『인물과 사상』을 제외한 다른 지면에서는 시사 문제를 다루지 않고, 본연의 관심사인 문화사와 사회사에 집중할 거라고, 천진난만해 보이기까지 하는 어조로 언론학자 강준만은 자신의 포부를 내보였다. 1998년의 일이다. 강준만은 7년 후의 자신이 어떤 성공을 거두고, 얼마나 처절한 패배를 맛본 후에야 비로소 꿈꾸었던 작업을 시작하게 될지 짐작조차

하지 못했을 것이다.

왜 안철수 지지로 돌아섰는가

『오버하는 사회』 이후 강준만은 무지막지한 생산력을 과시하며 문화사, 사회사, 언론사 관련 서적들을 쏟아냈다. 모든 신문과 정기간행물을 확인하고 주요 논객들의 발언을 정리하여 반박하기 위해 사용했던 에너지를, 이제는 뜻하지 않게 달리 할 일도 없는 상태에서 몰입하게 된 문화사에 쏟아부었다.

그러나 강준만은 강준만이기 때문에, 그럼에도 불구하고 사회적인 발언을 멈추지는 않았다. 다만 논조가 너무도 달라졌을 뿐이다. 명시적 당파성을 주장하던 그가, 이제는 이런 맥 빠지는 소리나 하면서 '소통' 과 '상생'과 '대화'를 강조하고 있다.

> 민주화 투쟁 시절 이념과 인격의 충돌이 빚어질 때 '이념 우위'가 다수의 견이었겠지만, 이제 그런 구도는 사라졌다고 봐야 하지 않을까. 지금은 '인격 우위'라고 할 수는 없을망정 인격이 이념 못지않게 중요한 세상이 되었다. 아무리 내용이 좋아도 오만한 개혁이 성공할 수 없는 이유가 여기에 있다. 개혁의 생명은 겸손이다. 겸손해야 사람이 모이고, 소통이 가능해지고, 성공의 길로 갈 수 있다.(『대한민국 소통법』, 개마고원, 2009, 98쪽)

이 책엔 그 어떤 당파성도 없다. 의도적으로 그렇게 했다기보다는 내가 그 어떤 당파성도 갖고 있지 않기 때문이다. 당파성이 없는 게 좋다는 뜻은 결코 아니다. 나의 초당파성은 개인적인 특수 사정에서 비롯된 것이다. 나 또한 과거에 뜨거운 당파성을 갖고 글쓰기를 했던 적이 있다. 그러나 한국 정치의 가장 큰 문제가 과도한 격정과 그에 따른 극단적 당파성에서 기인한다는 사실을 체험을 통해 절감한 이후엔 '소통'을 역설하는 데에 주력하고 있다. 이 책에 그 어떤 당파성이 있다면 그건 바로 소통을 강령으로 삼는 당파성일 것이다.(『현대 정치의 겉과 속』, 인물과사상사, 2009, 12쪽)

인물 중심주의를 넘어서자는 건 말도 안 되는 소리라고 일축할 사람들에게 한 말씀 더 드리고 싶다. 정치에 참여하는 재미와 보람이 어디에 있는데, 이슈 중심으로 전환하란 말인가? 그렇다. 바로 그것이다. 감정의 몰입까지 수반하는 재미와 보람이 우선이며, 이슈와 대의에 대한 판단은 부차적이거나 지지하는 인물의 뜻에 따를 뿐이라는 것, 바로 이게 문제라는 말이다. 계속 이런 문제를 껴안고 가겠다면 할 말은 없지만, 다른 지지자 단체도 그렇게 함으로써 소통은 불능 상태에 빠질 수밖에 없다는 것도 생각해봐야 하지 않을까?(『강남 좌파』, 인물과사상사, 2011, 408쪽)

누가 해도 김빠진 콜라처럼 맥없이 들릴 수밖에 없는 이런 말을, 다름 아닌 강준만이 하고 있다는 데서 오는 실망감을 잠시 접어두고, 텍스트를 좀 더 꼼꼼히 읽어보자. 대체 여기서 강준만이 '소통'하자, '화해'하자고 말할 때, 메시지의 수신자는 누구인가? 현재 새누리당이 되어 있는 한나라당에게도 물론 소통하자, 화해하자는 좋은 말을 할 수야 있겠지만, 그쪽이 주된 청취자가 아님을 우리는 너무도 잘 알고 있다. 이 공허한 말들은 결국, 민주당 분당 이전의 상태를 희구하는, 돌아올 수 없는 시절을 향한 추억의 노래에 가까운 것이다.

그 와중에 강준만은 2012년 대선을 맞이하여, "증오 시대의 종언"을 외치며『안철수의 힘』을 들고 나왔다. 안철수라면 국민의 절반을 적으로 돌리지 않는 대화합 시대를 열 수 있다고 진지한 표정으로 주장했지만, 이런 말을 진지하게 들어줄 사람은 거의 없었다. 안철수가 민주당 후보로 거론되었던 이유는 그가 부산 출신의 엘리트이기 때문에, 다시 말해 '호남색'이 전혀 없는 사람이자 '친노'라는 과거의 멍에로부터 자유로운 대중적 인기를 지닌 인물이기 때문이다. 그런 안철수를 후보로 내세워 대선을 치르는 것과, 이미 곪을 대로 곪고 찢어질 대로 찢어진 민주당 계열 내부의 갈등을 수습하는 일은 전혀 같지 않다.

강준만이라고 해서 모를 리 없었을 것이다. 2003년 민주당 분당 사태 이후의 강준만이 아니라, 그 전의 정치 논객 강준만은 오히려 이러한 정치적 메커니즘을 더욱 명료하게 인식하고 있었고, 심지어 책에도 써놓았다. 초기작인『김대중 죽이기』를 펼쳐보자.

> 호남 정치인이 영남 정치인을 도왔다고 해서 나중에 영남당을 장악하겠다는 건 꿈도 꿀 수 없다. 그러나 영남 정치인이 호남 정치인을 도왔을 경우엔, 나중에 호남당을 장악하겠다는 게 그리 무리한 일로 받아들여지진 않는다. 왜? 호남은 고립돼 있기 때문이다.(『김대중 죽이기』, 356쪽)

안철수의 귀국과 노원병 재보선 출마 이후 진행되고 있는 정치적 상황을 보면, 후기 강준만의 바람과 달리 화해와 소통이 이루어지는 것 같지는 않다. 대신, 부산 출신의 엘리트 안철수가 민주당 후보뿐 아니라 해당 지역구 의원이었던 노회찬의 부인 김지선까지 가볍게 누르고 당선 되었을 뿐이다. 안철수는 민주당을 돕지 않고도 '호남당'을 장악할 수 있을 것처럼 보일 지경이다. 심지어 만들어지지도 않은 '안철수 신당'이 민주당과 새누리당을 넘어 지지율 1위를 기록하기까지 한다. 강준만과 그가 지지하는 세력에게, '소통'을 제안할 수 있을 만한 힘이 남아 있기 나 한 것일까.

강준만과 강준만은 소통할 수 있는가

강준만은 누구보다, '전기 강준만'과 '후기 강준만'의 소통을 주선해 야 할 것으로 보인다. "나는 나의 글쓰기에 대해 '상업주의'라는 비판을 하는 사람들을 보면 그 미련함 또는 교활함에 혀를 끌끌 차"(『인물과 사상』 19권, 인물과사상사, 15쪽)게 된다던, "상업주의를 비판하는 주장마저 상업주 의의 힘을 빌리지 않고선 유포될 수 없다."(같은 책, 16쪽)던 전기 강준만은, 아예 『증오 상업주의』(인물과사상사, 2013)라는 책까지 낸 후기 강준만과 어 떤 대화를 어떻게 주고받을 것인가.

2010년부터, 즉 2012년 대선 분위기가 서서히 달아오르던 시점부터 강준만이 쓴 정치적 텍스트는, 거의 대부분 이런 방식으로 자신이 10여 년 전에 썼던 글과 거칠게 충돌한다. 마치 무기 상인이 평화운동가가 되 는 모습을 보는 것처럼 이상한 느낌이다. 물론 사람이 자신의 지난 행적 을, 옳건 그르건 '일관성'을 지키기 위해 무조건 고수하는 행위는 결코 건강하다 할 수 없지만, 바로 그렇기에 나는 '후기 강준만'이 좀 더 책임 있게 '전기 강준만'과의 대화에 나서야 한다고 생각한다.

가령 우리는 강준만이 『김대중 죽이기』에서 박찬종을 비판할 때 썼던 논리를 고스란히 안철수를 향해 휘두를 수 있다. 기존 정치권에 대한 혐오를 인기의 동력으로 삼는다고, 엘리트에 대한 대중의 동경심에 바탕을 두고 포퓰리즘 정치를 수행한다고, 기타 등등. 강준만이 박찬종을 비판하기 위해 만들어낸 화법은 거의 어김없이 안철수에게도 적용할 수 있다. 물론 강준만은 "알고리듬으로 놓고 보자면, 안철수 현상은 한국형 포퓰리즘의 업보였지만, 콘텐츠로 놓고 보자면, 한국형 포퓰리즘의 원인이 된 증오 상업주의의 전면 타파"(『증오 상업주의』, 206쪽)였다고 말할 수 있다. 마찬가지로 박찬종 역시 알고리듬으로 보자면 양김 시대의 업보였지만, 콘텐츠로 보자면 양김 시대의 전면 타파였다.

본인이 제2당을 지지하던 시점에는 양자 대결을 선호하고, 가장 좋은 결과를 끌어내기 위해 선명한 대립 구도를 세우는 쪽에 방점을 찍었지만, 제3당 혹은 제3후보를 지지하게 되자 증오와 갈등과 대립은 모두 넘어서야 할 일로 취급하는 것이다. 이것은 개별적인 입장이 낳는 필연적인 결론이지만, 그는 단순한 논객이 아니라 학자이므로, 이 갈등을 좀 더 보편적인 차원에서 접붙여줄 사회적 의무를 진다고 말할 수 있을 것이다.

위엄 있는 주체로 거듭나기 위해

강준만이 다름 아닌 '책'이라는 매체를 통해 다른 논객들을 실명비판하기 시작하면서 한국 지성사는 새로운 국면을 맞이했다. 강준만은 활자 매체를 읽고 인용해서, 비슷한 종류의 매체를 통해 타인들을 호명했다. 그리하여 1990년대 말에서 2000년대 초까지, 이전에는 볼 수 없었던, 근대적인 방식으로 의사소통하는 주체들이 대량생산될 수 있었다.

그런데 여기에 담기는 내용은 전근대적이거나 탈근대적이었다. 조선 말부터 이어지는 기득권 세력을 표상하는 하나의 언론사, 이에 맞서는 한 사람의 영웅, 영웅에게 자아를 의탁하는 나. 전근대적 자기 동일시는 탈근대적인 매체인 인터넷과 절묘하게 맞아떨어졌고, 네티즌들은 강준만이 김대중을 위해 만들어낸 다음 노무현을 위해 갈고닦은 논리를 무한 증식했다. 이러한 과정에서 강준만 실명비판의 미덕, 즉 정확한 인용을 통한 상대방의 호출과 그로 인한 '주체'의 다양화는 지난 시대의 유물이 되어버리고 말았다.

결국 남은 것은 새된 목소리로 적대시하는 정치 세력에 대한 증오를 표출하며, 이렇게 솔직하게 내 정치색을 드러내는 것이야말로 '중립'에 더 가깝다고 우기는, 일상을 지배하게 된 선거용 논리였다. 이제는 종이 신문의 판매부수와 열독률 모두 이전과는 비교할 수 없는 상태다. 물론 여전히 이른바 '조중동'의 입김은 막강하지만, 그들의 힘은 판매부수뿐만 아니라 인터넷 조회수에서도 나온다.

게다가 '조중동'이 매일경제신문사와 더불어 종합편성 채널, 즉 '종편'의 사업권을 따내면서, '나는 《조선일보》를 보지 않는다.' 혹은 '나는 《조선일보》에 기고하지 않는다.'는 선언과 더불어 성립하는 주체의 위상 또한 대단히 애매해졌다. 이제는 적지 않은 진보 논객들이 《조선일보》를 제외한 신문에 기고하고, 'TV조선'을 제외한 종편에 서서히 출연한다.《조선일보》를 읽지 않고 기고하지 않는 것은, 한 해에 두 번씩 차례상을 차리고 절을 하는 일만큼이나 이제 의례적인 차원에서만 유효한 듯하다.

정치적 목적으로 콘텐츠를 쏟아내기 위해 자신만의 구텐베르크 은하계를 만들어냈던 강준만은, 국가정보원이 출판사가 아니라 '일간베스트'나 '오늘의 유머'를 관리하고 있는 오늘의 현실에 대해 무슨 말을 할 수 있을까? MBC에서 30년을 근무한 손석희도 종편으로 발걸음을 옮겼고, 진중권은《중앙일보》에 칼럼을 쓰고 있으며, '진보도 상업주의적일 수 있지 않느냐.'고 따져 묻던 강준만의 근작『증오 상업주의』는 2010년도 전북대학교의 연구비 지원을 받아 출간되었다.

이런 상황에서, 자신이 만들어낸 형식의 주체들이 인터넷에서 양산되었고, 그들 때문에 궁지에 몰렸다고 생각하는 강준만에게 무언가 해법을 요구하는 행위는 잔인할 뿐 아니라 불필요해 보인다. 2003년 이전의 활동만으로도 강준만은 충분히 소진되었고, "나는 지식인은 철저히 소모되어야 한다고 믿는다."(『인물과 사상』 6권, 인물과사상사, 9쪽)는 말마따나, 어쩌면 그는 자신의 사명을 충실히 이행했는지도 모른다.

그럼에도 불구하고, 앞서 말한 것처럼, 분열된 자신의 입장을 모두 정리하지도 못한 채 '소통'과 '화합'을 외치는 강준만의 모습을 똑바로 바라보기란 쉽지 않은 일이다. 스스로 기여한 세상의 변화에 정작 자신은 속하지 못한다는 사실은 너무나 비극적인 일이 아니겠는가. 논객시대의 역사가 이 지점에서 멈춰서는 안 되는 이유도 바로 여기에 있다. 구텐베르크 은하계가 하이퍼텍스트와 소셜 네트워크로 산산히 바스러지고 있으며, 더이상 '조중동'과 '한경오'를 나누어 니편 내편을 삼기도 만만치 않은 이 세상에서도, 우리는 어떻게든 위엄 있는 주체로 거듭나야 하기 때문이다.

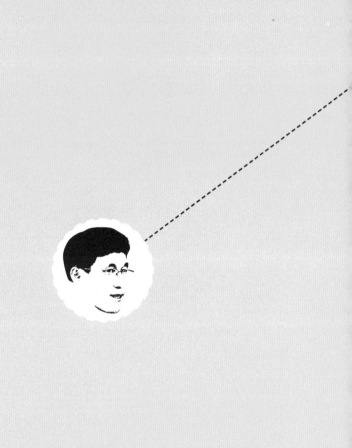

진중권

디오게네스는 이렇게 말했다

공산주의를 포기한 운동권 청년의 선택

1990년대 초반 어느 날 밤, 청년 진중권은 글을 쓰고 있었다. 어쩌면 훗날 『미학 오디세이』(휴머니스트, 2004, 초판 발행 1994)라는 책으로 묶여 나올 원고였을지도 모른다. 아무튼 젊은 진중권이 있었다. 사회주의의 꿈은 가혹한 현실 앞에 무너졌다. 혁명을 꿈꾸던 '운동권' 청년 진중권은, 시쳇말로 '멘붕' 중이었다.

> 벌써 10년 전의 일이다. 책을 쓰며 지새우던 밤. 자판기 커피를 뽑으러 나와서 올려다보던 하늘의 희미한 별들만 기억에 남아 있다. 여느 '386 세대'처럼 당시 나도 현실 사회주의의 몰락으로 인한 정신적 충격을 내적으로 방어하던 중이었다. 거의 10년 동안 나를 지탱해주던 하나의 신념체계가 무너졌다.(『진중권의 미학 오디세이 작가 노트』, 휴머니스트, 2004)

진중권의 베스트셀러 『미학 오디세이』는 이렇듯 현실 사회주의의 몰락이라는 충격 속에서 잉태되고 있었다. 청년 진중권뿐 아니라 수많은 이들에게 역사의 종착점, 텔로스 노릇을 하던 사회주의가 거대한 역사적 실험 끝에 실패로 돌아갔다. 독일민주공화국, 즉 동독이 서독에 흡수 통일된 해는 1990년, 소비에트연방이 몰락한 해는 1991년, 진중권이 「소비에트연방의 유리 로뜨만의 구조기호론적 미학 연구」로 미학 석사 학위를 받은 해는 1992년, 독일로 유학을 떠난 해는 1993년이었다.

『미학 오디세이』 초판은 진중권이 한국을 떠나 독일에서 공부하고 있던 1994년에 발행되었다. 플라톤과 아리스토텔레스가 대화를 나누며 고대에서 근대까지의 미술사를 훑는, 오늘날의 기준으로 보더라도 읽기 쉽게 잘 서술된 이 책은, 세 차례나 출판사를 옮기면서도 스테디셀러 자리를 지켰다. 더욱 중요한 것은 이 책 덕분에, 애초에 학위를 따서 교수가 되겠다는 욕심을 딱히 부리지 않았던 진중권이 유유자적하게 유학 생활을 즐길 수 있었다는 사실이다.

앞서 우리는 그가 한국에서 밤하늘의 별을 보며 이 책을 썼으리라는 가정을 해본 바 있다. 정작 책이 나왔을 때 글쓴이는 지구 반대편에서 완전히 새로운 방식으로 살아가고 있었다. 유학을 다녀온 사람들이 대부분 그렇듯, 그에게도 독일 체류 몇 년은 인생에서 가장 아름다운 추억이 피어난 시기이며, 이후 한국 사회의 문제를 판단하기 위한 시금석 노릇을 한다.

이는 단지 그가 '선진국'에 유학을 다녀왔기 때문만은 아니다. 선진국 중에서도 구동독 한복판에 있던 베를린 자유대학을 다녔기 때문일 것이다. 스탈린주의로 악명 높았던, 문화적으로 별 볼일 없던 소련이 아니라 동구권에서 가장 선진국이었던 동독이 서독에서 쏘아 보내던 텔레비전 전파 때문에 허무하게 무너져 내렸을 때 진중권은 실로 큰 충격을 받았다. 진중권이 1991년이 아니라 "1989년 현실 사회주의 국가들이 줄줄이 몰락하는 것을 본 후, 약 1~2년간의 숙고 끝에 공산주의라는 '주의'를 포기"(『생각의 지도』, 천년의 상상, 2013, 171쪽)했다고 밝혔는데, 연도를 잘못 표기한 게 아니다. 진중권의 머릿속에서 공산주의는 1989년 11월 9일, 베를린 장벽이 무너지던 그날부터 허물어지기 시작했다.

> 그후로 내 생각은 우리가 1980년대에 '유로코뮤니스트'라 비웃던 서유럽 사민주의 쪽으로 기울었다. 유학을 통해 동서독 체제를 비교할 기회를 가졌던 게 계기였다. 트라비(Trabi)를 타고 연 30일 휴가를 보내는 동독의 노동자와 폭스바겐(Volkswagen)을 타고 연 40일 휴가를 보내는 서독의 노동자. 어느 쪽이 더 사회주의적일까? 당시에 접한 소련-스웨덴의 비교 연구도 이른바 사회주의적 가치의 모든 측면에서 외려 스웨덴 사회가 소련보다 우월함을 보여주었다.(같은 곳)

진중권은 공산주의의 최고 선진국 동독에 가고 싶었지만 베를린 장벽은 이미 무너진 지 오래였다. 베를린 장벽의 가짜 잔해를 판매하는 기념품 상인들만이 주위를 맴돌던 시절이었다. 진중권은 본인이 꿈꾸던 사회주의 선진국 독일이 아니라, 사민주의 국가인 통일 독일에 도착하게 되었다. 그곳에서 비트겐슈타인과 발터 벤야민을 공부하고, 유럽을 두루 돌며 관광하고, 친구들을 사귀고, 그중 한 친구와 연인을 넘어 부부로 발전해 아들을 낳고, "교포 자녀들에게 한국말을 가르"(『호모 코레아니쿠스』, 웅진지식하우스, 2007, 181쪽)치면서 행복한 시간을 보내던 진중권은, 우연한 계기로 20세기 말 한국 사회의 숨가쁜 흐름 속에 빨려 들어가게 되었다.

풍자와 조롱을 무기로 싸우는 논객의 탄생

1990년대는 일찍 시작되어 일찍 끝났다. 우리가 말하는 '1990년대'는 1987년 6월 항쟁과 7·8·9월 노동자 대투쟁을 통해 촉발되어 1997년 12월 김영삼 정부가 IMF에 구제금융을 요청하면서 마무리되었던 것이다. 그런 혼란스러운 분위기 속에서, 한국 현대사를 상징한다고 할 수도 있는, 대선에 네 번째로 도전하던 '준비된 대통령' 김대중이 당선되었다. 역사상 최초로 민주적 선거를 통해 여당에서 야당으로 권력이 이양되는, 이른바 수평적 정권교체였다.

외환위기가 발생하면서 동시에 정권이 교체되었다. 1997년은 그런 면에서 한국 현대사의 한 분수령이라고 할 수 있다. 객관적으로 경제 차원에서 분석해본다면 1997년의 외환위기는 그해 태국이 고정환율제를 포기하면서 벌어진 아시아 금융위기의 연장선에서, 정부의 보증을 받아 무리하게 단기 외화를 차입해 공격적인 경영을 하던 기업들이 순식간에 지급 불능 상태에 빠져 결국 외환보유고가 바닥나게 된 사건이다. 하지만 당시를 살아가던 수많은 한국인들에게 이는 제2의 을사조약이요, 경제 주권 침탈이며, 잿더미 속에서 일으켜 세운 나라가 '샴페인을 너무 일찍 터뜨린' 나머지 빚더미 위에 나앉게 된 사건으로 받아들여졌다.

정권교체로 인한 정신적 충격 또한 대단히 컸다. 김영삼은 대통령이 되기 위해, '호랑이를 잡기 위해 호랑이굴로 들어간다'며 기존의 군부 세력과 연합하는 쪽을 택했다. 이른바 3당 합당이었다. 훗날 김대중의 뒤를 이어 대통령이 된 노무현은 3당 합당에 반대하며, 청문회 스타로 떠올라 나름 탄탄해 보였던 정치적 성장 코스를 걷어차고, 연거푸 낙선할 수밖에 없는 길을 걷는다. 이는 훗날의 일이고, 중요한 것은 기존의 정치 질서에 익숙한 사람들이 도저히 받아들일 수 없는 사건이 벌어졌다는 점이다.

'우리'가 땀 흘려 일궈왔다고 믿은 풍요가 순식간에 사라졌는데, 당장 눈을 들어 청와대를 바라보니 거기에는 '빨갱이' 김대중이 지팡이를 짚고 서 있다. 1987년 민주화 이후 사실상 금기시되었던 박정희의 이름이 공공연히 정치 담론의 장으로 돌아올 수 있는 발판이 마련된 것이다. 무능하고 목소리만 큰 '아버지'들이 하자는 대로 했다가 경제위기가 몰아쳤지만, 정작 뒷감당은 엉뚱한 사람들이 해야 하는 현실에 대한 반발로 정치적·문화적 복고 열풍이 불어왔다. 바로 그렇게 정치적·문화적 차원에서 벌어지던 온갖 퇴행 현상은 한 출판사에 의해 스크랩되어 소포 박스에 담겨 베를린에서 유유자적하고 있던 진중권의 품에 안겼다.

베를린에 있던 시절이었으므로 그때 한국의 상황에 대해 알려준 것은 어느 출판사에서 커다란 상자에 가득 담아 보내준 신문, 잡지, 책 등의 자료였다. 여기에 인용된 한글 텍스트는 대부분 그 상자에서 나왔다. 발송을 위해 무게를 줄이려고 신문, 잡지의 글은 가위로 오려낸 조각 상태였나.

이렇게 조각으로 실려온 우리 사회의 망탈리테(정신 상태)는 나를 경악시켰다.(『폭력과 상스러움』, 푸른숲, 2002))

긍정적인 의미에서 '근대적'인 사회에 살고 있다고 생각하고 있던 진중권에게, '전근대', 혹은 '탈근대'에 이른 조국의 모습이 조각조각 날아들어왔다. 진중권은 크게 두 가지 방식으로 대응했다. 『폭력과 상스러움』의 머리말에서 진중권은 "이 책에 실린 글들은 모두 '인용'과 거기에 붙인 코멘트로 이루어져 있"으며, "실현되지 않았지만 원래의 의도는 인용에 붙인 코멘트마저도 남의 말의 인용으로 채우는 것"(같은 책)이었다고 말한다. 당시에는 "벤야민은 오직 인용으로만 이루어진 책을 쓰려고 했다."는 사실을 몰랐다고 같은 곳에서 털어놓는다. 즉 어떤 지적 성취로서의 포스트모던 글쓰기를 시도했다는 것이다.

『폭력과 상스러움』의 골자에 해당하는 원고, 즉 '진중권의 엑스 리브리스'는 독자들의 환영을 받지 못했다. "어느 시사주간지에 연재를 하던 중 '주관적 관념의 세계'라는 열화 같은 비난을 받아 도중하차해야 했기 때문이다."(같은 곳). 텍스트를 인용하고, 이를 통해 한국 사회를 몽타주처럼 그려내고자 했던 시도는, 진중권의 말마따나 "열화 같은 비난"을 불러일으킨 채 연재가 끝난 후에도 몇 년 동안 책으로 묶여 나오지 못하는 신세가 되었다. 독일 유학생이었던, 혹은 유학생 티를 다 벗지 못한 그가, 지식인의 탈을 쓰고 내뱉는 당위와 관념의 언어들은, 적어도 잡지에 연재되던 당시만 해도 대중들에게 환영받지 못한 것이다.

농담을 할 줄 아는 논객의 탄생

그러나 다른 방향에서 시도된 포스트모던한 글쓰기는 대단히 성공적이었다. 지금까지도 진중권은 바로 '그 책'과 함께 거론되고 있을 정도로 성공적이었다. 지금 나는 『미학 오디세이』가 아니라 『네 무덤에 침을 뱉으마』(개마고원, 1998)에 대해 말하고 있는 중이다.

사실 진중권의 전체 저작 목록을 놓고 보면 『네 무덤에 침을 뱉으마』는 대단히 이질적인 책이다. 그의 초기 저작들을 죽 늘어놓으면, 이후에 쓴 책들과 어떤 식으로든 연결돼나가는 그래프를 그려볼 수 있다. 오직 『네 무덤에 침을 뱉으마』만이 예외다. 진중권 이전에 이런 책을 쓴 사람도 없었거니와, 진중권 자신도 다시는 이와 같은 책을 쓰지 않았고, 설령 뜻이 있었다 하더라도 그러지 못했을 것이다. 감히 이렇게 말할 수 있을 만큼 특정한 시대와 개인, 분위기와 상황의 결합으로 탄생한 '별종'이기 때문이다.

저자의 입을 빌려 『네 무덤에 침을 뱉으마』의 서술 전략을 살펴보자.

여기에 실린 내 글은 대부분 대한민국 우익들이 쓴 텍스트에서 뽑은 인용으로 가득 차 있다. 이는 나의 텍스트 해체 전략과 관계있다. 즉 나는 이들의 논리를, 이들 자신이 내세우는 논리로 반박하려는 거다. 이게 내 전략이다. 이들은 제 입으로 한 말을 제 입으로 뒤집는다. 이자가 한 말을 저자가 뒤집는다. 제정신이 아니다. 좌충우돌 난리도 아니다. 내 글은 비판이 아니다. 이들은 학적 '비판'의 대상이 될 주제가 못 된다. 그래서 난 이들을 '문학적 풍자'의 대상으로 삼았다. 이 책은 논문이 아니다. 난 이 책을 순문학으로 이해한다. 평론가들, 관심 좀 가져주세요.(『네 무덤에 침을 뱉으마』 개정합본판, 2013, 27쪽. 초판은 1998년 발행))

물론 『네 무덤에 침을 뱉으마』가 처음부터 끝까지 '논리 돌려주기'로만 이루어진 책은 아니다. 어떤 대목에서는 파시스트 미학과 윤리학을 가르치기도 하고, 다른 부분에서는 숫제 교양 강좌를 열기도 한다. 하지만 책은 시종일관 풍자와 조롱의 경쾌함을 잃지 않음으로써 독자들의 뜨거운 호응을 끌어냈을 뿐 아니라 진중권이라는 저자의 '캐릭터'를 잡아나가는 데에도 결정적인 영향을 미쳤다. 진중권은 다른 '진보 논객'들과 달리, 농담을 할 줄 아는 사람으로 자리매김한 것이다.

진중권 자신은 그러한 캐릭터를 조커, 광대, 혹은 디오게네스라고 다시 호명했다. 철학을 가지고 놀고, 점잖은 아카데미아가 아니라 시장바닥의 언어를 주고받으며, 그가 즐겨 인용하듯이 '남들이 자신에게 추방형을 내리면, 오히려 상대방에게 체류형을 내리는' 캐릭터로 자신을 설정한 계기를 찾자면 우리는 『네 무덤에 침을 뱉으마』로 거슬러 올라갈 수 있다. 이는 물론 진중권 본인이 베를린 유학 시절부터 고민하던 거대한 철학적 기획의 일부였겠지만, 구체적으로 독자 대중들에게 다가선 것은 『네 무덤에 침을 뱉으마』가 없었다면 불가능했을 터다. 『폭력과 상스러움』을 구성하게 된 '엑스 리브리스'가 연재 당시 열화 같은 비난을 받았다는 사실을 생각해보면 더욱 그렇다.

하지만 진중권은 스스로 말하듯이 디오게네스, 광대, 거리의 철학자가 되는 데 성공했다. 상대방을 조롱할 줄 아는 지식인이었고, 또 조롱할 수 있는 상대가 결코 부족하지 않았다. 조갑제, 이인화, 이문열 등 극우 지식인들을 실컷 약 올리는 책으로 스타가 되었지만 진중권은 말의 장터를 떠나지 않았다. 오히려 인터넷이라는 언어의 시장바닥에 기꺼이 좌판을 벌이고 앉아, 문자 그대로 '지나가다' 같은 아이디를 쓰는 익명의 네티즌들과 선플 악플 무플을 서슴없이 주고받았다.

물론 인터넷에서 열심히 활동한 지식인이 진중권뿐이라고 말할 수는 없다. 하지만 가상공간에서 통용되는 게임의 법칙을 완벽하게 파악할 뿐 아니라 본인이 응용하고 창조하는 경지까지 나아간 사람은 오직 진중권뿐이었다. 그렇게 진중권은, 당시 인터넷을 열심히 하던 사람들이라면 기억할 법한 몇몇 온라인 논쟁, 가령 '월장 사태'라든가 '조독마(조선일보 독자 마당) 학살 사건' 등에 적극적으로 참여하거나 심지어 주도해 나갔다.

진중권이 극우 지식인과 싸우고, 극우 네티즌들을 조롱하고, 안티조선 운동의 한 축으로 활동하고, 안티조선 운동의 행방을 놓고 강준만과 논쟁을 벌이고, 당시 걸음마를 떼기 시작한 민주노동당을 지지하면서도 2002년 대선 후보 노무현을 '비판적 지지'하겠다는 이들을 단속하고 있는 동안에도 세월은 무심하게 흘러갔다. 노무현은 극적인 드라마를 연출하며 대통령이 되었지만 2004년 총선을 앞두고 탄핵소추를 당했다. 하지만 역풍이 몰아쳐 노무현과 지지 세력들이 만든 열린우리당이 전체 의석의 과반수를 차지하는 거대 여당이 되었을 때, 진중권이 지지하고 활동하던 민주노동당은 무려 10석의 의석을 얻는 쾌거를 이루었다. 조갑제의 입을 빌려 박정희가 '내 무덤에 침을 뱉'으라고 했더니, 진중권이라는 디오게네스가 정말 퉤퉤퉤 침을 뱉었다. 그리고 앙시앙 레짐이 무너졌다. 당시에는 정말, 그렇게 보였다.

상상력이라는 뒤늦은 유행에의 몰입

한바탕 폭풍의 세월이 지나간 후, 자신이 쓴 글 중 단행본이 될 만한 것들을 골라 묶던 진중권은 문득 이런 질문을 던졌다. "박정희 망령은 물러갔고,《조선일보》는 제 몫을 찾았고, 한나라당은 몰락했고, 민주노동당은 정치적 진출에 성공했다. 모든 게 내가 원하던 대로 된 셈이다. 그런데도 까닭 없이 느껴지는 이 허탈함의 정체는 뭘까?"(『빨간 바이러스』, 아웃사이더, 2004, 머리말)

박근혜 정부가 들어선 현재 이 문장을 보면 "모든 게 내가 원하던 대로" 되었다는 등의 소리를 선뜻 이해하기 어렵지만 이 글을 쓰던 시점이 2004년 6월이라는 점을 상기해볼 필요가 있다. 2004년 4월 15일 실시된 17대 총선에서 한나라당은 원내 야당으로 전락했고, 신생 여당 열린우리당이 탄핵 역풍을 타고 과반수 의석을 획득했다. 정당투표제가 도입되면서 민주노동당이 비례대표에서 무려 여덟 석을 얻어, 지역구의 두 석을 합쳐 총 10석으로 심지어 구민주당도 앞지르며 원내 3당이 되었다. 물론 선거 과정에서 기존 언론의 영향력을 뛰어넘(는 것처럼 보이)는 인터넷의 역할이 두드러졌다.

하여 진중권은 선언한 것이다. '다 이루었다.' 심지어 "4월 15일, 당사에서 울려 퍼지는 환호성을 들으며 [나는] 4년 동안 견지해왔던 이 당에 대한 지지를 비로소 접을 수 있었다."(같은 곳) 물론 말이 그렇다는 것이다. 진중권은 계속 온라인과 오프라인을 가리지 않고 진보정당과 정치에 대한 이야기들을 쏟아냈다. 하지만 2004년 이후에 출간된 책들의 목록을 살펴보고 있노라면, 그의 정치적 열정이 전 같지 않다는 사실을 확인하기는 의외로 어렵지 않다.

2004년 6월 출간된 『빨간 바이러스』에 이은 다음 책은 2005년 3월에 나왔다. 『놀이와 예술 그리고 상상력』(휴머니스트, 2005)인데, 본문에는 언급되고 있지 않지만, 이 책은 《동아일보》에 연재했던 원고를 묶은 것이었다. 안티조선 운동이 《조선일보》를 넘어 '조중동'에 대한 포괄적 거부로 나아갔다고 생각하던 사람들이 충격을 받을 만도 했지만, 앞서 말했듯이 당시는 모두가 묘한 승리감에 도취되어 있던 시기였고, 사회적 이슈에 대한 칼럼집이 아니라 미학을 다룬 책이기에 큰 논란이 벌어지지는 않았다.

그러나 『놀이와 예술 그리고 상상력』은 공공 지식인(Public Intellectual)으로서 진중권의 이력에서 중요한 기점이 된다. 한국 사회를 향해, 뭔가 '돈벌이'가 될 수 있는 방향을 직접 제시하는 최초의 저작이기 때문이다. 이렇게까지 이야기하고 보니 바로 전에 출간된 책의 제목이 '빨간 바이러스'라는 점이 더욱 역설적으로 느껴지지만 아무튼 사실이 그렇다. 『놀이와 예술 그리고 상상력』은, 이른바 '1인칭 전지적 진중권 시점'으로 말하자면, 스마트폰 시대를 선취한 책인 것이다. 진중권의 말을 그대로 옮겨보자. "드디어 상상력이 힘이 되는 시대가 왔다. '상상력의 혁명'은 이미 시작되었다. 미래의 생산력은 상상력이 될 것이다."(『놀이와 예술 그리고 상상력』, 서문)

"상상력이 힘이 되는 시대"라는 문구에 등장하는 "힘"은, 뒤따라 이어오는 "미래의 생산력"에서 말하는 '생산력'이며, 따라서 궁극적으로는 돈으로 수렴된다. 물론 마르크스가 살아서 돌아온다고 해도 우리는 경기침체보다는 경제성장을 택해야 할 것이다. 하지만 사회주의, 생태주의, 무정부주의를 종합하여 미래의 진보 이념을 만들자던 "적, 녹, 흑"의 저자가 '놀이, 예술, 상상력'을 통해 "미래의 생산력"을 증진해야 한다고 말하는 광경을 목격하게 되었으니 어쨌든 놀라운 일이다.

이로써 진중권은 '정치'를 경유하지 않고, 곧장 '사회'를 향해 발화할 수 있는 거점을 획득했다. '우리는 상상력을 키워서 미래의 성장 동력으로 삼아야 한다.'는, 미학적이면서 동시에 경제적인 논리 말이다. '놀이'와 '상상력'을 강조함으로써, 이른바 '구시대 좌파'들과 한층 더 확실하게 선을 그을 수 있게 되었으니 이 역시 소득이라고 할 수 있다. '아니, 지금이 어떤 시대인데 아직도 공장 노동자 중심의 노동운동에만 집착하는 겁니까?'라는 질문을 던지기 위한 밑돌을 놓아두었다는 것이다.

이러한 입장 표명을 함부로 '우경화'라고 부르는 것은 어불성설이다. 진보야말로 전통적으로 기술 변화에 민감하게 반응해왔기 때문이다. 하지만 '상상력'을 자신의 주요 화두 중 하나로 삼는 것은 (그가 즐겨 인용하는 벤야민의 말마따나) "유행하는 책을 유행이 지난 후 읽기 시작하는 것"처럼 보이는데 이는 어쩔 수 없는 일이다.

황우석과 「디 워」 사건, 그리고 호모 코레아니쿠스

총선 결과 본인이 추구했던 사회적 목표들이 전부 완수되었음을 확인하고 『놀이와 예술 그리고 상상력』으로 넘어간 진중권의 판단은 당시로서는 타당했다고 볼 수 있다. 적어도 그때까지만 해도, 남은 3년 반가량의 시간이 얼마나 스펙터클할지 아무도 예상치 못했던 것이다.

기억력이 부족한 독자를 위해 진중권의 타임라인에서 중요하게 지적해야 할 두 가지 사건만을 언급해보자. 본인이 수십조 달러의 가치가 있는 연구를 하고 있다고 주장하던 한 과학자가 있었다. 한데 연구 결과라는 것이 포토샵을 이용한 사진 조작에 지나지 않음이 드러났다. 또한 본인이 수백억 달러의 흥행을 할 수 있는 영화를 만들었다고 주장하던 영화감독이 있었는데, 영화가 개봉하고 나니 수많은 평론가와 영화 애호가들이 극심한 재미없음과 당혹감을 호소하며 극장 문을 박차고 뛰어나왔다.

전자는 황우석 사건을, 후자는 심형래의 「디 워」 개봉을 둘러싼 논란인데 다소 장황하게 서술해보았다. 황우석 사건은 진중권의 내면에 심대한 충격을 주었고, 비틀거리던 그는 「디 워」 사태를 통해 훗날 '촛불 스타'로 떠오르는 데 기여할 초석을 닦았다. 두 사건 모두 거의 유사한 방식으로 대중의 열광을 보여주었는데, 전자는 진중권이 "지금 나는 썩어가고 있다."(『첩첩상식』, 새움, 2006, 17쪽)는 쓰라린 자기 선언을 하도록 몰아붙인 반면, 후자는 진중권이라는 이름을 널리 알리고 사상 최초로 대중들에게 "형(형)" 소리를 듣는 지식인으로 만들었다.

일단 2005년 말부터 2006년 초까지 대한민국을 뒤흔들었던 황우석 사건으로 들어가 보자. 진중권에게 결정타를 안긴 것은 2006년 4월 24일 벌어졌던 이른바 '감금 사건'이 아니었다. 그가 경남 창원대학교에서 강연을 하고 나오는데 황우석의 지지자 30여 명이 들이닥쳐 네 시간가량 옴짝달싹 못하게 강의실을 봉쇄했던 사건이 아니라는 얘기다. 진중권 본인의 설명을 들어보자.

내가 진짜 상처를 받은 것은 그때가 아니라 그보다 훨씬 전이었다. 거의 모든 국민이 황우석을 신봉하고, MBC의 광고를 끊어버리고, 황우석 비판자들에게 집단적으로 언어적 폭력을 가하던 상황. 솔직히 그때 무서웠다. 이른바 '노빠'와 '박빠'가 '황빠'로 뭉쳐서 함께 퍼붓는 애국적 언어폭력은 질적으로나, 양적으로나 가공할 수준이었다.

웬만한 욕에는 눈 하나 깜짝하지 않는 나지만, 그때 퍼부어진 욕은 내적으로 감당이 되지 않았다. 그리고 그때 입은 심리적 상처는 보이지 않는 내면의 후유증으로 고스란히 남아 있다. 우리 프로그램의 청취자 게시판에 올라온 욕설 중에는 나와 절친했던 학교 후배가 제 실명을 걸고 써놓은 것도 있었다. 도대체 사람들이 왜 갑자기 이상해진 것일까? 그때 나는 처음으로 내 주변의 사람들이 무섭다는 생각을 했다.(『첩첩상식』, 16쪽)

황우석 사건을 취재하던 일본 방송사 PD가 진중권에게 질문을 던졌다.

"혹시 국민성과 관련이 있지 않을까요?"(『호모 코레아니쿠스』, 9쪽)

물론 그 자리에서는 '민족성', '국민성' 등의 개념을 거론조차 하고 싶어 하지 않는 독일식 사고방식의 소유자답게 "국민성 같은 게 실재한다고 믿지 않는다."는 답을 들려주었지만, 저 질문이 진중권의 뇌리에 오래 남아 있었다는 사실만은 분명해 보인다. 어쨌건 그에게 "황우석 사태는 이 이념의 대립 너머에 존재하는 분열의 새로운 차원"에, "이념보다 더 깊은 차원의 대립, 한마디로 서로 다른 인성의 대립"(같은 책, 109쪽)이 존재함을 가르쳐주었기 때문이다.

2006년의 인터뷰와 칼럼 등을 짚어보면, 그 무렵부터 진중권은 월터 옹이 만들어낸 '구술문화'와 '문자문화'의 대립 구도를 적극 차용하기 시작했음을 알 수 있다. 그는 아마 진지하게 미디어아트 등을 공부하기 시작하면서 월터 옹, 마셜 맥루언 등을 (다시) 읽었을 테고, 월터 옹이 만들어낸 저 개념이 대단히 유용하다고 생각했을 것이다. 특히 황우석 사태와 같이 기존의 개념틀로 해석이 안 되는 사태를 맞닥뜨렸을 때, 진중권에게는 차라리 다른 선택의 여지가 없었다고 말하는 편이 더 나을지도 모르겠다.

이미 그는 『호모 코레아니쿠스』를 출간하기 전, 2006년 6월경에 논객으로서 절필 선언을 했다. 이후 또 절필 선언을 하기 때문에 이를 '1차 절필 선언'이라고 불러야 할 것이다. '1차 절필 선언'은 진중권과 다른 진보 논객들이 자주 칼럼을 연재하던 《씨네21》의 '유토피아 디스토피아' 코너에서 이루어졌다. 그는 "이제는 규범을 말하고 지키는 논객이 아니라, 그냥 사실을 기술하는 기록자나 허구를 늘어놓는 이야기꾼이고 싶다."며, 라디오 진행자를 그만두고 정치·사회적 의견을 밝히기 위한 지면을 반납해버렸다. 그리고 한국인을 한국인으로 만들어버린 아비투스(습속)가 무엇인지 고민하며 비행기 조종을 배우기 시작했다.

『호모 코레아니쿠스』 또한 이러한 맥락에서 출현한 책이기 때문에, 『놀이와 예술 그리고 상상력』만큼이나 (그의 오랜 독자들에게는) 다소 뜬금없다는 인상을 주기에 충분했다. 몸은 한국에 살지만 마음만은 언제나 독일에 있던 진중권이, 심지어 술에 취하면 영어 불어 독어로 술주정을 한다는 믿기 어려운 전설이 나돌기도 하는 진중권이, 갑자기 이 무슨 한국인 타령이란 말인가. 그와 오래전 틀어졌을 뿐 아니라 사실 글 쓰는 방식과 성향 등 많은 부분에서 다른, 그럼에도 불구하고 당시에도 꾸준히 같이 거론되고 비교되었던 강준만이 2006년『한국인 코드』(인물과사상사)라는 책을 냈다는 사실 때문에 더더욱『호모 코레아니쿠스』는 이상해 보였다.

찬찬히 뜯어보면 '신체'에 대한 현대철학의 논의를 검토하는 내용이 절반, 이런 논의들을 적용해볼 수 있는 한국 현대미술 작가들의 작업을 검토하는 내용이 절반 정도지만, 애초에 제목과 주제를 '한국인'으로 잡은 책의 출간은 당시의 진중권이 거느리고 있던 독자들이 아는 '진중권'이 할 행동이 아니었다.

두 개의 오답을 합친다고 해서 하나의 정답이 나오는 것은 아니지만, 이 경우에는 사정이 조금 다르다.『호모 코레아니쿠스』를 통해 진중권은, '앞으로는 이걸 밀어야지'라고 점찍어둔 '구술문화 대 문자문화'의 구도를, 향후 자신의 독자가 되어줄 한국인들에게 과감하게 적용했다.

한국의 선진적인 인터넷 인프라는, 역설적이게도 역사적 후진성의 덕분이다. 한국의 경우 해방 직후 문맹률이 90퍼센트에 달했다고 하니 문자문화로 진입한 지 채 60년이 안 된 셈. 당연히 얼굴과 얼굴을 맞대는 구술문화의 습속이 강할 수밖에 없다. 물론 산업화, 도시화 과정에서 한국인들 역시 급속히 익명화, 원자화되어갔다. 하지만 오랜 촌락공동체 생활에서 형성된 인격적 접촉의 열망까지 사라지기에는 그 시간이 너무 짧았다. 사라져가던 촌락공동체 문화는 인터넷을 만나 새로운 르네상스를 맞는

다.(같은 책, 192쪽)

　이러한 한국 문화사 서술은, '구술문화'를 '전근대'로, '문자문화'를 '근대'로 치환하고 읽으면, 근대성을 획득하지 못한 상태에서 포스트모던을 맞이하게 되었다는 기존 담론과 사실상 다를 바가 없다. 이른바 '압축적 근대화'로 인해 제대로 된 근대를 형성하지도 못한 상태에서 다시 포스트모던의 시대를 맞이하여, 두 단계를 착실히 밟아간 서양 사회에서 모두 불거진 문제들이 동시다발적으로 터져 나온다는 식의 진단 말이다.

　하지만 단어를 바꿈으로써 얻은 것이 없지는 않다. '구술문화'와 '문자문화' 다음에는 '영상문화', 혹은 '디지털 문화'가 올 것이기 때문이다. 그리고 한국은 구술문화 성격으로 인해 인터넷 보급률이 순식간에 높아졌고, 따라서 문자문화 단계에 오래 머물러 있는 다른 서구권 국가에 비해 (비록 문자문화 자체는 부실하기 짝이 없지만) 다음 단계로 비교적 빨리 넘어가게 되었다는 것이다.

> 문자문화에 밀려 사라졌던 영상문화와 구술문화가, IT(정보기술)에 힘입어 문자문화 이후에 다시 주요한 소통매체로 되돌아오고 있다. 아직 문자문화가 충분히 무르익지 못한 후진성이 외려 문자문화 '이후'를 만들어가는 원동력이 되고 있는 것이다. 그동안 잔혹하기 짝이 없었던 역사가 한국에 보여주는 약간의 공정함이랄까?(같은 책, 187쪽)

　그런데 앞서 『놀이와 예술 그리고 상상력』에서 패기 있게 선언한 바와 같이 21세기는 상상력이 곧 경쟁력인 시대다. 우리에게 문자문화가 부족한 대신 문자문화 '이후'를 만들어갈 원동력이 있다는 것은, 그만큼 한국이 '영상문화' 차원에서뿐만 아니라 경제적으로도 앞서나갈 가능성이 있다는 말이 된다.

2006~2007년, 진중권이 구체적으로 표현해낸 '영상문화-상상력'의 논의 구조는 상당히 건설적이고 발전적이며 미래 지향적이기도 하다. 그를 단지 '모두까기 인형'이나 (훗날 SNL Korea에 등장한) '진중건'처럼 오직 네거티브한 논의만을 펼치고 남을 깎아먹기 급급한 인물로 치부하는 이들의 생각과 달리, 진중권의 머릿속에는 한국 사회가 어떤 형태로 굴러가야 하는가에 대한 밑그림이 들어 있는 것이다.

『놀이와 예술 그리고 상상력』에 『호모 코레아니쿠스』를 포개보면, 기왕 진입해버린 영상문화를 긍정하되, 구술문화와 문자문화의 폐단을 모두 피해가는 사회가 보인다. 그 영상문화의 힘으로 상상력을 발휘하여, 백범 김구가 꿈꾸었던 높은 문화의 힘을 갖추고, 이를 바탕으로 고부가가치 산업을 육성하여 높은 소득도 올리는 나라의 청사진이 나오는 것이다.

동시에 미디어아트를 연구하는 학자로서, 진중권 본인도 이제는 거리낌 없이 포스트모던의 원리를 자신의 글쓰기와 삶에 적용할 수 있게 되었다. 예전에도 그랬지만, 심리적 장벽이 이론을 통해 제거됐으니 이제 완전히 얘기가 된다. 적어도 '우리 포스트모던 똑바로 하자.'보다는, '우리 영상문화 시대에 올바르게 적용해보자.'가 좀 더 그럴듯하게 들린다. 논객의 위치에서 대중들을 향해 당위의 언어를 내뱉는 일을 계속하며 믿었던 후배로부터 상스러운 욕설을 듣는 것보다는 상상력의 전도사가 되는 것이 개인 차원에서 나은 선택일 수 있다.

네티즌이라는 호모 코레아니쿠스와의 공모

문제는 이번에도 진중권이 유행이 지나간 책을 읽기 시작했는데, 좀 많이 늦었다는 데 있다. 영상매체와 고부가가치 산업이라는 키워드를 함께 던지면 「쥬라기 공원」이 떠오를 사람이 적지 않을 것이다. 영화 한 편이 올린 수입이 우리나라에서 자동차 몇 십만 대를 수출한 것과 같다는 말이 바로 「쥬라기 공원」 때문에 나온 소리이기 때문이다. 문화적 상상력으로 높은 수입을 올린다는 발상 자체는, 상상력과는 무관한 클리셰에 지나지 않는다고 볼 수도 있겠다.

이 클리셰를 가장 진지하게 실천에 옮기고 있던 사람이 바로 심형래였다. 「디 워」를 만든 심형래 말이다. 진중권이 2006년에 이르러서야 '상상력이 곧 경쟁력'이라고 말하기 시작할 때, 심형래는 「쥬라기 공원」을 보자마자 그런 생각을 하기 시작했고, 오래도록 공룡 특촬물을 만들며 근성 있게 기술을 갈고닦은 끝에 김대중 정부에 의해 '신지식인 1호'로 선정되었다.

그러므로 「디 워」 논란을 다른 각도에서 보자면 이러하다. 어떤 이론가가 주창한 방안을 진작부터 실행에 옮기고 있던 한 창작자가 있다. 그런데 이론가는 창작자의 결과물을 보고 진저리를 내며 '데우스 엑스 마키나' 같은 소리를 외치기 시작한다. 그 말이 무슨 뜻인지는 잘 모르지만, 마법소녀의 주문 같기도 하고 뭔가 묘한 매력이 있다고 느낀 대중들은 이론가에게 호감을 갖기 시작한다. 마침내 이론가는 기존 독자층을 벗어나 대한민국 최초로 자신을 '흥'이라고 부르는 팬 집단을 거느리게 된다.

물론 심형래라는 창작자가 내놓은 결과물이 시원찮다고 해서, 창조성이 곧 경쟁력이라는 진중권의 테제가 틀렸다고 말한다면 논리적으로 심각한 오류를 범하는 것이다. 그런데 2007년 8월 1일 「디 워」가 개봉하던 그날까지, 진중권이 제시한 창조성과 상상력을 경제적 성공의 동력으로 삼는 모델을 가장 잘 실행하고 있던 사람이 심형래였음은 부인할 수 없는 사실이다. 칸트의 말처럼, 개념 없는 직관은 공허하고 직관 없는 개념은 맹목이다. 진중권은 스티브 잡스가 '붐' 하면서 꺼내들었던 아이폰이 국내에 정식 출시되고 성공하기 전까지, 마음 편하게 어떤 사례를 지칭하며 '내가 말하는 상상력이 힘이 되는 경제는 이런 거지, 하하.'라고 말할 수가 없었던 것이다.

요즘 용어를 빌리자면, 진중권은 '창조 경제'를 원론 차원에서는 찬성하고 있는 셈이다. 하지만 그 무렵의 '창조 경제'의 첨병에 섰던 심형래와 대립각을 세웠다. 물론 「디 워」가 세계시장에서 통용될 만한, 새로운 창의성을 개척하는 영화가 아니었기 때문이긴 하지만, 어쨌건 두 사람이 궁극적으로 지향하던 바는 별 차이가 없었다고 말해도 무방하다. 심형래는 영화 「쥬라기 공원」이 개봉했을 때부터, 진중권은 아마도 노무현 정부가 들어선 다음부터, 공장과 노조와 굴뚝과 땀과 쇠와 망치가 아니라, 상상력과 테크놀로지로 돈을 버는 '창조 경제'를 각자의 방식으로 꿈꾸고 있었다.

이러한 맥락과는 무관하게 「디 워」 논란은 진중권의 인생에서 하나의 분기점이 되었다. 앞서 말했듯 「디 워」의 스토리를 설명하기 위해 「100분 토론」에 출연해 '데우스 엑스 마키나'라는 고전적인 서사의 개념을 들이밀었고, 그것은 트위터나 페이스북이 국내에서 활성화되기 전 주로 DC 인사이드에 모여 있던 '잉여' 청년들의 감수성에 제대로 꽂혔다. 진중권은 본인 스스로가 '소스'가 됨으로써, 텍스트가 아니라 이미지로 사유하는 새로운 신체를 가진 '호모 코레아니쿠스'들이 존재함을 입증한 것이다.

이 '짤방'을 독해해보자. 진중권의 얼굴을, 당시 교황이었던 베네딕토 16세의 몸에 대충 합성하고 위에 "데우스 엑스 마키나!!"라고 써놓았다. 여기서 우리는 대략 세 가지 사실을 바로 읽어낼 수 있다.

(1) 이 짤방을 만든 사람은 '데우스 엑스 마키나'가 무슨 뜻인지 딱히 알고 싶어 하지 않는다.

(2) 이 짤방을 만든 사람은, 하필이면 교황과 진중권을 합성한 데서 드러나듯이, "데우스 엑스 마키나"가 어느 정도 권위 있(어 보이)는 표현임을 직감하고 있다.

(3) 그런데 누군가 그런 말을 하면 아무튼 웃겨 보인다. 그것을 있는

그대로 표현하기 위해 합성은 '발로 한' 것처럼 수준이 낮다.

구술문화에서 문자문화로 이행하고, 문자문화에서 다시 영상문화로 이행하는데, 심형래처럼 구술문화의 힘을 이용해 영상문화에서 한몫 잡으려는 사람을 한 차례 걸러내보자. 그러면 이렇듯 문자문화가 요구하는 지적 능력이나 교양은 부족한 상태로, 다만 보고 느끼는 대로 표현하는 네티즌이 나온다. 그런데 이 네티즌이란 1999년 귀국한 이후 진중권이 신물이 나도록 상대해온 바로 그놈들이다. 영상문화는 이미 도래해 있었다. 다만 돈이 되지 않았을 뿐이다.

촛불시위, 그리고 대선이라는 마지막 싸움

진중권이 진저리를 내건 말건 「디 워」는 국내에서 흥행에 성공했다. 마찬가지로 진중권은 전혀 원치 않았겠지만, 이명박이 대통령에 당선됐다. 2004년 총선 이후 '역사의 종언'을 보고, "모든 게 내가 원하는 대로" 되었다고 생각하며, 근대적 기준만을 고집하지 않고 탈근대적 상상력을 가미하여 사회를 바라보는 프레임을 다시 주조해낸 진중권은 여느 한국인들과 마찬가지로 당황스러울 수밖에 없었을 것이다.

> 거센 보수화에도 불구하고 다음 선거에서 한국 유권자의 '38.6%가 중도적인 정부를 원했고, 다음으로 34.2%가 진보적이기를, 20.1%는 보수적이기를 바랐다.'고 한다.(《시사저널》 2006년 10월 3일자) 하지만 '누가 가장 진

보적인 후보냐.'는 설문에 '이명박'이라고 대답하는 게 한국의 정치 상식
이니, 이런 설문에 의미를 부여할 수는 없을 것 같다.(같은 책, 177쪽)

　물론 진중권 본인이 다소 '포스트모던'한 태도를 취하게 된 이유는
예전에 비해 구술문화가 아닌 문자문화적 요소가 늘었다는 낙관적 믿
음이 있었기 때문이리라. 하지만 우리의 조국은 언제나 우리의 눈높이
를 훌쩍 뛰어넘어, 대중은 '가장 진보적인 후보'라는 단어를 들으면 '이
명박'을 떠올렸다. 반면 이명박에 맞서 선거를 치러야 할 민주당, 아니
대통합민주신당은 계파 싸움으로 분열해, 이른바 '친노' 계열은 선거운
동에 적극적으로 나서지도 않았고, 그런 와중에 내세운 후보는 17대 총
선에서 '노인 발언'으로 잘 나가던 선거에 찬물을 끼얹은 정동영이었다.
정동영이 얻은 득표수는 고작 600만 표가량으로, 이는 「디 워」가 동원
한 관객 780만 명에도 못 미치는 것이었다.

　사회가 한 발자국, 혹은 반 발자국이라도 '모던'으로 향하리라는 믿
음하에 '포스트모던'으로 살짝 몸을 기울였더니, 대한민국이 더더욱 현
란한 탈근대의 경지로 훌쩍 뛰어 들어간 것이다. 100명이나 읽을까 말
까 한 미학 책을 쓰고 싶다는 진중권의 삶은 이후로 더욱 바쁘고 정신
없고 바람 잘 날 없게 돼버렸다. 2008년 촛불시위에서 진중권은 '아프
리카 TV'로 생중계되는 시위 현장에서 진보신당의 '칼라 TV' 리포터가
되어 체스를 두는 자동인형이 되는 체험을 한다. 그 과정에서 대중적
인지도와 인기가 하늘로 치솟았다.

　진중권이 촛불시위 당시 누렸던 인기는 향후 어떤 지식인도 쉽게
넘볼 수 없을 것이다. 본인이 설명하던, 구술문화와 문자문화의 요소

가 결합된 영상문화의 혜택을 가장 많이 본 사람이 진중권이다. 열정적으로 뛰어다니지만 기본적으로 예의가 몸에 배어 있기 때문에 마땅히 흠 잡을 구석이 없자, 한 무리의 노인들이 그가 담배 피우는 모습에 대고 '담배 똑바로 피우라'고 훈계를 했다. 구술문화와 문자문화의 대립이다. 그러자 관련 녹음을 듣고, 모든 것을 유희의 대상으로 삼는 영상문화 속의 네티즌들은 '진중권 담배송'(http://www.youtube.com/watch?v=LXDoOeTI-ZU)을 만들어 화답했다. 이렇게 철저히, 자신이 대중에게 소개한 이론이 자신을 통해 육화되는 경험을 해본 지식인이 또 있을까?

그런데 진중권이 강의하고 있던 중앙대학교에서 돌연 그를 해고해버렸다. 더 이상 국내에서 버티기 힘들겠다는 판단을 내리고 기왕 배우기 시작한 비행기 조종을 숙달할 겸, 영어 회화도 익힐 겸, 필리핀 항공학교에 등록하고 3년을 기한으로 잡아 출국할 계획을 세웠다. 하지만 누군가 소송을 걸어왔고 이 일은 재산과 체력과 정신을 갉아먹게 된다.

결국 3년을 다 채우지 못한 채 진중권은 한국에 돌아왔다. 그동안 몇몇 미학 서적을 출간하고, 《씨네21》에 연재했던 철학 에세이들을 모아 『아이콘』(씨네21북스, 2011)이라는 책을 내고, 꾸준히 비행기 조종 연습을 하며 필리핀 사람들이 즐겨 먹는 '발롯(balut)'을 음미하며 들뢰즈의 '기관 없는 신체'를 곱씹었다. 뇌물수수 혐의로 교육감직을 상실하게 된 곽노현 전 서울시교육감을 둘러싸고 논쟁을 벌이다, 다시 한 번 논객을 그만두겠다며 '2차 절필 선언'을 했지만, 대선을 앞두고 한국에 들어오기까지 한 이상 계속 그러고 있을 수는 없었다. 12월 19일, 즉 대선 당일까지만 하겠다는 한시적 조건을 걸고, 진중권은 다시 한 번 논객으로서 시동을 걸었다.

마지막 싸움이라고 생각했을 것이다. 진중권은 트위터 계정을 만들었다. 특유의 순발력과 언어감각, 인지도로 인해 금새 '파워 트위터리안'이 되어 대선 정국에 개입했다. 이 과정에서 쌓여가는 트윗만큼이나 숱한 '흑역사'를 적립했는데 모든 내역을 일일이 밝히기에는 지면이 모자라니 진중권의 정치적 판단만을 다시 생각해보기로 하자.

대학에 들어가 운동권이 된 후 진중권은 단 한 번도 NL, 그중에서도 특히 주사파와 가까워진 적이 없었다. 현재 확인할 수 있는 그의 텍스트에서 주사파가 긍정적으로 묘사된 경우는 없다. 이는 단지 대학 시절 몸담은 조직이 달랐다는 차원의 문제가 아니다. 한국에서 태어나 자랐지만, 특히 독일 유학을 기점으로 내면의 근대화를 이룩한 진중권은 북한을 한국의 대안으로 여기며, 김일성·김정일 부자를 신처럼 모시고, 온갖 유교적·봉건적 습속을 고스란히 재현하는 주사파와 도저히 가까워질 수가 없는 것이다.

2012년 4월 총선을 앞두고 진보정당 사이의 이합집산이 극심해졌다. 민주노동당은 이미 주사파에게 점령당한 지 오래였고, 자신들이 일궈 놓은 정당을 빼앗긴 이들은 탈당을 하여 진보신당을 만들었다. 한편 남아 있던 민주노동당 다수 세력은 구민주당 계열에 정착하지 못하고 튕겨나온 유시민의 '국참계'와, 진보신당에서 탈당한 심상정, 노회찬 등과 손을 잡고 통합진보당을 창당했다. 2011년 12월의 일이다.

바로 그렇게 만들어진 통합진보당에서 총선 후보를 선출하기 위한 경선을 진행하는데, 관악을 선거구에 출마한 이정희 의원 측이 나이와 성별 등을 속이고 모바일 투표에 참여하라는 문자를 보낸 사실이 발각되었다. 이정희 의원은 구민주노동당 출신으로 이른바 '주사파'로 간주되는 인물이었다.

진보정치는 성공적인 결과도 중요하지만 정당한 과정을 통해 목표를 달성해야 한다고 늘 주장해왔던 진중권은, 게다가 부정행위의 당사자로 여겨지는 사람이 이른바 '주사파' 계열임에도 불구하고, 대단히 우호적으로 이정희 측을 감싸고 나섰다. 이정희와 상대방인 김희철이 재경선을 해야 한다는 것이었다. 이정희가 경선 과정에서 부정행위를 저질렀다는 의혹을 받았고, 증거가 당시로서는 명백했음에도 불구하고, 진중권의 뜻은 한결같았다. 원래 NL은 도덕성을 무기로 삼는 자들이 아니니 이 이상을 기대하기는 어렵고, 재경선 실시로 충분한 벌이 된다는 논지였다.

진중권의 이러한 발언은 오랜 독자, 혹은 팬들을 실망 내지는 충격에 빠뜨렸다. 사실 그의 취지가 무엇인지는 모를 수가 없다. 부정 경선을 하다가 적발되었는데 재경선을 하라, 이는 부정행위를 하다 들켰는데 재시험을 보게 해주는 것과 다를 바 없고, 또 다른 진중권이 보고 있었다면 반드시 이 점을 지적했을 것이다. 다만 '파워 트위터리안'이 된 진중권은, 야권연대가 깨지고 선거 결과 형편없이 패배하는 사태만은 막고 싶었을 따름이다.

이후 대선 과정에서 보인 모습 역시 놀라우면서도 전혀 놀랍지 않았다. 그는 문재인과 안철수의 단일화가 반드시 필요하다고 목소리를 높였고, 단일화가 되지 않으면 통합진보당의 심상정을 찍겠다는 취지의 트윗을 올렸다. 강준만과 유시민이 어떤 식으로 공격하고 회유해도 넘어가지 않고 민주노동당의 깃발을 지키던 옛날의 진중권이 아니었다. 어차피 구민주노동당 자체가 형해화된 상황이긴 했지만, 진보적 가능성을 모색하는 대신, 진중권은 12월 19일 선거 이후에는 아예 세상이 존재하지 않을 것처럼 단일화와 정권교체라는 한 가지 이슈에만 집중하고 있었다. 그렇게 진중권은 스스로 선언한 논객으로서 마지막 날을 맞았고, 자신이 헌신적으로 선거운동에 매진했던 '야권'은 패배했다.

존재 미학이라는 최후의 개념

"내가 생각하던 글쓰기는 이런 게 아니었다."(『시칠리아의 암소』, 다우, 2000, 들어가는 말) 본인이 원치 않았던, 청탁을 받아 쓴 정치적 글을 모아 책으로 엮으면서 진중권이 서문에 적은 첫 문장이다. 그에 따르면, "원래 내가 생각하던 글쓰기는 '책'을 쓰는 것이었"지, 이렇게 구성도 안 되고 다만 대충 그러모아 주제별로 묶어놓았을 뿐인 글을 내놓는 것이 아니었다는 말이다.

진중권은 술회한다. "요즘은 가끔 삶이 우연에 의해 지배된다는 생각을 한다. 내가 이런 글쓰기를 시작한 것은 독일에 있을 때 받은 어떤 원고 청탁에서 비롯한 것이다."(같은 곳) 아마도, 이인화가 편집위원으로 있었던 잡지 《상상》에서 '악마주의'에 대해 원고를 써달라고 했던 것을 가리킬 터이다. 진중권은 열심히 원고를 준비했는데, 알고 보니 자기 원고는 이인화가 박정희를 '낭만주의적 악마'로 묘사하기 위한 들러리에 지나지 않았다. 하지만 기왕 원고를 쓴다고 했으니 쓰되, 반론할 수 있는 지면도 요구했고 『상상』 측에서는 이를 허락했다.

그런데 이인화의 심기가 불편했던지 진중권의 원고는 아예 실리지도 않았고, 대신 그것을 고스란히 살려 《문학동네》에 기고했는데, 《조선일보》를 비판한 문단이 삭제된 채 글이 실렸다. 한 번은 쓰게 웃고 넘어갔는데, 비슷한 주제로 쓴 다른 글이 거부당하자, 진중권은 《조선일보》를 겁내지 않는 언론을 찾기 시작했고 강준만이 만든 '저널룩' 『인물과 사상』에 이르렀다. 『인물과 사상』의 지면에서 폭발적인 호응을 얻은 진중권은 이 작업을 쭉 이어나갔고 원고가 하나하나 모여 『네 무덤에 침을 뱉으마』가 되었다.

다시 한 번 확인해보자. 진중권은 "대한민국 우익들이 쓴 텍스트에서 뽑은 인용"을 서로 충돌시켰다. "즉 나는 이들의 논리를, 이들 자신이 내세우는 논리로 반박하려는 거다. 이게 내 전략이다."(『네 무덤에 침을 뱉으마』, 27쪽) 하여 진중권은 자신의 책을 "순문학으로 이해한다."(28쪽) "한국 민중문화의 풍자적 전통을 오늘에 되살려 내가 개척한 새로운 문학장르", "20세기의 김삿갓", "논문과 에세이를 넘나드는 포스트모던"(같은 곳)을 자처하는 것이다. 독일 유학생이던 진중권의 혈기와 재기가 한껏 느껴지는 서술이라고 할 수 있다.

한편 같은 사람이 15년 후에 쓴 또 다른 서문을 살펴보자. 그는 《씨네21》에 연재했던 글을 모아 묶으며 다음과 같은 설명을 붙인다.

> 여기에 묶인 글들은 논문도 아니고, 그렇다고 수필도 아니며, 굳이 말하자면 논문과 수필을 뒤섞어놓은, 아주 특정한 의미에서 '에세이'라고 할 수 있다.(『생각의 지도』, 5쪽)

본인의 '풍자문학'이 "논문과 에세이를 넘나드는 포스트모던"이라고 스스로를 조롱했던 이가, 15년이 지난 후에는, 진지한 어조로 자신의 글을 "굳이 말하자면 논문과 수필을 뒤섞어놓은, 아주 특정한 의미에서 '에세이'"라고 소개한다. 전자는 '놀이'로 '포스트모던'하고 있는 반면, 후자는 (굳이 말하자면) '일'로 '포스트모던' 하고 있는 것이다. 조각글을 모아서 책을 내는 일도 마찬가지이다. 2000년의 진중권은 "내가 생각하던 글쓰기는 이런 게 아니"라고 절규했지만, 언제부턴가 그는 자신의 '잡문'을 하나씩 흩뿌린 후 '별자리'를 만들 수 있다고 말하며 자신을 설득하고 있었다.

한국에 돌아온 실패한 유학생 진중권이 개척한 길은 그야말로 전인미답이었다. 그는 인터넷이라는 광장에서 질펀하게 뛰어노는 지식인상을 만들어냈다. 자신이 동경하는 디오게네스에 가장 잘 부합하는 지식인을 단 한 사람 꼽자면, 한국이 아니라 전 세계를 통틀어도 진중권을 따라올 자가 없다. 자동차 면허증도 가지고 있지 않지만 항공기 면허증은 있고, 엄청나게 빠른 속도로 많은 글을 쓰지만 가장 선호하는 작업실은 대한민국 어디서나 반경 2킬로미터 안에 하나씩은 있는 PC방이며, 음악에는 조예가 없다고 말하면서도 울적할 때에는 샹송을 듣는 지식인의 모습을 진중권은 만들어냈다. 그것을 우리는, 진중권이 선호하는 표현대로라면, '존재 미학'이라고 할 수 있을 것이다.

그러나 '존재 미학'이라는 개념을 처음 사용하기 시작했을 때, 진중권의 생각은 달랐다. 그는 한국에서 독일로, 다시 독일에서 한국으로 던져진 자신의 삶이 비루하리라 예상했고, 이를 견뎌내기 위한 작은 보루로서 존재 미학을 꺼내들었다.

내 꿈은 삶의 예술가(lebenskünstler). 하지만 유감스럽게도 아직은 생존 예술가(Überlebenskünstler). 앞으로도 전망이 좋아 보이지 않지만, 내가 좋아서 선택한 길. 내게 가장 중요한 것은 자유. 누구 허락받지 않고 책을 번역할 자유, 누구에게 욕먹지 않고 책을 쓸 자유, 누구 눈치 보지 않고, 인정사정 보지 않고, 소위 분위기라는 이름의 상황 논리, 대중이란 이름의 평균성에 구애받지 않고 머리에 떠오르는 대로 말할 자유. 이 귀중한 자유의 대가라 생각하면 그뿐. 물론 나도 남 잘사는 거 보면 배가 아프다. 이 현실적 결핍감을 심리적 풍족감으로 보상하는 방법. '존재 미학.' 객관적으로 보잘것없는 내 삶을 주관적으로 심오하게 포장해주는 사적 이데올로기.(『시칠리아의 암소』, 269쪽)

그러나 진중권이 본인의 '포스트모던'한 글쓰기를 비웃음의 대상이 아니라 진지한 학문적·문예적 실천으로 간주하게 되었을 때, '존재 미학'이 감당해야 할 몫도 한없이 커졌다. 이제 그것은 단지 초라한 자신을 지탱하기 위한 사적 이데올로기에 머물지 않는다. '포스트모던'해진 관계로, 어떤 정치적·도덕적 당위를 타인에게 강요할 수도 없게 된 진중권이, 궁극적으로 의존할 수밖에 없는 최종 심급의 기능을 수행하는 것이다.

삶에 의미를 주려면, 우리는 어떤 식으로든 공약을 해야 한다. 공약을 한다는 것은 그에 따르는 부담 역시 기꺼이 지겠다는 선언이다. 하지만 이를 귀찮은 의무로 바라볼 필요는 없다. 공약을 통해 삶에 의미를 주는 것은 자신을 형성하는 존재 미학의 실천이다. 그림을 그릴 때에 화면에서 미적 필연성을 따르면서도 우리가 그것을 제약으로 느끼지 않듯이, 공약의 부담을 지는 것도 자유로운 행위가 될 것이다.(『생각의 지도』 190쪽)

진보와 보수 모두에게 꼭 필요한 최소한의 도덕적 덕목이 바로 이 '공약'과 그것을 지키는 '존재 미학'이다. 진중권이 자신의 지적 체계 속에서 의지할 수 있는 사회적 원칙은 궁극적으로는 이것뿐이다. 지지자들이 보기에 원칙과 공약을 잘 지킬 듯한, 약속과 신뢰의 존재 미학 자체였던 정치인 박근혜, 진중권이 조롱하던 박정희의 육체적·정신적 후계자인 박근혜가 대통령이 되고 대선공약을 지키지 않겠다고 공공연히 선언하기도 한 지금 이 구절은 더욱 씁쓸하게 다가올 뿐이다.

다시 2004년의 그때로 돌아가 보자. "박정희 망령은 물러갔고, 《조선일보》는 제 몫을 찾았고, 한나라당은 몰락했고, 민주노동당은 정치적 진출에 성공"했던 그때 말이다. 박근혜와 박정희는 별개의 인격체지만, 많은 사람은 그녀의 당선을 박정희 망령의 귀환으로 바라보고 있다. 《조선일보》는 제 몫의 종편을 찾았다. 한나라당은 새누리당으로 개명하고 붉게 타올랐다. 민주노동당은 역사의 뒤안길로 사라진 지 오래다. 그때의 성취는 죄다 먼지처럼 사라져버렸다.

『네 무덤에 침을 뱉으마』의 진중권에 비하면 오늘날의 진중권은, 가까운 듯하면서도 아주 멀리 와 있다. 당시에는 모든 것이 유희일 뿐이었다. 지금도 보기 힘든 '미치광이 같은' 문체 실험이 마구 시도되었다. 동음이의어, 특수문자, 한자, 알파벳 등 온갖 '비한국어'의 요소들이 끼어들었고, 인용문과 인용문이 서로 헐뜯었으며, 모든 페이지가 현란한 지성과 능란한 조롱으로 폭발했다. 우리는 그 책을 강고한 모더니스트가 쓴, 최고의 포스트모던 텍스트로 기억할 수 있다.

그리하여 다시 한 번 '전근대'가 되살아나 '탈근대'인 줄 알았던 현실을 갉아먹는 이 시점에, 『네 무덤에 침을 뱉으마』는 마치 『미학 오디세이』가 그러하였듯, 또 다른 개정판으로 재탄생했다. 개정판에서 진중권은 "사실 이 책은 오래전에 폐기되었어야 한다."(『네 무덤에 침을 뱉으마』 개정합본판, 개마고원, 2013, 5쪽)고 말문을 열고, 1998년 이 책이 출간된 이후 지금까지도 살아 있는 '뉴라이트'들을 조롱하다 문득 짜증을 낸다. "그런데 개 잡고, 닭 잡는 일은 왜 나한테만 시키는 걸까? 짜증난다."(같은 책, 493쪽)

진중권이 이렇게 짜증을 낼 법도 하다. 그는 한창 기세등등했던 한국의 극우들을 향해 단기필마로 달려 나갔던 돈키호테였고, 그 풍차가 얼마나 우스꽝스러운지를 다른 어떤 지식인도 해내지 못했던 방식으로 보여주는 데 성공했다. 덕분에 '중권이 흥'이 되었고, 그의 정치적 판단력에 대중들이 의문을 표할 무렵에는 우연히 새끼 고양이를 주워 '루비 애비'로 거듭났다. 근대인의 영혼을 갖고 있지만 포스트모던한 매체 환경에 완벽하게 적응한, 거의 유일한 지식인이 바로 진중권인 셈이다. 적어도 그는 2000년대 초 한국의 지식인 사회가 인터넷이라는 새로운 매체의 습격으로 어찌할 바를 모를 때도 거기에서 활동하고 살아남을 수 있는 '존재 미학'의 교본을 제공했다.

하지만 진중권이 '다 이루었다'고 생각했던 최소한의 진보는 대단히 허약한 뿌리를 가지고 있을 뿐이었다. 토양이 유실되어 뿌리가 드러나고 가지가 말라붙고 나무가 땅에 쓰러지는 과정에서, 진중권이라는 '진보 논객'은 결국, 본인이 비판했던 다른 논객들과 마찬가지로, '정치적'인 판단과 선택을 해야만 했다. 인정하자. 숱한 '야권 단일화'의 정치적 도박 끝에, 이제 한국 정치판에서 제3세력으로서의 진보정당은 의미 있는 중량감을 보여주지 못한다. 이런 구도 속에서 진중권 역시, 자신이 '야권 인사' 중 한 명으로 판단된다는 사실을 이제는 애써 부정하지 않는다. 이른바 범야권이 진중권에게 바라는 것은, 예나 지금이나, "개 잡고, 닭 잡는 일"일 뿐이다. 진중권이 디오게네스로서의 존재 미학을 주장한다 한들, '진보'의 위치를 차지한 범야권은 백정 노릇을 계속 요구할 따름이다. 우리의 디오게네스는 한국 사회로부터 체류형을 선고받았지만, 그 디오게네스가 박근혜에게 추방형을 선고하는 일은 실로 요원해 보인다.

한국 사회는 언제나 하나를 얻고 하나를 잃으면 그저 다행이었다. 진중권은 또 다른 진중권이 되면서 우리에게서 진중권을 빼앗아갔다. 그의 초창기 활동을 기억하는 사람이라면, 어떤 사안에 대해서도 가장 올바르고 정의로운 목소리를 내려 했던 진중권을 잃었다고 생각할 것이다. 하지만 촛불시위 이후 스타가 된 진중권만을 아는 이들은, '비판적 지지' 논쟁을 하며 게시판에서 밤을 새우고 온갖 방법을 동원해 네티즌의 속을 긁어댔던 진중권을 알지 못할 것이다. 이렇게 논객시대는 흘러갔고 여기까지 왔다. 디오게네스는 이렇게 말했다.

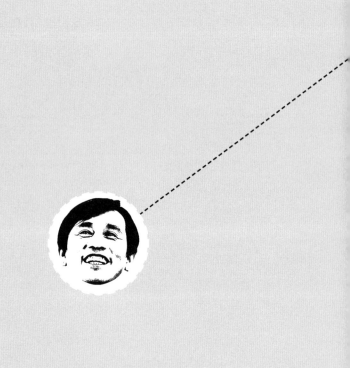

돌아온 지식소매상,
부도 난 정치도매상

지식소매상의 귀환

매체 기고자에게 있어 자신의 이름 앞에 붙일 직함을 정하는 일은 대단히 중요하고도 어려운 일이다. 너무 튀어도 안 되지만 지나치게 평범하면 재미가 없다. 특정 분야의 전문가를 함부로 참칭했다가는 큰 코 다칠 수도 있고, 단순히 '자유기고가' 같은 호칭을 쓰면 제대로 아는 것은 없으면서 아무 말이나 떠드는 사람처럼 보일 가능성도 배제할 수 없다. 반대로 좋은 직함을 스스로 지어 붙이면 구차한 설명을 할 필요가 없어진다. 자신이 글을 쓸 수 있는 분야, 생산해내는 원고의 수준, 독자의 눈높이까지 한번에 그려내어 보여주는, 일종의 '시적 도약'을 이룩해낸 직함을 찾아낸 경우라면 그렇다. 지금까지 대한민국에서 그렇게 완벽한 호칭을 찾아낸 글쟁이는 단 한 사람뿐이다. '지식소매상' 유시민.

방금 너는 '시적 도약'이라는 표현을 봤나. 정말 그렇나. '지식소매상'

이라니, 이 얼마나 완벽한가. 일단 본인이 글을 쓰려는 주제가 '지식'이다. 그런데 세상 만물이 '지식'의 대상이 될 수 있으므로, 가령 '음악 칼럼니스트'가 갑자기 영화에 대해 기고하면 다소 뻘쭘해지는 것과 달리 운신의 폭이 매우 넓다. 무슨 주제에 대해 청탁을 받건 해당 분야의 지식을 전달하면 그만이기 때문이다.

게다가 '소매상'이다. 이런 어휘를 선택하다니 굉장하다. 소매상이므로 물건을 직접 생산하지 않고 최종 소비자에게 판매만 한다. 즉 자신이 쓰는 글이 어디까지나 대중을 상대로 하는 일반 교양물임을 명확히 표현하는 것이다. 지식을 생산하지는 않고, 다만 소비자인 독자들이 이해하기 쉽게 가공해서 전달하겠노라는 의지를 이토록 잘 표현해내는 직함은 앞으로 또 나오기 어려울 것이다.

바로 그 '지식소매상' 유시민이 돌아왔다. 2013년 2월 19일, 불현듯 트위터에서 정계 은퇴를 선언한 그는, 새 책 『어떻게 살 것인가』(아포리아, 2013)를 들고 유권자가 아닌 독자들 곁으로 돌아왔다. 초판 발행일은 3월 13일이다. 초판 2쇄는 3월 18일에 발행되었으며, 판권에 명시된 바에 따르면 『어떻게 살 것인가』는 발행되자마자 10만 부를 찍어낸 베스트셀러이다. 유시민은 대형 마트처럼 수많은 소비자를 상대하는 초대형 소매상인 셈이다.

그러나 많은 이들의 기대와 달리 『어떻게 살 것인가』는, 유시민의 예전 책들이 내뿜던 총기를 온전히 보여주지 못하고 있다. 물론 오랜 세월 단련된 문장은 주술 호응을 놓치는 일 없이 날렵하지만, 서술은 뒤죽박죽이고 주제는 일관성 없이 흘러가며, 결정적으로 자신이 책 제목에서 던져놓은 질문에 대해 확신이 실린 대답을 들려주지 못한다. '어떻게 살 것인가?'라는 질문 앞에 할 말을 찾지 못하는 쪽은 독자가 아니라 유시민인 것처럼 보인다.

1997년 IMF 외환위기와 함께 금리가 폭등했고 한국 돈의 가치는 절반 이하로 떨어졌다. 국내에서 벌어들인 소득으로 해외 생활을 하던 사람들이 더는 버틸 수 없게 되었다는 뜻이다. 유시민도 그중 한 사람이었다. 학생운동을 하다가 군대에 다녀왔고 잠시 출판사에서 일했으며 서른여섯 살의 국회의원이었던 학교 선배 이해찬의 보좌관이 되었고『거꾸로 읽는 세계사』(푸른나무, 1988)가 베스트셀러가 되면서 생활에 여유가 생겼다. 그리하여 훌쩍 독일 유학을 떠났던 유시민은, "마흔 살 새 아침에 찾아든 깨달음 때문에 독일 유학을 중단했다."(『어떻게 살 것인가』, 77쪽)

> 막 시작한 경제학 박사학위 논문 집필을 그만두었다. 외환위기 이후 한국에서 오는 인세 수입을 독일 마르크로 바꾸자 반 토막이 된 현실도 한몫을 했지만 그게 결정적인 이유였던 것은 아니다. 아직 어디에도 삶의 뿌리를 깊게 내리지 못했기에 크게 어려운 결정은 아니었다. 어디선가 오래 한 우물을 팠다면 그럴 수 없었을 것이다. 서울로 가는 편도 탑승권을 끊어 프랑크푸르트 공항을 떠났다.(같은 곳)

한국으로 돌아온 유시민은 짧은 계약직 공무원 생활을 거쳐 자유기고가의 길로 접어들었다. 이 과정에서 여기저기에 기고를 하고 방송을 하다가 어느 날 불현듯 영감을 받아 스스로를 '지식소매상'이라고 부르게 되었을 것이다. 정신과의사 정혜신의『남자 vs. 남자』(개마고원, 2001)에

이 말이 등장하는 것으로 보아 유시민은 적어도 2001년 이전부터 자신을 '지식소매상'이라고 부른 듯하다. 그렇게 형성된 정체성은 『유시민의 경제학 카페』(돌베개, 2002) 서문에서 다음과 같이 또렷하게 선언되었다.

> 내 직업은 '지식소매상'이다. 이 '경제학 카페'를 여는 것도 다 내 영업활동 가운데 하나다. '유시민의 경제학 카페'에 오면 경제학과 경제현상에 대한 정보와 지식을 얻을 수 있다. 하지만 이 카페가 경제에 대한 정보와 경제학 지식 그 자체를 파는 곳은 아니다.(『유시민의 경제학 카페』, 8쪽)

유시민의 저작을 크게 '대중교양서'와 '정치평론서'로 나눠보자. 전자에 속하는 책들 중 『유시민의 경제학 카페』 이전에 출간된 책들은 다음과 같다. 『거꾸로 보는 세계사』, 『부자의 경제학 빈민의 경제학』(푸른나무, 1992), 『내 머리로 생각하는 역사 이야기』(푸른나무, 1994). 이 책들의 어디를 봐도 자신을 '지식소매상'이라 칭하는 대목은 등장하지 않는다. 따라서 어떤 독자가 사전 지식 없이 유시민의 책을 집어들고, '이 사람은 정말 쉽게 지식을 전달하는군.' 하고 감탄하며 '그런데 자신을 지식소매상이라고 부르네?'라고 말하게 한 책을 꼽자면, 바로 『유시민의 경제학 카페』이다.

그것이 2002년 1월의 일이다. 아직 민주당 대선 후보 경선이 시작되지 않고, 2002년 월드컵을 통해 정몽준이 인기몰이를 하기도 전이다. 지식소매상 유시민은 작은 카페를 열고 손님들에게 "맛있는 커피를 팔려는 게 아니라 커피를 맛나게 끓이는 방법에 관해 이야기를 하"(같은 곳)고 있었다. 이 한가로운 풍경은 불과 몇 달 뒤 전에 없던 정치 폭풍에 휩

쏠려 들어가게 된다.

《조선일보》가 이끄는 앙시앙 레짐과의 싸움

2002년 3월 9일, 새천년민주당의 대선 후보를 결정하기 위한 국민경선이 시작되었다. 첫 경선지는 제주도였다. 그런데 제주도에서 한화갑이 예상외로 1위를 기록하고, 당시 대세론의 주인공이었던 이인제가 2위를, 이어 노무현이 3위를 차지하면서 분위기가 심상치 않게 흘러가기 시작했다. 민주당 후보로는 이인제가 대세인데, 이인제와 이회창이 맞붙으면 이회창이 이긴다는 여론조사가 연신 나오고 있었으므로, 대세론이 곧 필패론인 절망적 상황인데 이런 구도에 균열이 일어난 것이다.

3월 13일 《문화일보》와 SBS가 공동으로 주관한 여론조사에서, 노무현과 이회창이 맞붙으면 노무현이 승리한다는 결과가 나왔다. 이 여론조사는 사흘 뒤, 3월 16일로 예정된 광주 경선에 커다란 영향을 미쳤다. 이인제 대세론이 깨지고 노무현이 광주 경선에서 1위에 올라서면서 희대의 정치 드라마가 탄생했다. 경상도 남자 노무현이 광주에서 1위를 했다. 이 역시 커다란 상징적 의미가 있는 사건이었다. 이는 민주당 깃발을 들고 부산에서 연이어 낙선하면서 '바보 노무현'이 된 그를, 지역감정을 넘어서려 하고 실제로 극복해낼 수 있는 유일한 후보로 만들어주었다. 4월 27일, 노무현은 새천년민주당의 대선 후보가 되었다.

문제는 그다음이었다. 6·13 지방선거에서 민주당은 몇 달 후 한나라당으로 명칭을 변경할 당시의 야당, 즉 신한국당에게 처참하게 패배한다. 특히 민주당의 서울시장 후보였던 김민석이 신한국당 후보 이명박에게 큰 표 차이로 패해 충격을 안겨주었다. 인구의 4분의 1이 모여 있는 서울에서 패배한다면 대선에서 승리할 가능성도 희박해질 것이기 때문이다. 대선 후보 노무현은 당 내에서 고위직을 차지하고 있지 않았지만, 어쩔 수 없이 지방선거 결과에 대한 책임론이 거세게 터져 나왔고 수세에 몰렸다.

2002년 한일 월드컵에서 한국팀이 월드컵 4강 진출이라는 쾌거를 이루었는데 이 역시 노무현에게는 결코 유리한 일이 아니었다. 대한축구협회 회장인 정몽준의 인기가 지지율로 환산되고 있었던 것이다. 6월 30일 월드컵이 끝날 때쯤, 가장 유력한 대선 후보는 이회창도 노무현도 아닌 정몽준이었다. 적어도 3자 구도로 대선이 치뤄진다면 노무현은 결코 당선될 수 없는 상황이었다.

유시민이 정리한 노무현의 자서전 『운명이다』(돌베개, 2010)에 따르면, 유시민은 바로 그해 7월, 정치 행보에 나섰다.

> 7월 중순경이었다. 명색이 여당 대통령 후보인데도 그날 오후에는 아무 일정이 없었다. 국민경선 때 선거 공약 작성과 방송 토론 준비를 도와주었던 유시민 씨를 찾아갔다. 경선이 끝난 뒤로는 통 보지 못했다. 그는 마포경찰서 뒷골목 허름한 건물에 사무실을 차려놓고 출판기획 사업을 계획하고 있었다. 또 경선을 해야 할지 모르니 다시 사람을 모아보라고 부탁했다. 그는 7월 하순부터 노사모와 민주당 국민경선 자원봉사자들을 다시 규합해 '국민후보 지키기 서명운동'을 벌였다. 이 운동은 개혁국민정당이라는 인터넷 정당 창당으로 이어졌다. (중략) 개혁당은 정몽준 씨와의 단일

화 경쟁에서 이기고 대통령 선거를 치르는 데 큰 힘이 되었다. 당선이 확정된 직후 민주당사에서 당선자 기자회견을 하고 곧바로 근처에 있던 개혁당 중앙당사를 방문해 특별한 고마움을 전했다.(『운명이다』, 193쪽)

유시민은 개혁당 창당 작업을 진행하면서 책 한 권을 썼다. 이후 자신의 저작 목록을 정리하면서 줄곧 누락시킨 책의 제목은 『노무현은 왜 조선일보와 싸우는가』(개마고원, 2002)이다. 유시민이 '지식소매상'이라는 간판을 걸고 '정치도매상'으로 영업을 하는 기나긴 여정 역시 이 책과 함께 시작한다.

대통령 후보로서, 아니 대통령이 된 후에도 노무현은 언론, 특히《조선일보》와 날카롭게 대립했다. 경선 과정에서 "《조선일보》,《동아일보》는 민주당 경선에서 손 떼라."고 일갈하기도 했다. 하지만 그 무렵《조선일보》와 싸우던 사람,《조선일보》와 싸우던 정치인이 오직 노무현뿐이었다고 말한다면 그것은 사실이 아니다. "2001년 1월 11일 김대중 대통령이 연두 기자회견에서 언론개혁의 필요성을 이야기한 이후, 국세청이 모든 중앙 언론사에 대해 그동안 미루어왔던 정기 세무조사를 시작"(『운명이다』, 177쪽)했기 때문이다.

시민들이 주도한 언론운동 안티조선을 논외로 하더라도 그렇다. 언론 권력에 대한 견제 필요성은 정치권에서도 제기되고 있었고, 김대중 대통령이 칼을 뽑았다. 그래서 2001년에는 방상훈《조선일보》사장, 김병관《동아일보》명예회장, 조희준《국민일보》회장이 각각 구속됐다. 물론 노무현처럼 언론에 직접 대립각을 세운 사람은 없다. 하지만 언론과의 전쟁을 노무현이 시작했다고, 혹은 대한민국의 모든 정치인 중 《조선일보》와 싸우는 사람은 오직 노무현뿐이었다고 말하는 것은 어폐가 있다.

물론 2002년 8월 책을 낸, 아마 6월이나 7월 무렵 원고 작업을 하고 있었을 유시민은 그렇게 생각하지 않았다. 그가 볼 때 "노무현과《조선일보》의 싸움에는 대한민국을 반세기 동안 지배해온 '앙시앙 레짐(구체제)'의 목숨이 걸려 있"(『노무현은 왜 조선일보와 싸우는가』, 7쪽)었다. "국민은 6월 항쟁을 통해 군부독재를 종식하고 민주화의 문을 여는 데는 성공했지만, 강고한 동맹을 맺은 극우언론과 극우정당의 사상적·정치적 지배에서 사회를 전면적으로 해방시키는 데까지는 나아가지 못했다."(같은 곳)고 그는 생각했다. 요컨대 노무현을 대통령으로 만들어《조선일보》를 '이기는' 것은, 87년에 못 다 이룬 민주화를 완성하는 건곤일척의 승부, "상식과 몰상식의 싸움"(같은 책, 11쪽)이 되었다.

노무현과《조선일보》의 싸움을 '역사적'인 사건으로 만들기 위해 유시민이 택한 방법은 간단했다. 싸움의 기간을 늘리는 것이다. "이 싸움이 본격화된 것은 2001년이지만 그 서막이 열린 지는 이미 10여 년이 지났"(같은 책, 21쪽)다며, "이 둘의 싸움은 11년 전인 1991년 9월 17일《조선일보》가 내보낸 인물 프로필에서 그 단초가 열렸"는데, "싸움을 건 쪽은《조선일보》"(같은 책, 28쪽)라고 유시민은 말한다.《조선일보》가 그렇게 싸움을 걸어오자, 노무현은 "어차피 당할 수밖에 없는 공격이라면 '무릎 꿇고 살기보다 서서 싸워 죽는' 게 더 낫다."(같은 책, 64쪽)고 생각했다.

노무현과《조선일보》의 악연은 1991년으로 거슬러 올라가지만, 사실《조선일보》의 악행의 역사는 일제시대부터 시작되었다. 이 책의 세계관에 따르면 그렇다는 얘기다. 《조선일보》는 친일 신문이며, 친일파는 청산되지 않았고, 한국 사회의 기득권을 틀어쥐고 있으며, 그들이 가장 미워하는 정치인이 노무현이므로, 《조선일보》의 반대를 뚫고 노무현을 당선시키는 것이야말로 민주화의 완성이다. 그러나 이 세계관은 유시민의 독창적인 창작품이 아니다. 이미 강준만이 크게 다르지 않은 내용을 『노무현과 자존심』에 담아 책으로 펴냈다. 또한 유시민이 인용하고 있는 여러 네티즌들의 목소리가 대변하듯이, 대통령 직선제와 정권교체를 이루어냈지만 여기에 만족할 수 없었던 시민사회의 에너지가 언론개혁이라는 초점을 향해 모여들었다고 보는 편이 타당할 것이다. 2002년 대선은 한 후보의 당선과 낙선이 아니라, 해방 이후 역사 바로 세우기가 걸린 선악의 전장이 되었다.

책의 말미에 같은 결론이 다시 한 번 반복된다. 당시 유시민은 "이번에도 낙선하면 이회창은 사실상 정계를 떠나야 할 것"이며, "이회창이 없는 한나라당이 하나의 정당으로서 정체성과 통일성을 유지할 가능성은 없다."(같은 곳)고 보았기 때문이다. 물론 실제 역사는 이런 진단과는 판이하게 흘러갔음을, 이제 우리는 너무도 잘 알고 있다.

'정당 브레이커'라는 오명

노무현이 대통령에 당선되었지만, 앙시앙 레짐이 절로 해체되는 일은 벌어지지 않았다. 정반대였다. 당내 헤게모니를 장악하지 못했던 노무현은 새천년민주당에서 탈당했고, 이는 곧 여권의 분열로 이어졌다. 한

나라당과 민주당에서 탈당한 의원들에, 개혁국민정당의 김원웅, 유시민 의원이 합류했다.

당연히 개혁국민정당의 당원들은 큰 혼란에 빠졌다. 여기서 앞서 인용한 『운명이다』의 한 문장을 다시 살펴보자. 유시민이 정리한 바에 따르면 노무현은 "또 경선을 해야 할지 모르니 다시 사람을 모아보라고 부탁"했고, 유시민은 "7월 하순부터 노사모와 민주당 국민경선 자원봉사자들을 다시 규합해 '국민후보 지키기 서명운동'을 벌였"으며, 그 결과 "이 운동은 개혁국민정당이라는 인터넷 정당 창당으로 이어졌다." 이렇게 놓고 본다면 개혁국민정당은 애초에 노무현을 지지하기 위한 외곽조직일 뿐이며, 노무현 대통령이 원래 소속 정당에서 탈당하는 사태가 벌어졌다면, 수단과 방법을 가리지 않고 그를 돕는 것이 합당하다.

한데 정작 유시민 본인의 설명에 따르면 그는 "2002년 개혁국민정당이라는 새로운 정당을 만드는 데 참여해 당 대표로 선출되었고, 이 정당의 공천을 받고 보궐선거에 출마해 국회의원이 되었다."(『후불제 민주주의』, 돌베개, 2009, 318쪽) 그에 따르면 개혁국민정당은 "인터넷을 기반으로 하는 당원 중심의 참여민주주의 정당을 만들어 지역주의를 타파하고 정책 정당을 완성하는 것"(같은 곳)을 목표로 삼았다. 노무현을 지키기 위해, 이러한 이상을 추구하는 정당을 1년여 만에 없애버리는 행위를 납득하지 못하는 당원들이 거세게 반발했다.

유시민은, 그렇게 만든 열린우리당마저도 대통합민주신당으로 바꾸고, 대통합민주신당이 통합민주당으로 변하고, 통합민주당이 다시 민주당으로 당명을 개정한 2009년이 돼서야 "개혁당의 정신을 열린우리당에서 실현하고자 했던 시도는 실패했으며, 그 원인이 오판에 있든 능력 부족에 있든, 실패의 가장 큰 책임이 나에게 있다고 생각한다."(같은 곳)며 때늦은 사과의 말을 남겼다. 고양 덕양갑에서 개혁국민정당 깃발 아래 당원들의 헌신적인 자원봉사에 힘입어 재보선 국회의원이 된 지 약 6년 만의 일이었다.

그동안 벌어진 일들은 일일이 열거하는 것만으로도 힘에 부칠 지경이다. 노무현의 탈당에 분노한, 혹은 이유가 무엇이든, 여당에서 야당이 된 민주당은 노무현에 대한 탄핵소추안을 제출했고 당시 야당이었던 한나라당과 함께 국회에서 통과시켰다. 그런데 헌정 사상 최초로 대통령에 대한 탄핵소추안이 통과되자 대중들의 여론이 들끓기 시작했다. 국민들은 미니 여당인 열린우리당에 표를 몰아주었고, '잔류 민주당'은 의석 아홉 개짜리 미니 정당으로 전락하고 말았다. 정동영의 이른바 '노인 발언'이 미친 파장이 어느 정도였는지 지금에 이르러 따져 묻는 것은 부질없는 일이겠으나, 그런 커다란 실책에도 불구하고 열린우리당은 과반 의석을 획득했다.

역사는 유시민이 2002년 대선을 앞두고 예측한 바와 정반대로 흘러갔다. "앙시엥 레짐"을 타도했지만 쪼개진 것은 '그들'이 아니라 '이쪽'이었다. 유시민에게 '정당 브레이커'라는 오명을 안겨준 일련의 정치적 과정을 통해, 2002년 대선을 승리로 이끌었던 정치 세력 및 지지층은 쪼개지고 말았다. 이후 지금까지 진행되어온 정치적 과정은 마치 일본 전국시대의 양상처럼 혼란스럽기 짝이 없다.

한편 반대편인 '앙시엥 레짐'은 자신들의 세력을 유지하며 두 차례에 걸쳐 대선을 승리로 이끌었다. 유시민 본인의 설명을 들어보자.

예를 들어 박근혜 의원은 강인하고 품격이 있다는 좋은 이미지와 아울러 좀 무서운 느낌도 든다. 그는 17대 총선에서 영남과 고령층 표심을 결속시켜, 차떼기 범죄가 드러나는 통에 바람 앞의 등불처럼 흔들리던 한나라당을 살려냈다. 불합리한 경선 규칙 때문에 대통령 후보 경선에서 지고서도 미소 띤 얼굴로 이명박 후보에게 축하 인사를 보냈다. 이런 것이 강인함과 품격이라는 이미지를 굳힌 행동이었다.(같은 책, 237쪽)

정치도매상의 카무플라주
- -

『노무현은 왜 조선일보와 싸우는가』부터 『국가란 무엇인가』(돌베개, 2011)에 이르기까지, 일련의 책들은 유시민의 정치적 타임라인과 거의 완벽하게 포개진다. 유시민은 장관직을 사퇴한 후 한미 FTA를 옹호하고 자신의 장관직 수행에 잘못이 없다고 항변하기 위해 『대한민국 개조론』(돌베개, 2007)을 썼다.

『후불제 민주주의』를 헌법과 민주주의에 대한 '지식소매상'의 자세하고 친절한 소개로 볼 수도 있겠지만, 앞서 우리가 수없이 인용한 바와 같이, 그 책은 대통합민주신당에서 탈당해 국민참여당으로 나아가던 정치인 유시민을 전제하지 않고서는 온전히 독해하기 어렵다. 헌법의 가치와 권력에 대한 이야기를 한참 하다가, 책이 끝나기 직전에 자신을 지지해줬던 개혁국민정당 당원들에게 사과하는 말을 던지고, 에필로그인 "선과 선의 연대를 위하여"에서 이른바 '서울대 쁘락치 사건'을 해명하는데, 이런 내용들은 이 책이 단순히 '지식'을 소매하기 위한 저술이 아님을 여실히 드러낸다.

같은 해 나온 『청춘의 독서』(웅진지식하우스, 2009)도 그렇다. 젊은 시절 탐독하던 책들을 다시 읽고 쓴 서평들 같지만, 사실은 독일의 소설가 하인리히 뵐의 『카탈리나 블룸의 잃어버린 명예』(민음사, 2008)에 대한 서평이, 그중에서도 언론에 의해 부당하게 매도당하는 카탈리나 블룸에 노무현 혹은 유시민 본인을 대입하는 과정이 바로 핵심이다.

> 이 소설을 처음 읽었을 때, 숨이 막혔다. 《차이퉁》이 카타리나 블룸의 명예를 짓밟은 방식이 너무나도 '리얼'했기 때문이다. 그것은 당시 내가 현실에서 보고 경험했던, 그리고 오늘 현재에도 목격할 수 있는 언론의 행태와 정말로 똑같았다. 《차이퉁》은 주로 두 가지 방법을 썼다. 첫째는 검찰청 조사실에서 오간 이야기를 악의적으로 왜곡해 중계방송을 하는 것이다. 이것은 모든 문명국가의 형법이 금지하는 불법적인 '피의 사실 유포'에 해당하는 범죄행위다. 검사나 검찰 수사관 중에 누군가가 《차이퉁》 기자와 '정보 밀거래'를 하지 않는다면 일어날 수 없는 일이다. 국가기관과 언론이 한통속이 되어 저지르는 이러한 불법행위는 그 누구도 막을 수 없다. (『청춘의 독서』, 275쪽)

유시민이 이 책을 쓰던 당시, 퇴임하여 고향에서 농사를 짓고 있던 노무현 전 대통령에 대한 검찰 수사가 한창이었다. 이를 보며 유시민은, 2009년 당시 『88만원 세대』의 성공 이후 한창 유행하던 세대론에 편승하는 책을 쓰고 있었고, 얼마 후 초고를 끝냈는데 이후 한 달이 채 되지 않아 노무현 전 대통령은 고향 뒷산에서 몸을 던져 세상을 등지고 말았다. 유시민은 이미 완성된 원고에 이런 문장들을 덧붙임으로써 분노를 표할 수밖에 없었다.

> 카타리나 블룸은 잃어버린 명예를 되찾을 길이 없어서 기자를 총으로 쏘아 죽이는 복수의 길을 선택했다. 그녀가 사람을 죽인 데 대해 후회의 감정을 느껴보려고 교회에도 갔지만 조금도 후회할 바를 찾지 못한 것은 다른 선택을 할 여지가 없었기 때문이다. 그런데 퇴임한 지 15개월밖에 되지 않은 대한민국의 전직 대통령은 카타리나 블룸과 똑같은 상황에 봉착하자 남이 아니라 자기 자신을 죽이는 길을 선택했다. 검찰 조사실에서 오간 대화가 교묘하게 왜곡된 형태로 특정 신문을 통해 중계되듯 보도되고, 문제가 된 사건의 본질과 무관한 사항들이 흘러나와 '피의자'를 파렴치하고 부도덕한 사람으로 몰아가는 가운데, 가족과 친지, 친구 등 주변의 모든 사람들의 삶이 파괴되어간 그 모든 일들은, 35년 전 독일에서 나온 이 소설에서 뵐이 묘사한 것과 정확하게 일치한다.(같은 책, 292쪽)

노무현을 대신해 유시민이 쓴 자서전 『운명이다』는 잠시 뒤에 논하기로 하고, 『청춘의 독서』의 다음 책인 『국가란 무엇인가』를 펼쳐보자. 책이 나왔을 때 다들 지적했듯이, 2011년작인 『국가란 무엇인가』는 마이클 샌델의 『정의란 무엇인가』(김영사, 2010)의 성공에 영감을 받아 쓴 책이다. '지식소매상' 유시민은 서둘러 국가론을 공부했고 나름대로 얻은 깨달음을 책에 담았다.

유시민은 "국가의 본질과 역할이 무엇인지를 해명하는 철학과 이론은 몇 가지 큰 흐름으로 나눌 수 있다."(『국가란 무엇인가』, 23쪽)고 본다. 첫째는 홉스 식의 국가주의, 둘째는 자유주의, 셋째는 마르크스주의, 넷째는 플라톤과 아리스토텔레스가 펼쳤던 목적론적 국가론이다. 국가주의는 국가가 무력을 독점하고 행사하는 데 주목하여, 국민의 안전과 생존을 보장하는 데 초점을 맞춘다. 자유주의는 시장에 맡겨놓을 경우 비효율이 발생하거나 아예 공급될 수도 없는 공공재를 제공하는 국가를 상정한다. 한편 마르크스주의는 국가를 자본의 지배 도구로 간주하기 때문에, 국가를 통해 무언가를 해결할 수 있으리라는 발상 자체를 하지 않는다(고 유시민은 생각한다.).

따라서 각 이론의 단점을 해결하기 위해서는 인간 삶의 목적이 행복에 있다고 말한 아리스토텔레스 같은 고대 철학자들의 지혜를 되살릴 필요가 있다. 선의 실현이 국가의 목적이라고, 정의를 실현하는 국가를 만들어야 한다고 유시민은 외치고 있다. 그런데 지금까지, 유시민이 조사한 바에 따르면 이런 이야기를 하는 정치학자, 정치철학자는 없다. 왜일까?

> 왜 이렇게 되었을까? 르네상스 시대 이후 수백 년 동안 유럽의 내로라하는 지식인들 가운데 플라톤과 아리스토텔레스를 공부하지 않은 사람이 없었는데도, 목적론적 철학에 입각한 국가론, 선을 실현하는 것을 국가의 목적이라고 보는 국가론을 누구도 계승하지 않은 이유는 무엇일까?(『국가란 무엇인가』, 204쪽)

유시민은 다음과 같이 자문자답한다. "이렇게 된 것은 아리스토텔레스 시대의 환경을 고려하지 않고 그의 국가론을 평가했기 때문이 아닌가 싶다."(같은 책, 205쪽) 과연 그럴까? 전혀 그렇지 않다. 오늘날 누구도 목적론적 철학에 입각한 국가론을 주장하지 않는 이유는 이미 마키아벨리와 이후의 근대 정치철학자들이 이를 충분히 반박했기 때문이다.

중세시대만 해도 국가는 신의 뜻을 지상에 실현하기 위한 도구로 간주되었다. 그러므로 세속의 군주들 역시 교회의 지도를 받아 도덕적 원리에 맞게 국가를 운영해야 했다. 그런데 이렇게 국가가 특정한 선을 추구한다는 것은 이와 상반되는 다른 선을 포기한다는 말과 별로 다르지 않다. 가령 '출산과 성장'이라는 특정한 선을 국가가 추구하면, 낙태를 금지해야 하고, 따라서 '여성의 자기결정권'이 침해된다. 그러므로 근대국가는 최대한 중립적인 가치, 혹은 국민들 각자의 행복 추구권을 보장하는 가치를 추구한다.

고대 철학에서 말하는 '선'을 추구하는 국가관을 현대에 재정립하는 것은 이렇다 할 실익이 있는 행동이 아니다. 그럼에도 불구하고 유시민은 『국가란 무엇인가』를 썼고, 자신이 공부한 국가론을 예의 잘 정돈된 문장으로 설명한 후, 막스 베버가 말한 신념윤리와 책임윤리의 구분을 갑자기 들이밀며, "2010년 6월 지방선거를 계기로 관심의 대상으로 떠오른 연합정치에 초점을 맞추어 베버의 정치윤리학을 해석"(같은 책, 273쪽)하기 시작한다.

홉스가 어쩌고 아리스토텔레스가 저쩌고 하는 내용들은 사실 이 결론에 도달하기 위한 기나긴 서론이라고 해도 무방하다. 유시민은 "자유주의 정당과 진보정당의 연합정치는, 막스 베버의 말에 기대면 신념윤리가 아니라 책임윤리에 따른 정치 행위"(같은 책, 279쪽)라고 주장한다. 이 말을 하기 위해 300여 쪽을 달려왔고, 본인이 출마하고 떨어진 선거임에도 불구하고 마치 남의 일인 양 이런 소리까지 하는 것이다.

민주화 이후 자유주의 정당과 진보정당의 선거연합이 처음으로 이루어진 것은 2010년 6월 지방선거였다. 자유주의 정당인 민주당과 국민참여당, 창조한국당, 진보정당인 민주노동당과 진보신당 등 야 5당의 선거연합이 가장 완벽하게 이루어진 곳은 인천광역시와 경기도 고양시였다. 여기서 자유주의-진보 연합은 단체장과 지방의원 선거 모두 완벽한 승리를 거두었다. 경상남도, 충청남도, 충청북도, 강원도 등 불완전한 연합이 이루어진 곳에서도 광역단체장 선거를 이겼다. 광역단체장 후보를 중심으로 불완전하게 연합했던 서울시와 경기도에서는 민주당이 기초단체장과 지방의회를 휩쓸었지만 자유주의 정당의 광역단체장 후보는 둘 다 패배했다.(같은 곳)

그렇다. 책임윤리에 기반해 선거연합을 했음에도, 심상정이 경기도지사 후보를 사퇴하고 유시민을 지지한다고 선언까지 했음에도 불구하고, 패배했다. 본인이 주도한 선거연합이 패배했는데, 마치 다른 나라에서 벌어진 일인 양 냉정하고 건조한 문체를 유지할 수 있다니, 참으로 인상적이다. 그런데 유시민은, 정작 '진보진영'에 대해서는 신념윤리가 아니라 책임윤리에 기반해 선거연합을 하라고 부추기면서, 선거에서 패배한 자신이 질 책임에 대해서는 일언반구 언급이 없다. 다만 지금까지 늘 그래왔듯이, '적' 혹은 '그들'을 상정하고, '그들'이 아닌 최대한의 독자 혹은 지지자를 끌어들여, 자신의 정치적 맥락 속에서 포섭하는 일에 주력하고 있을 따름이다.

다시 정리하자면 2002년 이후 유시민이 쓴 책들을 '비정치적'으로 읽는 것은 불가능하고 옳지도 않다. 설령 이런 책들이 국가론이나 서평, 헌법 에세이 등의 형태를 띠고 있더라도, 그래서 본문에서는 우리가『유시민의 경제학 카페』에서 친숙했던 '지식소매상'이 우리를 반겨준다 할지라도, 결론은 언제나 해당 책을 출간하던 당시의 유시민의 정치적 지향과 포개지는 것이다.『대한민국 개조론』에서는 노무현과 자기 자신을 옹호하고,『후불제 민주주의』에서는 국민참여당 건설의 당위성을 호소하며 자신에게 등을 돌린 옛 지지층에게 러브콜을 보낸다.『국가란 무엇인가』의 야릇한 결론은 유시민이 당시 통합진보당을 만들기 위해 동분서주했다는 사실을 염두에 두면 너무도 쉽게 이해할 수 있다.

그렇다면 2002년 이전에 쓴 책들, 생계를 위해 국회의원 보좌관을 했을지언정 '정당 브레이커'는 아니었던 시절 쓴 책에는 아무런 하자가 없을까? 칼럼집인『WHY NOT?』(개마고원, 2000)과 정치평론인『97 대선 게임의 법칙』(돌베개, 1997)을 제외하면 세 권이 남는다.『거꾸로 읽는 세계사』,『부자의 경제학 빈민의 경제학』,『내 머리로 생각하는 역사 이야기』. 유시민 자신의 해명을 먼저 들어보자.

> 지식소매상으로 살면서 역사 관련 책을 세 권 썼다.『광주민중항쟁: 다큐멘터리 1980』은 국회의 5·18 진상 규명 활동에 참가했던 여러 사람들과 함께 집필한 것이다. 사료를 발굴하는 데서부터 그것을 해석하고 책을 집필하는 작업까지 함께했으니, 이것은 내가 쓴 딱 하나뿐인 역사책이다.『거꾸로 읽는 세계사』는 99퍼센트 이상, 누군가 쓴 좋은 역사책들을 발췌 요약한 것이었다. 이것은 엄밀한 의미에서 역사책이라고 하기 어려운 짝퉁이다.『내 머리로 생각하는 역사 이야기』는 우리 민족사의 여러 사건들

을 소재로 삼아 랑케와 카, 아널드 토인비, 카를 마르크스 등 위대한 학자들의 역사 이론을 소개하고 해석한 책인데, 내 나름대로는 역사 이론서 흉내를 내본 것이었다. 이것 역시 짝퉁이다.(『청춘의 독서』, 310쪽)

2002년 이후의 유시민의 책들은, 지식을 요약 정리했다 하더라도, 궁극적으로는 정치 지향성을 가지고 있다. 한편 이전의 책들 중 가장 유명한 두 권은, 유시민 자신의 표현을 빌리면 "짝퉁"이다. 물론 그는 어려운 내용을 쉽게 전달하는 재능이 있는 훌륭한 저자지만 그가 스스로 인정하는 한계와 결점을 우리는 알고 있어야 할 터이다.

2002년 이후의 유시민, 본격적으로 정치에 뛰어들었던 유시민은 자신의 저작 목록 중 『노무현은 왜 조선일보와 싸우는가』를 애써 거론하지 않고, 대신 본인이 '지식소매상'으로 살아왔던 세월을 1988년까지 연장하는 모습을 보여주었다. 그런데 정작 그때 쓴 책들은 본인 말마따나 "짝퉁"이고, 훗날 나온 다른 책에서 그것을 슬쩍 인정하고 있을 따름이다.

유시민의 지적 태도를 정치적 태도와 곧바로 연결하기란 불가능할뿐더러 타당하지도 않다. 별개로 논의해야 마땅할 사안일 것이다. 그러나 우리는 한 가지 질문을 반드시 던지고 넘어가야 한다. 『어떻게 살 것인가』를 내놓은 사람, 정치 투쟁에 휩쓸려 들어갔지만 다시 우리 곁으로 돌아온 '지식소매상'은 과연 어디 있는가? 어쩌면 '지식소매상 유시민'은 '정치도매상 유시민'이 만들어내고 유지하고 있는 페르소나가 아닐까?

선명한 적을 잃은 논객의 중언부언

우리 편과 상대방을 나눌 수 있을 만한 선을 긋고 '우리 편'을 가능한 한 많이 끌어들이려는 목적성을 상실한 유시민은, 지금까지 우리가 봐 왔던 얄미우리만치 영민한 사람이 아니다. 『어떻게 살 것인가』로 돌아가 보자. 유시민 스스로 인정하는 바와 같이 그는 이 책을 힘겹게 썼다. 자기 이야기를 하는 데 익숙하지도 않고, 정치적 자기 검열 기제를 억누르느라 힘들었다고도 말하지만, 사실은 이 책에 '적'이 상정되어 있지 않기 때문이다.

유시민의 날카로움은 학자의 식견이라기보다는 논객의 무기에 가까웠기 때문에, 이렇듯 '상대방'을 특별히 겨냥하지 않는 텍스트를 쓰는 일에는 익숙하지도 능숙하지도 않다. 그렇다 보니 제1장 "어떻게 살 것인가"의 주제는, 이상하게 들리겠지만, 크라잉넛에 대한 부러움이 되어 버린다. 「말달리자」를 부른 크라잉넛 말이다.

유시민이 "개인적으로 아는 게 아니라 그냥 대중음악 소비자로서 안" 크라잉넛을 두고, 그는 "밴드 이름도 좀 그렇다. 도대체 무슨 사연이 있기에 호두가 운다는 말인가."(『어떻게 살 것인가』, 21쪽)라며 궁시렁거리고, "뜨기 전의 크라잉넛 멤버들은 시멘트벽에 래커로 마구 그린 그림이 있는 '드럭'이라는 지저분한 술집에 죽치고 살았다."(같은 책, 23쪽)는 고급 정보도 가르쳐주고, "나는 크라잉넛 멤버들이 나보다 훨씬 훌륭하게 살았다고 생각한다."며 공치사도 날리고, "크라잉넛 멤버들은 대중의 사랑을 받기 전까지 많은 어려움을 겪었다."(같은 책, 27쪽)며 인간극장도 찍는다.

다음 챕터로 넘어가도 크라잉넛이 나온다. "크라잉넛 멤버들에게 나는 삼촌뻘 되는 사람"(같은 책, 29쪽)이라고 굳이 강조하는 것이다. 그리고 영문과에 가서 서양철학을 공부하라고 하셨던 아버지의 추억을 한참 곱씹다가, 다시 이런 결론에 이른다. "좋아하는 일을 하며 기쁘게 살고 싶다. 스무 살의 크라잉넛 멤버들처럼."(같은 책, 39쪽)

주제가 바뀌어도 크라잉넛 타령은 여전하다. "알베르 카뮈가 쓴 유명한 에세이 『시지프스의 신화』를 차원 높은 '철학적 횡설수설'로 간주"하다가, 유시민은 "다시 크라잉넛 멤버들을 생각한다"(43쪽), "크라잉넛과 달리 나는 스무 살이 되기 전에 벌써 현실에 굴복하고 순응할 준비를 했다."(63쪽)는 자책에서 유시민이 빨리 벗어나길, 이쯤 되면 진심으로 기원하게 된다.

단순히 말꼬리를 잡는 게 아니다. 유시민 스스로가, 그렇게 말 잘하는 유시민이, '한나라당'을 배제하니 이렇게 중언부언하게 된다는 사실을 보여주고 싶었을 뿐이다. 딱히 더 할 말은 없는데 분량은 채워야겠고, 뭔가 '젊음'을 보여주고 싶은데 아는 밴드가 크라잉넛 딱 하나니까 그 이름만 마르고 닳도록 부르는 것이다.

유시민의 전작들에는 '복심'이 있을지언정 어쨌건 책을 관통하는 의지와 시선이 살아 있었다. 하지만 『어떻게 살 것인가』의 질감은 사뭇 다르다. 저자는 자신의 텍스트와 함께 허물어져 있고, 이런 사실을 구태여 감추지도 않는다. '이명박 반대'를 빼고 나니 더 할 말도 주장할 것도 없어서 흐지부지돼버린, 2008년 이후의 모든 정치적 상황들이 왜 결국 '힐링'으로 향하게 되었는지도 이제 조금은 이해할 수 있을 듯하다. 2000년대 초까지의 유시민은 이른바 '수구 세력'을, 그후로는 '어려울 때 도와주지는 못할망정 뺨이나 때린 진보 세력'들을, 가감 없이 말하건대 증오했다.

통합진보당이 몰락하고 유시민의 정치적 재기 가능성이 사라지면서, 또 당내에서도 주사파에게 밀려나면서, 우리가 알던 유시민 또한 사라졌거나 예전 같지 않다. 반쯤 농담처럼 이야기하자면, 심지어 이런 소리를 할 정도로 판단력이 흐려진 것이다. "김연아는 마오보다 더 훌륭한 선수인가? 나는 그 둘이 똑같이 훌륭하지만 서로 다른 선수라고 본다. 김연아가 1등인 것은 채점 기준에 더 적합한 연기를 펼쳤기 때문일 뿐이다."(같은 책, 172쪽)

노무현의 정치적 이익을 가리키는 나침반

2009년 5월 23일. 평소에는 잘 울리지 않던 휴대전화가 미친 듯이 울렸다. 대학교 새내기 시절 가입했고, 노란 저금통에 돈도 모아서 보냈던 조직들에서, 나는 이미 떠난 지 오래인데, 문자가 연거푸 왔다. 왕조시대에나 쓸법한 수사법에 평소 같으면 눈살을 찌푸렸을 것이다. 하지만 그럴 수 없었다. 상상해본 적도 없는 내용들이 담겨 있었기 때문이다.

그렇게 노무현은 갔다. 시대의 풍운아는 본인도 정확히 몰랐을 '정치개혁'을 이루기 위해 한국 정치판을 처음부터 끝까지 마구 휘저어놓았고, 마침내 파산한 쪽은 오히려 '우리 편'이었다. 노무현 현상으로 인해 민주당은, 김대중이라는 거물이 사라진 후, 독자적으로 정권을 획득할 수 있을 만한 자원 혹은 역량을 갖출 여유마저 빼앗겨버린 것처럼 보인다. 혹은 그런 신세로 전락했다. 하나 정작 그렇게 쪼개고 합치고 부수며 만들어낸 새로운 정당은 마치 싸리눈으로 만든 눈사람처럼 계속 부스러졌고, 결국 우리는 탄핵 역풍에 맞서 당시의 한나라당을 지켜냈던 박근혜가 대통령으로 당선되는 현실을 목격하게 되었다.

10여 년의 세월을 무기 삼아 '지식소매상' 유시민, 냉철한 이성으로 사태를 정리하는 유시민의 글을 다시 읽어보자. 그의 텍스트는 차분한 것 같지만 사실 선동적이다. 유시민의 글이 중언부언하지 않고 냉철하게 세상을 꿰뚫을 수 있었던 까닭은, 마치 중세 신학자의 글이 그러하듯이, 이미 하나의 선험적 원리에 의해 사유의 방향이 일방적으로 정돈되어 있었기 때문이다. 유시민의 글은 노무현의 정치적 이익을 가리키는 나침반 같은 것이었다. 그런 방향에 동의하건 동의하지 않건, 또 실제로 도움이 됐건 해가 됐건, 유시민이 쓰는 글과 내뱉는 말들은 그런 목적으로 세상에 등장했다.

이미 세상을 떠난 사람의 자서전을 1인칭으로 저술하는 기상천외한 기획은 그런 의미에서, 유시민이라는 '영매'가 없으면 불가능한 일이었다. 그렇다 보니 『운명이다』는 분명히 '자서전'인데, 화자인 '나'가 뒷산에서 뛰어내리기 직전까지의 상황이 기술된 이상한 글이 되고 말았다. 사람이 죽기 직전에 생각한 내용까지 자서전에 쓰고 죽으려면 죽기 직전까지, 혹은 죽은 다음 유령이 되어 자서전을 써야 하는 것 아닌가. 하지만 이 책을 쓴 유시민이나, '가슴'으로 책을 읽은 독자들에게는 전혀 문제 될 일이 아니었으리라.

그래서 『운명이다』는 노무현의 자서전이지만, 동시에 유시민이 쓴 또 하나의 '창작물'이다. 우리에게는 이 텍스트의 모든 내용이 노무현의 육성이라고 믿어야 할 필연적인 이유가 전혀 없다. '짝퉁' 만들기에 너그러운 유시민의 흔적이 종종 눈에 띄는 것이다. 가령 『운명이다』의 80쪽에서 '나'는 요트 타기가 "거센 파도와 바닷바람을 맞으면서, 모래알 씹히는 불어 터진 라면을 먹어가면서 하는, 거친 남자들의 운동이었다"라고 회고한다. 그런데 정작 노무현 본인도 유시민 자신도 이런 표현을 하지 않았다. 노무현을 지지하던 어느 요트 국가대표팀 지도자의 편지에 나온 구절이다.

> 노무현 후보가 지난 80년도에 요트를 탔던 것은 사실입니다. 그러나 그것은 그저 바다가 좋고 요트가 좋아서 바람 부는 광안리 바닷가에서 불어터지고 모래까지 들어간 라면을 먹어가며 행복했던 그런 것이었습니다.(『노무현은 왜 조선일보와 싸우는가』, 91쪽)

사정이 이렇기에, 나는 궁금해진다. 『운명이다』에 등장하는 고 김선일 씨에 대한 짧막한 언급은, 노무현의 말일까 아니면 유시민의 말일까. 나를 포함해 적지 않은 사람들은, 나와 크게 다르지 않은 나이대의 청년이 머나먼 나라에서 두건을 쓰고 울부짖던 모습과, 그럼에도 불구하고 "사람 하나 죽었다고 파병 철회하는 나라가 어디 있느냐."고 야멸치게 내뱉던 유시민의 말을 기억하고 있기 때문이다. 『국가란 무엇인가』에서도 『청춘의 독서』에서도 『후불제 민주주의』에서도, 청춘을 다 누리지도 못한 채 국가의 버림을 받아 죽은 김선일의 이름은 찾아볼 수 없었다.

우리에겐 노무현의 사후 자서전이 아닌
노무현 평전이 필요하다

우리는 모두 노무현을 증오하거나 사랑했다. 노무현 현상 앞에 중립은 있을 수 없었다. 우리는 모두 노무현을 사랑하거나 증오했고, 그만큼 1987년 민주화 이후 고착되던 한국 정치가 변하기를 희망했다. 유시민이 몇몇 사람들과 주도한 민주당 내 정치 실험을 말하지 않더라도, 진보정당이 10석을 획득할 수 있었던 이유는 그만큼 많은 사람들이 새로운 정치 질서의 도래를 염원했기 때문이다.

당시 폭풍의 한가운데 있던 사람이 바로 '지식소매상'이자 '정치도매상'이었던 유시민이다. 그는 지식을 정리하고 담아서 글을 쓸 때도 노무현을, 혹은 노무현을 보위하는 자기 자신을 위해 단어를 고르고 문장을 다듬었다. 유시민은 노무현을 사랑했고, 2002년 이후에 쓴 모든 글은 이런 사랑의 결과물이다.

하지만 우리가 유시민의 방식대로만 노무현을 기억하고 애도해야 할 이유는 없다. 우리에겐 노무현의 사후 자서전이 아니라 평전이 필요하고, 그가 만들어놓은 세상의 음과 양을 모두 이야기할 수 있어야 한다. 단지 읽기 좋고 재미있고 가슴이 뛰는 글이 아니라, 정직하게 쓰인 글, 제대로 출처를 밝힌 글, 더 공부하고 싶은 학생이나 청소년이 도서관에서 직접 찾아 읽을 수 있는 사다리가 되어줄 그런 양서가 필요하다. 인터넷을 통한 직접민주주의의 이념도 좋겠지만, 지역구를 돌아다니며 가난하고 소외된 사람들을 찾아다니는 풀뿌리 정치인, 국회의원도 필요할 것이나.

노무현에게서 벗어난 유시민, 유시민에게서 벗어난 노무현, 이 두 사람을 개별적으로 판단하고 평가할 수 있게 될 때, 우리가 오늘날 맞닥뜨린 정치적 국면에도 명확히 대응할 수 있을 터이다. 노무현을 때리면 '친노'가 아프다는 사실을 알아챈 국가정보원은, 심지어 정상회담 녹취록 공개라는 있을 수 없는 정치적 선택을 하기도 했다. 그에 맞서, 이제 정치인이 아니라 한 사람의 작가로서 발언하는 '자유인' 유시민은, 『노무현 김정일의 246분』을 통해 자기 자신과 노무현 사이의 거리를 확보하려 애쓴다.

> 책을 쓰는 내내 고민했다. 나는 노무현 대통령을 '대신해서' 대화록을 해설하는 것인가? 누가 내게 그 자격을 주었는가? 내 해석이 노무현 대통령의 생각과 같다는 것을 증명할 수 있는가? 그렇다. 증명할 수 없다. 여기서 내가 하는 모든 이야기는 내 생각을 말한 것이다. 노무현 대통령을 대신해서 한 것이 아니다. 노무현재단을 대표해서 말하지도 않았다. 대화록을 잘못 해설한 대목이 있다면, 그것은 노무현 대통령의 책임도 아니요, 노무현재단의 잘못도 아니다. 오직 내 잘못, 내 책임일 뿐이다.(『노무현 김정일의 246분』, 돌베개, 2013, 18쪽)

누구도 노무현을 대신할 수 없었고, 앞으로도 대신할 수 없을 것이다. 마찬가지로, 노무현 역시 지금 이 순간 살아 숨 쉬며 오늘의 문제와 싸우는 우리를 대신할 수 없고, 우리도 그것을 기대할 수 없다. 노무현의 '정치적 경호실장' 유시민은 이렇게 '자유인'이 되었다. 그리고 이 시대의 싸움, 논객시대를 만들어낸 갈등의 축은, 지금도 흔들리고만 있을 뿐 꺾이지는 않고 있다. 어쩌면 우리에게는 새로운 문제의식과 대결 방식이 필요한지도 모르겠다.

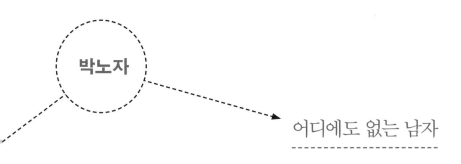

박노자

어디에도 없는 남자

소련에서 왔지만 러시아로 돌아가야 했던 유학생

어린 시절 비디오로 본 영화 중 「잉글리시 맨」(1996)이라는 작품이 있었다. 젊은 시절의 휴 그랜트가 주연한 영화였는데 원제는 다음과 같다. 'Englishman Who Went Up a Hill but Came Down a Mountain.' 번역하자면 '언덕에 올라갔지만 산에서 내려온 영국 사람' 정도가 되겠다.

웨일스에서 가장 높은 산의 높이를 재기 위해 마을에 나타난 측량 기사 레지날드 얀슨(휴 그랜트)은, 지역 주민들이 자랑스럽게 여기는 웨일스 최고봉인 '피년 가루'의 높이가 1000피트가 채 안 된다는 사실을 알게 되었다. 1000피트는 산과 언덕을 가르는 기준선이기 때문에, 졸지에 지역 주민들 및 웨일스의 자랑거리인 피년 가루는 산에서 언덕으로 강등될 판이었다.

마을 사람들은 꾀를 내어 레지날드가 마을을 떠나지 못하게 발목을 잡고, 동시에 산 아래에서 위로 흙을 퍼올려 1000피트를 채워 넣는 대공사를 감행한다. 고작 몇 피트가 모자라서 우리의 자랑거리인 산이 언덕으로 강등되는 꼴을 볼 수 없다는 것이었다. 이런저런 우여곡절 끝에 마을 처녀와 눈이 맞은 레지날드는 언덕 위에서 하룻밤을 보냈다. 다음 날 해가 뜬 후 측량을 해보니 1000피트가 넘었고, 결국 그는 "언덕에 올라갔지만 산에서 내려온 영국 사람"이 된 것이다.

갑자기 뜬금없이 영화 이야기를 하는 데는 나름의 이유가 있다. 다른 논객들과 달리, 박노자의 인생 및 그가 '논객시대'와 맺은 관계를 설명하기란, 이렇듯 다소 어이없는 비유를 들어야 할 정도로 쉽지 않은 일이기 때문이다. 휴 그랜트가 '언덕에 올라갔지만 산에서 내려온 영국 사람'이었다면, 박노자는 '소련에서 왔지만 러시아로 돌아가야 했던' 유학생이었다. 휴 그랜트는 자신이 이 마을에 정착하면 뭘 할 수 있을지 모르겠다며, 어린이들에게 산수라도 가르쳐야 하느냐고 묻는다. 블라디미르 티호노프 씨는 한국에 귀화해 박노자가 된 후 한국 학생들을 상대로 한반도의 고대사를 가르치고 싶었지만, 영화 속의 레지날드와 달리 일자리를 얻을 수 없었고, 저 먼 노르웨이의 오슬로 대학에 겨우 자리를 잡았다.

레지날드는 영국에서 온 '잉글리시 맨'이었지만, 소련에서 온 박노자의 조국은 이미 수명을 다한 상태였다. 그는 한국에서 '노웨어 맨(nowhere man)'이 되었다고 말할 수 있을 것이다. 제2의 조국을 찾았지만, 비판적 지식인 혹은 논객이 아닌 역사학자 박노자에게 대한민국은 쉽사리 문을 열어주지 않았다. 블라디미르 티호노프는 기꺼이 박노자가 됨으로써 '우리'의 일원으로서 "당신들의 대한민국"에 문제가 있다고 외치는 탄광 속의 카나리아가 될 수 있었다. 하지만 그의 두 번째 조국은, 심지어 이른바 '진보 진영'조차 그리 우호적이지만은 않았다.

박노자의 인생 유전을 논하기 위해서는 한 편의 영화를 더 언급해야 한다. 박노자는 자신이 본 최초의 한국 영화가 "아마 1980년대에 유원준 감독이 만든 「춘향전」이었을 것"(『당신들의 대한민국』, 한겨레출판, 2001, 12쪽)이라고 회상한다. "물론 현재의 관점에서 생각해본다면, 내가 그때 봤던 북한의 「춘향전」 같은 영화는 여러 측면에서 상당히 단순"(『당신들의 대한민국』 2, 한겨레출판, 2006, 255쪽)했지만, 감수성이 한창 예민하던 시절의 소년 블라디미르는 남다른 감흥을 느꼈다.

> 그러나 그 영화를 통해서 한반도의 자연이나 두 젊은이의 애절한 사랑과 시련 이야기를 접했을 때, 어렸던 나는 크게 감동받지 않을 수 없었다. 모든 폭력을 참고 애인을 기다리는 춘향은 말 그대로 보편적인 인간성의 화신으로 보였다. 그때 나의 생각은 그러한 영화를 보고 한반도에 애착을 가지지 않을 사람이 없다는 것이었다.(같은 곳)

뒤이은 박노자의 설명을 보면, 당시 소련 사람들 사이에는 다소 독특한 형태의 북한 유행이 불었던 것 같다. 당시 소련과 중국 사이에서 등거리 외교를 하면서 김일성 가문의 독재를 굳히기 위해 신성화 작업에 들어갔던 북한의 촌스러움을 비웃는 유머가 널리 퍼졌다. "오늘의 한국 독자가 못 믿을 가능성이 많지만, 1980년대의 많은 소련 중산층 가정들이 북한 선전 잡지들을 정기 구독했"는데, 조악하기 짝이 없는 그것들을 "돈을 들여 구독하는 목적은 그 잡지의 내용을 보면서 실컷 웃으려는 것이었다."(같은 책, 256쪽).

소년 블라디미르는 "상대적으로 가난하고 자유가 없었던 북한에 대한 자만적 멸시도, 위대하신 수령님이 모델로 삼았던 스탈린 시대가 지나갔음에 대한 안도와 만족의 감정도 들어 있"(같은 책, 257쪽)는 그런 비웃음을 견디기 힘들었다. 우리 소련인들에게 북한이란, 한국이란 무엇인가 하는 질문이 커졌을 것이다.

가슴속에 그런 의문을 품고 성장한 소년은 훗날 대학원에 입학할 나이가 되었다. "학생은 병역이 면제되는 반면, 나머지 청년들은 거의 예외 없이 군대에 끌려가던 시절이라 입학에 실패하면 불교 대신 군영에서 탱크와 대포를 '공부'해야만 한다고 생각한 나는, 결국 용기를 잃고 '상황과 타협'해서 경쟁률이 비교적 낮은 한국(당시의 명칭으로 조선) 역사학과에 입학 신청서를 내고 시험을 보았다."(『당신들의 대한민국』, 14쪽)고 박노자는 말했지만, 본인의 표현에 따르면 그것은 "묘연(妙緣)이자 가연(佳緣)"이었다.

냉전 시절, 당연히 소련에서 조선과 관련된 무언가를 공부하는 대학생은, 대한민국이 아니라 조선민주주의인민공화국을 참조 대상으로 삼을 수밖에 없었다. 그런데 박노자가 대학원에서 공부하던 1980년대 말은 이미 소련을 중심으로 한 냉전 체제가 끝나가는 상황이었다. 마지막 냉전 올림픽인 88년 서울올림픽에 참가한 소련은 금메달 쉰다섯 개를 획득하며 압도적인 1위를 기록했다. 마지막 불꽃이었다. 1987년 민주화 투쟁 이후 직선제 선거를 통해 대통령이 된 노태우는 이른바 '북방외교'를 펼치기 시작했고, 경제적으로 허물어져가고 초강대국의 자부심도 잃어가던 소련의 관료들은 급격히 녹아내렸다. 소련은 북한을 버리고 남한과의 수교를 선택한다. 그것이 박노자의 인생을 바꿨다.

> 한편 소·남 관계가 공식화하자 이미 경직되어가던 소·북 관계가 더욱더 악화되어 학생 교류 프로그램 등이 하나둘씩 취소되기에 이르렀다. 결국 애당초 평양의 김일성종합대학에 가기로 되어 있던 나는 그 대신 1991년 9월에 서울에 있는 고려대학교로 가게 됐다. 3개월밖에 안 되는 매우 짧은 유학이었지만, 그 유학은 「춘향전」이나 한문 수업 못지않게 내 인생을 바꾸는 계기가 되었다.(같은 책, 16쪽)

주변인으로서의 서양인 정체성

1991년 후반기, 한국 대학가는 쑥대밭이 되어 있었다. 1987년 민주화 투쟁을 통해 대통령 직선제를 쟁취했지만 김대중과 김영삼의 분열로 인해 정권은 노태우에게 넘어갔다. 앞서 말한 것처럼 오히려 노태우 정부가 한발 앞서 북방외교를 시작했고, 냉전이 끝나가는 분위기에서 북한의 체제 존속도 서서히 어려워지는 기색이 보였다. 급격한 경제성장 이후 '샴페인' 뚜껑이 열리기 시작하던 무렵이었다. 맞서 싸워 쟁취해야할 거대한 당위의 과제가 사라지고 나니, 대학가에는 '새내기'가 아니라 'X세대'들이 돌아다니기 시작했다.

암중모색을 해도 답이 나오지 않는 상황에서 학생운동권은 서서히 극단으로 치달았다. 명지대 학생 강경대 씨가 시위 도중 경찰 폭력에 의해 사망하는 사건이 벌어졌다. 1991년 4월 하순이었다. 5월 내내 학생과 노동자들이 자기 몸에 불을 붙였다. 4월은 잔인한 달이었고 5월은 더욱 끔찍했다. 강기훈 유서 대필 사건까지 벌어지면서, 정작 학생운동은 더욱 학생들로부터 멀어지고 있었다. 형식적 민주화 이후의 투쟁 과제를 선정하지 못한 채 학생운동은 어떤 책의 제목인 "오래된 습관"처럼 굴러갔고, 온갖 탈근대 이론의 힘을 빌린 "복잡한 반성"들이 그 공백을 채워나갔다.

소련에서 온 유학생 박노자가 한국에 발을 디딘 것은 이른바 '분신 정국'이 대략 수습되고 난 1991년 9월 초의 일이었다. 당시의 학생운동권이 자기 쇄신의 노력을 아예 하지 않았다고 말할 수는 없겠으나, 박노자의 눈에 비친 운동권은 지나치게 권위적이며 자신들이 타파하려는 권력의 행태를 흉내 내는 경우도 적지 않았다. "1991년 이른 가을, 설레는 마음으로 김포공항에 내린" 박노자는 "다습하고 매우 따뜻한, 어머니품처럼 포근한 날씨에 흠뻑 빠져들었"(같은 책, 99쪽)지만, 고려대학교 기숙사에서 만난 학생들이 군대는 갔다 왔느냐고 묻자 당황할 수밖에 없었던 것이다.

박노자가 서울에서 유학 생활을 한 것은 1991년의 일이다. 한편 그의 데뷔작이며 출세작인 『당신들의 대한민국』은 2001년에 출간되었다. 게다가 첫 번째 체류기간은 매우 짧았다. 소련의 붕괴 이후 곧장 귀국할 수밖에 없었기 때문이다. 박노자의 유학생활은 고작 3개월가량에 지나지 않는다. "1991년 9월 초에 소련을 떠나 한국으로 출발한 나는, 1991년 12월에 소련이 아닌 신생 러시아로 돌아왔다."(같은 책, 22쪽)

하지만 3개월간의 경험은 매우 강렬한 인상을 남겼다. 당시의 경험이 없었더라면 10년이 지난 후, 한국 진보 진영의 폭력성에 대한 비판적 고찰이 유행하던 당시, 한국의 운동권 및 범진보 계열의 문제점을 예리하게 지적하는, 우리가 아는 논객 박노자는 탄생하지 않았을지도 모른다. 이른바 '우리 안의 파시즘'에 대한 평가와 반성은, '귀화한 한국인'이라는, 내부에 속하지만 외부인의 시선으로 한국 사회를 바라볼 수 있는 입지를 가졌던 박노자를 위한 논제로 보일 지경이었다.

박노자는 유학 도중에 조국의 몰락을 바깥에서 지켜보았다. 물론 그는 '귀화한 러시아인'으로 소개되고 있지만, 자신은 러시아인이 아니라 소련 사람이라고 생각한다. 즉 서류상 어떤 일이 벌어졌건 간에, 러시아를 버리고 한국을 택한 것이 아니다. 소련이 몰락한 자리를 차지한, 과거의 사회주의 정신은 어디 갔는지 찾아볼 수도 없는 자본주의 괴물 사회인 러시아와, 공항에 내릴 때부터 어머니품처럼 포근하게 자신을 안아주는 동방의 나라 한국 가운데 하나를 선택한 것이다. 법은 러시아인 박노자가 대한민국에 귀화했다고 처리했지만, 사실은 소련인 박노자가 대한민국에 망명한 것이라 할 수 있다.

바로 이런 '고향 상실'의 정서를 전제하지 않으면 『당신들의 대한민국』이라는 문제작을 올바로 이해할 수 없다. 분명 박노자는 외부인의 눈으로 한국을 바라보고 있다. 그런데 그가 가장 잘 아는 외국 사회는 당연히 소련, 혹은 러시아일 테고, 논리적으로만 보면 '러시아와 비교했을 때 한국은 이런저런 점이 아쉽다.'는 식의 이야기가 예상된다. 독일에 유학을 갔던 진중권이 독일을 척도로 삼고, 프랑스에서 망명 생활을 했던 홍세화가 프랑스의 똘레랑스를 한국 사회에 요구했듯이 그런 기제가 작동해야 할 상황인 것이다.

하지만 박노자에게, 1991년 말에 탄생한 새로운 나라는 자신의 조국이 아니다. 조국이 아닐뿐더러 그 나라에서 벌어지는 온갖 무질서한 자본주의와 국가 폭력의 천태만상은 결코 한국 사람들에게 모범으로 제시할 만한 덕목이 못 된다. 그래서 『당신들의 대한민국』에는 특정한 나라의 관습과 제도 등이 어떤 '모델'로 제시되지 않는다. 진중권의 독일, 홍세화의 프랑스, 혹은 김어준이 배낭여행에서 보고 들은 '사람 사는 게 다 똑같더라구.'처럼 확고한 지위를 갖는 '외국'이, 박노자에게는 없다. 왜냐하면 그의 조국은 이미 망했고, 설령 아직 남아 있다고 해도 갓 21세기를 맞은 한국인들에게 삶의 표준으로 제시할 수 없는 구소련이기 때문이다.

요컨대 박노자는 '외국인'이기 때문에 한국 사회의 '주변인'이 된 것이 아니다. 반대로, 한국에 첫발을 디딘 후 소련의 몰락을 지켜보던 때부터 한국뿐 아니라 러시아에 대해서도 '주변인'이 되었다. 소련 사람 박노자의 내면은 가뭄의 둑처럼 허물어졌다. 해외 유학중인 한국 학생들은 한국 음식과 선물 따위를 받기 위해 교회에 나간 후 문화 충격을 받거나 자괴감에 빠져들곤 한다. 소련 사람 박노자는 한국에 유학을 와서 똑같은 경험을 하게 되었다. 그의 내면에 '한국 사회에서 동떨어진 한국인'이라는, 두 겹으로 포장된 자아가 쌓이기 시작한 것이다.

속된 말로 나는 매수된 셈이었다. 그 사람들의 친절과 관심, 그 사람들이 베푸는 음식과 서울 견학, 재원이 풍부한 그 교회가 주는 선물에 마음이 팔린 셈이었다. 그들이 매일같이 주는 선물이 나로서는 평생 보지 못한 희귀한 물자였고, 나를 치켜세우고 칭찬해주고 '모시는' 그들의 태도는 내가 평생 경험하지 못한 것이었다. 그리고 그들이 이렇게 '베풀어주는' 대신 나를 그만큼 이용하고 있다는 사실을 나도 이미 대충 눈치챌 수 있었다.(당신들의 대한민국, 84쪽)

'서양'에서 한국에 온 유학생인 박노자가, 오히려 한국에서 '서양'으로 향한 한국인 유학생이 느낄 법한 경험을 하는 이 장면은 매우 인상적이다. 박노자는 동시대에 활약한 모든 논객들 가운데 가장 '서양'에 가까운 사람이었지만, 해외 체류 경험을 통해 특정한 나라를 마음의 고향으로 삼고 제 판단의 (숨은) 기준으로 활용했던 논객들과 달리, 심정적으로는 모든 '서양'과 거리를 두게 된 것이다.

터무니없을 정도의 해박함

박노자의 저작들 중 전공 분야인 역사학에 크게 의존하지 않는 책들의 독특한 위상도 바로 여기에 기인한다. 『당신들의 대한민국』, 『당신들의 대한민국』2, 『왼쪽으로, 더 왼쪽으로』(한겨레출판, 2009)는 모두 서양의 특정한 나라를 표준으로 삼아 논의를 펼치지 않는다. 대신 박노자는 훨씬 더 크고 거창하며 포괄적이지만 결코 구체적으로는 제시되지 않는 보편적 선과 당위에 호소한다.

박노자가 '외국인', 특히 '백인 남성'이란 사실을 잠시 접어두고 그의 책을 다시 읽어보면 이런 점을 확실히 알 수 있다. '내가 유럽에 가봐서 아는데'를 궁극의 논거로 제시하는 일은 매우 드물다. 물론 상대적으로 어떤 나라의 무슨 제도가 더 낫다는 식의 언급은 하지만, 특정 외국을 가치 판단의 근거로 제시하는 일은 다른 논객들에 비해 현저히 적은 편이다.

가령 『좌우는 있어도 위아래는 없다』(한겨레출판, 2002)와 홍세화의 『쎄느 강은 좌우를 가르고 한강은 남북을 가른다』(한겨레출판, 1999)를 비교해보자. 프랑스에 비판적인 듯하다가도 결국 프랑스의 똘레랑스에서 논거를 찾는 홍세화와 달리, 박노자는 북유럽의 미덕에 아주 적은 분량을 할애하고, 곧장 서양 사회의 위선과 폭력성을 폭로하는 일에 집중한다. 그러므로 박노자를 향해 '서양에 빗대어 한국을 부끄러워 보이게 만드는 사람'이라고 비난하는 사람이 있다면, 번지수를 조금 잘못 짚은 것이다.

다음 책인 『하얀 가면의 제국』(한겨레출판, 2003)을 보면 이런 경향성을 더욱 명확히 확인할 수 있다. 서구 중심의 인식 틀, 서양처럼 발전해야 한다는 강박에서 벗어나야 한다고 말하는 박노자는, 한국의 어떤 논객보다 많은 정보와 지식을 바탕으로 서구권의 온갖 위선에 융단폭격을 퍼붓는다. 그는 한국이 A(프랑스, 독일, 노르웨이, 기타 등등) 나라와 같이 되기를 원하지 않는다. 그의 목표는 훨씬 추상적이고 관념적이며, 좀 더 정확히 말하자면 불교적이다.

> 그리고 하얀 가면을 벗지 않으면 우리 자신의 진면목, 진아(眞我)를 볼 수 없다. 하얀 가면을 벗는 일이야말로 사회·정치적 존재로서의 우리 자신을 인식하는 데 있어서 일종의 견성(見性)의 경험, 깨침의 경험이다. 그러한 견성이 이루어져야 사회적인 의미의 성불(成佛), 즉 자본주의 이후의 인

간다운 사회의 건설이 가능할 것이다.(『하얀 가면의 제국』, 25쪽)

이렇다 보니 도스토옙스키나 톨스토이 같은 기존의 러시아 문학을 상징하는 대문호들 또한 박노자의 비판에서 자유로울 수 없다. 혹은, 통상의 교육을 받고 자란 한국인이라면 거의 알기 힘든 사람만이 박노자의 기준선을 통과할 수 있다. "예를 들면 제정 러시아 관료층의 위선과 아첨, 철저한 인간성의 말살을 천재적으로 풍자한 살티코프-시체드린(Saltykov-Shchedrin, 1826~1889)보다 관료층의 상부와 밀접하게 유착한 골수 보수주의자 도스토옙스키를 '대표적인 지성인'으로 꼽는다는 것은, 미국·서구 보수층의 '가치 서열'을 그대로 따르는 것에 지나지 않는다."(같은 책, 31쪽)고 박노자는 일갈하지만, 아마 독자들은 살티코프-시체드린이라는 이름을 처음 들어보았을 것이다. 물론 나도 모른다. 살티코프-시체드린은 국내에 소개된 적이 없는 작가다.

여기서 한 가지 중대한 딜레마가 발생한다. 우리가 익히 아는 그 '서양'은, 혹은 '서양'을 동경하는 마음은, 우리의 깨달음, 견성을 방해하는 "하얀 가면"이다. 그런데 러시아에서 태어나 한문 고전을 공부하고 한시를 줄줄 외우며 한국어로 글을 쓰고 일본어로 논문을 읽으며 아들이 다니는 유치원에서 노르웨이어로 대화하는 박노자와 달리, 거의 대부분의 한국인들에게는 '서양'의 "하얀 가면"이야말로 서양 그 자체다. 나는 개인적으로 박노자의 탁월한 정보력과 성실함을 대단히 존경하는 사람이지만, 박노자가 말하는 "하얀 가면" 너머의 서구권 국가들을 바라보면서 동시에 우리의 현실에 맞게 비판하고 재적용할 수 있는 사람이 박노자 말고 또 누가 있을지 도저히 모르겠다.

한국은 영원한 촌동네이자 변방이므로, 그렇게 만들어진 서양의 이미지, 가령 '핀란드식 교육'이나 '독일식 사민주의' 같은 알록달록한 허상이 반드시 필요하다고 주장하는 것은 아니다. 그런 허구의 장치를 빌리지 않고서 우리 사회의 문제를 직접 다룰 수 있다면 이보다 더 좋은 일은 없을 것이다. 궁극적으로는 우리 중생들이 어느 날 다 함께 견성을 하고 깨달음을 얻어 부처가 되면 아주 좋을 것이다. 냉소적인 태도를 보이고 싶지는 않지만, 우리 모두 잘 알듯이 현실에서 그런 일이 일어나기란 매우 어렵다.

하지만 박노자는 바로 그것을 원한다. 인간의 내면과 외면을 모두 관통하는 총체적 해탈이야말로 박노자가 추구하는 바 궁극적인 혁명이다. 소련에서 온 푸른 눈의 동아시아 고대사학자는 '우리 모두 노르웨이 같은 선진국을 만듭시다.' 같은 시시한 소리를 하기 위해 여기 온 것이 아니다.

터무니없을 정도로 해박하고, 실로 다양한 경험을 쌓은 박노자는, 인류 역사상 존재했던 모든 나라에서 동등하게 인간적인 결함을 발견한다. 박노자가 볼 때 한국 사람들이 "별의별 불편을 끼치는 비합리적인 한국의 관료 체제에 대해서 이야기할 때 '우리 나라답다. 우리 나라답네!' 같은 표현을 쓴다는 것은"(같은 책, 305쪽) 충격적인 일인데, 왜냐하면 "러시아의 고질적인 관료주의에 일상적으로 부딪히는 러시아 사람들도 '역시 러시아구나!' 같은 표현을 많이 쓰기 때문"(같은 곳)이다. 삶은 고통이고 고통은 깨닫지 못한 어리석음에서 나오며, 우리 모두는 깨닫지 못한 상태로 살아간다. 한국도 러시아도, 심지어 북유럽 선진국 노르웨이도 한 꺼풀 벗겨보면 본질적으로는 크게 다르지 않다고 박노자는 생각하는 것이다.

모든 것을 비판하는 급진적 불교도 마르크스주의자

소련에서 태어나 러시아 국적을 포기하고 한국인이 된 불교도 마르크스주의자 박노자는 모든 사회를 모든 사회와 비교하여, 모든 사회의 모든 단점을 바라본다. 거듭 말하지만 이것은 서구권의 특정 국가를 우리의 '모델'로 제시하는 사고방식과는 매우 다르다. 마르크스주의자의 시야와 관심으로 전 세계를 둘러보지만, 도저한 회의주의가 바탕에 깔려 있기 때문이다.

바로 이 점이 박노자를 더욱 특이한 논객으로 만든다. 그가 한국이나 다른 나라에 대해 문제 제기를 하고 논하는 방식은, 모두 정치적이거나 경제적이라기보다는 도덕적 관점에 입각해 있다. 하지만 그런 도덕적 관점이 배타적이지는 않다. 하나의 도덕적 입장을 취하기 위해 다른 무언가를 선택하지 않는 단호함이 없고, 매 순간 사안에 맞춰 비판한다는 뜻이다. 박노자가 불교도인만큼 이 사례를 들어보자.

2001년에 탈레반 정권이 쿠샨 이후, 즉 6~9세기에 만들어진 아프가니스탄 바미안(Bamiyan) 대불(大佛)을 파괴함으로써 각국의 불자를 비롯한 전 세계 여론의 분노를 산 일이 있다. 보는 이를 압도하며 붓다의 무한한 권위를 실감하게 하는 바미안 왕국의 '초대형 불사'야 말로 미술을 통한 붓나 신격화, 권력화의 선형석인 사례라 할 수 있다. 이미 쿠샨 미술에서 보이기 시작한 붓다의 신격화 경향은 이 바미안 대불에서 그 절정을 이룬다. 그것을 파괴하려 했던 탈레반 정권이야 야만을 저질렀지만, 우리가 굳이 '힘'을 상징하는 커다란 부처님의 모습에서 자비의 가르침을 배울 필요가 있는가?(『붓다를 죽인 부처』, 인물과사상사, 2011, 172쪽)

　얼핏 보면 소련 출신인 박노자가 반미 경향성 때문에 탈레반의 흉악한 문화재 파괴를 용인하는 대목으로 읽힐 수 있다. 하지만 이 책, 그리고 논의의 전체 맥락을 놓고 보면 꼭 그렇지도 않다. 박노자에게는 바미안 석불이, 불교가 국가의 권위와 결탁해서 만들어놓은 가장 큰 기념물로 보일 따름이다. 부처는 바위가 아니라 우리 마음속에 있으니, 탈레반의 야만을 탓하기는 하되 크게 난리 칠 일도 아니라는 큰스님의 말씀인 것이다.

　누구나 쉽게 알 수 있다시피 저 말은 대단히 큰 어폐가 있다. 탈레반은 불교의 잘못된 권위가 아니라 문화재를 파괴함으로써 자신들이 숭배하는 이슬람 근본주의의 권위를 다이너마이트로 우뚝 세운 것이다. 마치 성경에 나오는 비유처럼, 마귀를 쫓아내면 쫓겨난 마귀가 동무들을 데리고 돌아와 더 크게 판을 벌이듯, 권위나 권력은 단순히 몰아내기만 해서 없애버릴 수 있는 것이 아니다. 이는 인류 역사가 가르쳐주는 역사적 교훈이다.

　하지만 당장의 우상, 권위, 부조리를 파괴하는 일에 더 관심이 있고, 특히 불교와 국가권력의 결탁을 끔찍하게 여기는 박노자는 이런 맥락을 고려하지 않는다. 탈레반이 나쁜 짓을 했지만 그렇게 나쁜 일이냐, 가령 아프가니스탄에 폭격을 해서 민간인을 살해하는 미군보다 나쁘

냐고 박노자는 물을 것이다. 그렇게 묻는다면 '인간의 목숨보다 암벽에 새겨진, 오랜 세월 바람과 모래에 닳아빠진 부처의 형상이 더 중요하다.' 고 말할 사람은 아무도 없을 테지만, 질문 자체가 잘못되었다는 사실을 부정할 수도 없는 노릇이다.

박노자의 극단적인 가치상대주의는 심지어 박노자 본인과 거의 대척점에 서 있다고 해도 무방할 누군가 내리는 결론 가까이로 이끌어주기도 한다. 주지하다시피 박노자는 2002년 월드컵에 미쳐 돌아가는 한국 사회에 단호한 경고의 목소리를 냈던 사람이다. 김어준은 "재수 없다"고 몰아붙였지만 두 사람이 따로 논쟁을 벌이지는 않았다. 황우석 사건도 마찬가지다. 박노자는 여러 지면을 동원해 황우석 사건은 물론이고 일부 불교도들의 맹목적 믿음을 부끄러워했다. 반면 김어준은 자타가 공인하는 '황빠'였고, 그 지지를 공개적으로 철회하지는 않고 있다.

그러나 박노자는 동시에 서구 학계, 특히 과학계의 절대적 권위 자체도 의심해야 한다고 생각하는 사람이다. 2006년 초 노르웨이에서 벌어진, 오슬로 대학교 겸임교수 욘 수드보(Jon Sudboe) 박사의 논문 조작 사건을 국내에 소개했다. 욘 수드보 박사가 "2005년 10월 영국의 최고 의학 저널이라 일컬어지는 《랜싯(The Lancet)》지에 발표한 구강암 관련 논문이 완전한 조작으로 밝혀진 것이다."(『왼쪽으로, 더 왼쪽으로』, 235쪽)

황우석 사건만큼이나 황당한 조작이었다. 있지도 않은 환자들의 파일을 만들고, 사회보장번호를 지어내 붙인 것이다. 논문 심사 과정에서 그처럼 뻔히 보이는 조작이 적발되지 않았고, 《랜싯》에 해당 논문이 실렸다. 물론 이런 일을 보며 주류 학계가 한심하다고 비판할 수도 있지만, 어찌 보면 이렇게 유치한 조작은 아무도 하지 않는다는 암묵적 믿음 때문에 벌어진 일일 수도 있다. 하지만 박노자는 여기서 대범하게 "학술·과학의 파탄"을 논한다.

> 이 사건을 접했을 때 내 머릿속에선 한 가지 의문이 떠나지 않았다. 후기 자본주의 사회에서의 학술·과학의 파탄은 국내나 국외나 마찬가지인데 도대체 왜 우리는 구미의 '권위지'를 이렇게까지 숭배하고 있는가? 수드보의 조작을 밝혀내지 못한《랜싯》지에 만약 국내 교수의 논문이 실린다면 국내 언론의 큰 기사감이 되는 것이다. 황우석이 세인의 눈을 어둡게 할 수 있었던 원인 중 하나가 무엇인가. 그 누구도 토를 달지 못했던《사이언스》지의 권위가 아니었던가? 물론 과학 발전 수준의 객관적인 차이를 감안하는 것이야 좋지만, 우리는 합리적인 차원을 넘어 구미 '권위지'에 거의 사서삼경 격의 권위를 부여하고 있다.(같은 책, 236쪽)

김어준도 같은 결론에 도달한 바 있다. 김어준은 국가주의적 열광에 힘입어 이미 확립된 과학의 권위에 정면으로 대들어야 한다고 주장했고, 박노자는 사바세계의 어리석음을 있는 그대로 바라보는 부처의 눈으로, 구미 '권위지'에 너무 큰 권위를 부여하지 말자고 말한다는 점이 차이일 것이다. 물론 이런 차이가 대단히 중요하고 또 본질적이지만, 이 사건을 통해 우리는 박노자라는 불교도 마르크스주의자의 눈높이가 어디에 맞춰져 있는지를 확인할 수 있다. 세상은 본디 완전하지 않기 때문에, 어느 하나에 지나친 권위를 부여하여 매달리는 것은 어리석은 아집일 뿐이라고 그는 생각한다.

급진성의 결말은 냉소주의?

박노자는 대단히 열성적으로 세계의 다양한 사건들을 추적하고 국내에 소개하는데, 믿을 수 없을 만큼 냉담하기도 하다. 그 반대의 경우도 참이다. 박노자는 인간사 전체를 제행무상의 눈으로 바라보지만, 어쨌든 세상이 조금이라도 나아져야 한다는 신념을 쉽게 포기하지도 않는다.

이런 이중적 태도가 성립할 수 있는 이유는 세상의 다양한 폭력과 갈등과 고통을 알고 있으나 이를 포괄하기 위한 총체적인 시각을 제시하지는 않기 때문이다. 『박노자의 만감일기』(인물과사상사, 2008)를 다시 펴보자. 그는 방효유라는 명나라 선비의 일화를 꺼내들며 다음과 같이 말문을 연다. "방효유. 요즘은 교과과정상 세계사가 필수과목이 아니기에 모르시는 분이 계실 수도 있지만, 조선 왕조의 선비 같았으면 모르는 사람이 없었을 것이다."(『박노자의 만감일기』, 168쪽)

우리가 모르는 것은 너무도 당연한 일이 아닌가? 세계사가 필수과목이라 하더라도, 명나라 영락제에게 대들다가 9족이 아닌 10족이 멸족당했다는 일화가 과연 세계사 국정교과서의 한 귀퉁이를 차지할 수 있었을지 의문이다. 지금 우리의 삶에는 거의 영향을 주지 못하는 이 인물을, 박노자는 자신의 블로그 독자들이(『박노자의 만감일기』는 자신의 블로그 글을 모아서 만든 책이다.) 알고 있기를 은근히 기대하고 있다.

박노자는 조선조 선비들이 좋아하던 방효유의 기개를 탐탁지 않아 한다. "방효유가 붙잡았던 도덕론이란 절대 진리가 아니고 상대 진리 중에서도 지배계급이 표방했던 하나의 명분론에 불과했던 것"(같은 책, 169

쪽)이기 때문이다. 박노자는 방효유가 "관념적인 '절개'와 같은 가치를 위해 무고한 백성들의 목숨을 나 몰라라 하고 역사에 남을 만한 폼을 잡는 게 특기"(같은 책, 170쪽)였던 사대부 중 하나일 뿐이라고 꼬집는다. 즉 그는 성리학적 명분론이, 진리도 아닌 것을 붙잡고 늘어지느라 엉뚱한 사람들을 괴롭힐 뿐이지 않느냐고 지적한다.

여기서 열정적이면서 동시에 냉담한 박노자의 태도가 확인된다. 그는 대단히 열정적으로 세계사의 온갖 사례들을 수집하여 좌파적 프레임에 맞도록 재배열한다. 하지만 개별 사례에서, 어떤 입장, 이념, 신조를 지키기 위해 목숨을 걸고 싸우거나 자기를 희생하는 일에 아주 높은 가치를 부여하지도 않는다. 아주 단순히 요약해보자면, '즐길 수 없다면 싸워라'와 '즐길 수 없다면 피해라'라는 두 가지 선택지가 있을 때, 박노자는 전자보다 후자를 선호한다.

이건희 삼성 회장에게 명예철학박사 학위를 수여하려 했던 고려대에 맞서 시위를 하다 출교 조치를 당한 고려대학교 학생들을 박노자는 매우 아프게 기억한다. 비록 3개월의 짧은 유학생활을 했을 뿐이지만 그에게 고려대학교는 제2의 모교이며 남다른 애착을 느끼는 대상이다. 그런 고려대학교 출교자들에게, 박노자는 "그들과 개인적으로 만난다면 그들에게 유학을 떠나 당분간 돌아오지 말라고 권하고 싶다"(38쪽)는 심경을 털어놓는다.

> 여기 남아 끝까지 투쟁하는 건 우리 모두의 미래를 위해 분명 좋은 선택이다. 그러나 초인적인 희생 없이 그냥 자존심이 살아 있는 평범한 인간으로서 정상적인 삶을 살고자 한다면, 해선 안 될 말인 줄 알지만, 과연 대한민

국에서 계속 살아야 하는가를 진정으로 고민해보시기를. 여러분들의 상황이 하도 마음에 걸려서 하는 이야기다.(같은 곳)

전 지구에서 벌어지는 온갖 사안에 대해 가장 급진적인 입장을 취하는 박노자는, 개별 사안으로 인해 갈등하는 이에게 '피할 수 있다면 피하라'는 조언을 차선책으로 제시하기도 하는 사람이다. 즉 근본적(radical)이긴 하지만, 급진적인 해법을 찾을 수 없을 때는 찾지 말라는 입장을 취한다. 인간과 인간 사이에서 가장 급진적인 갈등의 해결법은 상대방을 죽임으로써 의사표현을 완전히 막아버리는 것이므로, 피할 수 있다면 피하는 것은 살생하지 말라는 불교의 가르침과 맞닿는 측면이 있다. 박노자가 소개하는 석가모니의 에피소드를 하나 살펴보자.

붓다는 중인도 코살라국의 프라세나지트 왕에게 설법을 베풀며 신세를 지고 살았다. 그런데 새로 왕위에 오른 아들 비두다바는 샤카 족을 향해 사소한 트집을 잡아 복수의 칼날을 세운다. 샤카 족 출신이었던 붓다는 비두다바를 몇 번 말렸으나 말을 듣지 않자 "결국 다 과거의 악연(惡緣)인 줄 알고 내버려두"(『붓다를 죽인 부처』, 225쪽)었고 결국 "붓다의 고향은 순식간에 잿더미가 되고 속가는 섬멸당하고 말았다."

물론 석가모니 본인이 맞서 싸워봐야 별 도움이 되진 않았을 듯한데, 이 에피소드를 소개하는 박노자의 어조는 매우 덤덤하다. 희생자가 될지언정, 외부로부터의 폭력을 막기 위해 내부로부터의 폭력에 가담하지는 않는 석가모니의 태도를, 찬양하진 않아도 지지하고 있음이 한눈에 드러난다. 물론 이것은 도덕적 판단일 뿐이지만, 바로 그렇기 때문에 더 논의해볼 여지가 있을 것이다. 더 큰 폭력의 희생자, 혹은 가해자가 되지 않기 위해, 맞서 싸울 수 있음에도 '이탈'하는 행위가 과연 올바른 것일까?

경제학자 앨버트 허쉬먼이 역작 『떠날 것인가 남을 것인가』(나남출판, 2005. 원제: Exit, Voice and Loyalty)에서 설득력 있게 논증했듯이, 체제의 압력에 짓눌린 구성원들은 항의하거나 조직에서 이탈하는, 두 가지 선택지를 놓고 고민하게 된다. 파업, 투석전, 화염병 투척, 분신 자살, 폭탄테러 등은 모두 항의 형식으로 작동하는 폭력적 의사 표현이다. 방효유의 기개 떨치기, 출교당한 고려대학교 학생들의 천막 시위, 비두다바를 찾아가 설득하는 싯다르타의 모습 등이 모두 여기에 해당한다.

그런데 사회가 안정되고 자본주의가(혹은 통치 방식이) 세련될수록, 사회 구성원들이 항의 목소리를 내기도 어려워진다. 혹은 표현의 자유가 보장되어 항의할 수 있다 하더라도, 제 효과를 내기를 기대하기란 쉽지 않다. 특히 진보진영이 늘 고민할 수밖에 없는 문제이다. 항의할 것인가, 이탈할 것인가. 항의한다면 어떻게 할 것인가.

사실 한국 사회의 진보 담론에서는 언제나 이탈 옵션을 은연중에 배제하는 쪽을 택해왔다. 모든 투쟁은 사생결단이고 죽을 때까지 우리는 물러서지 않는다는 결의를 다진다. 실제로 박노자가 한국에 도착하기 몇 달 전, 비극적인 연쇄 분신 자살이 있었다. 노무현 정부가 들어서고 두산중공업 노동자 배달호 씨가 자신의 몸에 불을 붙여 목숨을 끊었지만 이미 권력을 잡은 대통령과 주변 사람들은 냉담하기 그지없었다. 1997년 IMF 구제금융 신청 이후 한국 사회는 지속적으로 노동의 몫을 줄이고 자본의 크기만을 불려왔다. 항의 옵션의 버튼을 누르고 누르고 또 눌러도, 고장난 용수철은 계속 튀어나올 뿐이다.

본인이 능력이 있다면, 대부분의 경우 항의보다는 이탈이 더 좋은 선택이다. 하지만 모든 사람이 이탈하기 위해 움직인다면 사회는 존속할 수 없다. 이런 사실을 잘 알기에 논객들은 출판물 형태로 기록이 남는 발언에서는 결코 이탈 옵션을 타인에게 권하는 모습을 보여주지 않는다. 사실 전투적인 노동운동, 학생운동, 사회운동의 맥락을 놓고 볼 때 그쪽이 훨씬 자연스러워 보인다.

스스로 의식하고 있을지 모르겠지만 박노자는 바로 이런 금기 아닌 금기를 깨고 있다. 전 세계 곳곳의 모순과 억압을 이야기하다가, 자신의 눈길과 마음이 밟히는 곳에서는 '더 이상 싸우지 않고 한 발 빼도 괜찮다'고 말하는 것이다. 나 또한 한국 사회의 맥락에서 성장해왔고 살아가는 사람으로서, 박노자처럼 영향력 있는 논객의 그런 발언을 재차 확인했을 때, 마음속으로 반발심이 일었다.

하지만 이 문제에 대해서, 적어도 이 지면은 결론을 내릴 만한 공간이 아닐 터이다. 단지 우리는 박노자 내면의 근간을 이루는 불교식 사고방식이, 지금까지의 진보 담론에서는 쉽게 입 밖에 내지 못했던 다른 무언가를 지시하는 데 도움을 주었다는 사실 정도를 지적하고 넘어가기로 하자. 또한 박노자 본인이 러시아에서 항의하는 대신 이탈하는 쪽을 택한 사람이라는 점도 잊어서는 안 된다. 그가 러시아에서 이탈한 덕분에 우리는 한국 사회의 문제를 지적하고 항의하고, 가장 성실하고 촘촘하게 세계의 문제들을 향해 그물을 던지는 논객을 얻었으니 말이다.

참고 사례는 어디까지 필요한가

　박노자는 한국어가 아닌 러시아어가 모어인데도 불구하고 한문 고
전을 읽고 한반도의 고대사를 연구하는 사람이다. 이 글을 읽는 사람
가운데 당장 누군가 생계를 책임져줄 경우 러시아의 고대사를 연구해
서 러시아어로 논문을 쓰고 발표할 수 있는 사람이 얼마나 될까. 적어
도 나는 아니다. 한국에 대한 사랑, 더불어 탁월한 학자적 재능이 결합
하여, 박노자는 이 시점에서 가장 읽을 만한 대중적 역사 학술서를 쓰
는 작가 중 한 사람이 되었다.

　그중 우리는 특히 『우승열패의 신화』(한겨레출판, 2005)에 주목해볼 필
요가 있다. 노무현이 대통령에 당선되었고, '진보냐 개혁이냐'를 둘러싼
갈등이 식상해질 무렵, 박노자는 "지난 반세기 동안 한반도 남반부 지
배자들의 이념은 과연 무엇이었는가?"(같은 책, 29쪽)라는 본질적인 질문
을 던졌다. 그건 바로 어설프게 수입된, "그때그때 필요한 대로 '수입 부
품' 위주의 이데올로기를 '가져다 붙이기/뜯어맞추기'식으로 '조립'"(같
은 책, 49쪽)한 사회진화론이라고 박노자는 말한다. 다윈의 진화론을 사회
단위에 적용한 허버트 스펜서의 이론이, 중국의 량치차오(梁啓超) 같은
논객, 즉 칼럼니스트들을 통해 소개되었고 이 어설픈 담론이 여전히 한
국 사회를 지배하고 있다는 것이다.

　　그런데 위에서 지적한 것처럼 개화기에 미국이나 서구에 갔다 오거나 국
　　내에서라도 원서를 통해 사회진화론을 제대로 소화할 만큼 영어 실력이
　　뛰어난 사람의 수는 극히 제한돼 있었다. 1910년 이전에 미국 유학을 다

녀온 한국인은 예순네 명으로 추산되며, 1940년 이전에 도미 유학을 마친 사람의 총수라 하더라도 사실 900명을 넘지 못할 것이다.(중략)

즉 「경쟁의 소리」나 「우리 인종을 보호할 계책」과 같은 유의 논설을 써서 현상윤이나 이광수, 송진우—그리고 결과적으로 박정희나 박종홍—에게 영향을 끼친 개신 유림의 대다수는 국내에서 량치차오의 서술을 통해 '경쟁의 종교'에 '입교'했거나, 사회진화론 분야에서는 량치차오의 스승 격이었던 가토 히로유키의 책을 읽고 '우주의 기초가 천륜(天倫)이 아닌 힘'이라는 '깨달음'(?)을 얻었다고 보아야 한다.(같은 책, 74쪽)

요컨대 한국 사회의 지배담론이란 원본도 아니고 직역본도 아니요, 요약 발췌한 중역본이라는 것이다. 바로 이광수가 대표적인 소매상이었다. 하여 박노자는 지적한다. "박정희와 박종홍, 이선근의 공통점이라면, 이들이 다 이광수의 문학과 시론들을 '필독서'로 삼아 읽었다는 것이다."(같은 책, 50쪽)

본래의 맥락에서 잠시 벗어나 이런 이야기를 하는 이유를 이제 독자들은 짐작할 수 있을 것이다. 박노자는 특유의 어학 능력과 성실함으로, 본인이 똑부러지는 결론을 내지는 못하고 그저 안타깝고 잘되기를 바라는 마음으로 관련 사례들을 한가득 안겨줄 뿐이지만, 아무튼 한국어로 세계의 소식을 업데이트해주는 역할을 충실히 수행하고 있다. 그 와중에 교수라는 자기 직분을 수행하고 연구 논문을 쓰고 이를 묶어서 책으로 내기도 한다. 한국 사회의 담론 수준이 아직도 '해외 칼럼 소개'에서 크게 나아진 바 없다는 현실을 인정한다면, 그만큼 박노자의 작업은 좀 더 나은 평가를 받을 필요가 있다.

문제는 그다음이다. 이런 식으로 소개되는 동서고금의 박람강기는 상대적으로 옳은 가치관들을 흩뿌리며 덜그럭거린다. 박노자는 외국인 지식인의 프레임을 우리의 눈에 덮어씌우지 않는 훌륭한 '국산 렌즈'지만, 이 렌즈를 끼면 단호한 정치적·역사적 목적을 향해 초점을 맞출 수가 없다. 세상의 모든 중생을 구원하기 전에는 자신도 해탈하지 않겠다던 지장보살처럼 박노자는 자신이 아는 한 세계의 모든 고통과 아픔을 끄집어낸다. 그것들은 종종 서로 이상한 마찰음을 내며 부대끼고 기괴한 불꽃을 튀긴다. 우리는 박노자를 통해 너무도 많은 것을 한꺼번에 배울 수 있지만, 그래서 단 하나의 목표를 향해 모일 수도 없다.

맞서 싸워야 할 이른바 '수구 꼴통'의 모습이 흐려지고, '우리 편'은 서로 끝없는 내전을 치르는 현실에서, 박노자의 이상주의적 성향은 결국 비아냥의 대상으로 전락하고 말 따름이다. 그는 인터넷 매체 레디앙에 기고한 「강남 스타일, 최저질의 세뇌제」(《레디앙》 2012년 11월 9일)에서 "'강남 스타일' 같은 최저질의 '한류'는 가장 저속하고 가장 조잡하고 가장 동물적인 자본주의적 욕망들을 아주 '멋지게' 만들어주는 것을 세일즈 포인트로" 한다는 비판을 제기해 SNS에서 큰 논란을 불러일으켰다. 안 그래도 '좌파'라서 불편한 존재인 박노자가 꼰대처럼 꾸짖는 것으로 받아들여졌기 때문이다.

돌이켜보면 그 논란은 지나친 면이 있었다. 박노자는 비단 싸이뿐 아니라, 이 책을 읽는 독자들과 필자인 내가 전혀 알지 못할 어떤 저항시인, 민중가수 들처럼 알려지지 않았기 때문에 '때'가 묻지 않은 경우를 제외하면, 거의 모든 대중문화를 좋아하지도 이해하지도 탐닉하지도 않기 때문이다. 박노자는 싸이뿐 아니라 비틀스와 바그너도 같은 방식으로 비판할 수 있는 사람이며, 적어도 당분간은 이런 세계관을 갖고 살아갈 것이다. 고로 문제의 핵심은 박노자가 싸이를 어떻게 이해하느냐가 아니라, 싸이의 '강남 스타일'을 그렇게 이해하는 박노자를 우리가 어떻게 해석하고 받아들이냐가 아닐까?

개인적 반란을 어떻게 대승화시킬 것인가

> 이미 먼 과거의 일인 것처럼 느껴지는 그 2002년 벽두에, 노무현을 대통령으로 만든 대한민국이 나는 무한히 자랑스러웠다. 푸틴의 러시아, 고이즈미의 일본, 부시의 미국에 비해서, 그 당시 '노무현의 한국'은 왠지 '희망의 오아시스'로까지 느껴졌다.
>
> 그러나 그 뒤로는 가슴 아픈 일이 하도 많아서 '그때 그 감동'은 결국 여지없이 사라지고 말았다. 시민 김선일 씨의 희생된 목숨과 함께 말이다. 이라크 파병과 김선일의 죽음 이후 내게 '노무현'은 더 이상 '의미 있는' 존재가 아니었다. 사실, 지지한 일도 없고 약간의 '희망'을 가져봤을 뿐인데, 2003년 이후로는 그 '희망'도 없어지고 말았고, '일체 보수 정치인에 대한 관심을 아예 끊는 게 좋겠다.'는 결심이 섰다. 지금도 그 결심대로 살고 있고 말이다.(『왼쪽으로, 더 왼쪽으로』, 52쪽)

대체 노무현의 어떤 점이, 소비에트에서 왔지만 러시아로 돌아가야 했던 벽안의 한국인마저도 희망을 품게 만들었을지, 이제는 이유를 되짚어보기도 쉽지 않다. 단 한 번의 선거로, 대통령이라는 단 한 사람만을 바꾸면, 미완의 역사적 과제를 마치 열쇠를 꽂아 문을 열어젖히듯이 해결할 수 있으리라는 믿음의 근거가 어디에 있었는지, 아무리 생각해봐도 도저히 모르겠다.

우리가 박노자의 책을 통해 확인할 수 있는 바는 이런 것들뿐이다. 2003년, 2004년 무렵을 지나면 박노자에게 불교는 과거의 추억이 아닌 오늘의 삶의 방침이 된다. 그는 2011년, 본격적인 불교 교양서인 『붓다를 죽인 부처』를 내고, 2013년에는 동아시아 3국 고승 및 불자들의 임종게를 모아 『모든 것을 사랑하며 간다』(책과함께, 2013)를 출간하기도 한다. 그가 2009년에 낸 『왼쪽으로, 더 왼쪽으로』에는 촛불시위를 보고 흥분하여 혁명의 가능성을 타진하는, 조심스럽지만 설레는 육성이 담겨 있다. 불과 4년 후의 책에는 그런 불꽃마저도 담배꽁초처럼 짓눌려 있을 따름이다.

박노자는 세계의 모든 아픔과 고통과 권력의 압제를 눈여겨보고 쓰다듬으며, 일주일에 몇 번씩 자신의 블로그에 새 글을 올린다. 우리가 가진 최초의, '겹눈'의 지식인은 이제는 어느 나뭇가지에도 앉지 못하는 잠자리처럼 항공사 마일리지를 쌓으며 한국과 오슬로를 오간다. 우리가 더 강하게 항의하고 무장투쟁까지 결사하면 세상이 바뀔까? 그렇다고 믿을 사람은 아무도 없다. 하지만 여기로부터 이탈 역시 우리에게 주어진 올바른 선택지는 아니라고, 우리는 여전히 믿고 있다.

박노자 스스로가 그렇다. "나만의 깨달음, 즉 붓다가 말한 성문(聲聞)과 연각(緣覺), 벽지불(辟支佛)의 깨달음을 일체 중생의 '대중적' 깨달음으로 어떻게, 전환시키느냐, 즉 개인적 반란을 대중적·세계적 반란으로 어떻게 '대승화'시키느냐, 이게 문제다. 바로 이것이야말로 내 화두"(『왼쪽으로, 더 왼쪽으로』, 96쪽)라고 다짐한다. 한 번은 스스로 이탈하고, 이제는 새로운 조국에 돌아와 항의하려는 지식인은, 아직 백기를 들지 않았다.

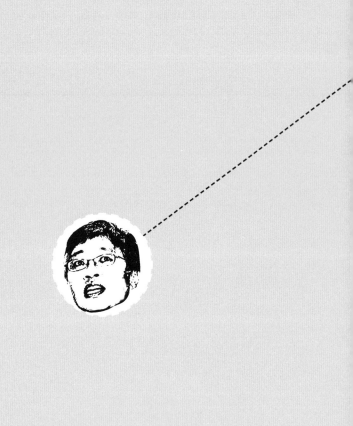

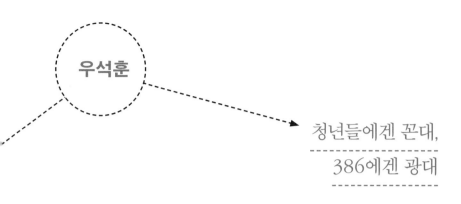

우석훈

청년들에겐 꼰대,
386에겐 광대

고장난 시계를 들고 분주히 뛰어다니는 토끼

고장난 시계의 정확성에 대한 농담을 우리는 모두 잘 알고 있다. 고장 나서 안 움직이는 시계라 해도 하루에 두 번은 정확한 시각을 가리킨다는 농담 말이다.

사용하는 사람과 받아들이는 사람의 맥락에 따라 농담은 조금씩 다른 의미를 띠지만, 대체로 고장난 시계의 비유는 '교조적'이고 '경직된' 사고로 세상을 판단하고 비판하는 이들을 향한다. 시간은 흐르고 있지만 당신은 고장난 시계처럼 언제나 똑같은 소리만 하고 있으며, 따라서 어쩌다 경고가 맞아떨어진다 하더라도, 이는 당신의 이론과 이론의 현실 적용이 옳다는 뜻은 아니라는 비아냥을 듣게 된다는 말이다.

우석훈은 그렇게 생각하지 않았다. 그가 낸 여러 책 가운데서 『나와 너의 사회과학』(김영사, 2011)의 한 구절을 인용해보자.

사실 가장 정확한 시계는 고장난 시계입니다. 5분 늦게 가는 시계는 단 한 번도 맞는 순간이 없지만, 고장난 시계는 하루에 두 번은 정확하게 맞잖아요. 과학은 바로 이 고장난 시계와 비슷할 수도 있습니다. 시계는 숫자로 이루어진 텍스트죠. 그렇지만 그 시계가 5분 늦게 간다는 것은 시계 바깥의 관계, 즉 시간을 둘러싼 일종의 콘텍스트를 통해 규정되는 거죠. 늦게 간다는 걸 알기만 하면, 5분 늦게 가는 시계를 가지고도 얼마든지 불편하지 않게 살 수 있습니다. 그러나 정확하게 맞는 시계를 원한다면, 하루에 딱 두 번 맞는 고장난 시계가 필요할 수도 있겠죠.(『나와 너의 사회과학』, 121쪽)

정확한 비유라고 말하긴 어렵다. 시계의 본질적 기능은 일정한 속도를 유지하며 시간을 표시하는 지표를 바꾸는 것이다. 가령 12시 30분 같은 특정한 시간의 표상을, 표준 시간에 딱 맞게 보여주는 것은 부차적인 문제. 달리 말하면, 시계는 일단 시계답게 똑딱똑딱 일정한 속도로 움직여야 하고, 시곗바늘이 가리키는 숫자가 표준시와 일치하는지 여부는 그다음에 따져 물어야 할 일이라는 얘기다.

하지만 인용한 우석훈의 비유와 해석은 매우 중요하다. 시계는 고장났을지 모르지만, 우리는 이를 통해 2000년대 중반 혜성처럼 나타나 한국 사회에 세대론이라는 새로운 화두를 던진 우석훈이라는 논객을 이해할 수 있기 때문이다.

혹자는 우석훈을 '허구한 날 토건족 타령만 하는 고장난 시계'라고 조롱한다. 한편 어떤 이들은 우석훈이 박권일과 함께 쓴 『88만원 세대』(레디앙, 2007)를 통해 청년들 편이 되어주는 척하면서 결과적으로는 '꼰대질'을 하고 말았다는 단평을 내놓는다. 우석훈의 저작에 좀 더 관심이 있는 사람들은 한미 FTA에 대한 비관적 예견 중 들어맞은 주장이 없다며 혀를 찬다. 이 모든 비판은 옳을 수도 있고 그를 수도 있다. 이 모든 것이 한 사람의 논의에 대한 반론이라는 점이 중요하다.

2005년 『아픈 아이들의 세대』(뿌리와이파리, 2005)를 첫 책으로 본다면, 정치적 입장을 빼고 볼 때, 우석훈이 자료와 지식을 바탕으로 내놓는 이야기는 별로 달라지지 않았다. 그러므로 그중 하나만을 짚어 이야기한다면 우석훈에게 '고장난 시계'라는 비아냥을 돌려주기란 결코 어려운 일이 아니다.

문제는 이 고장난 시계가 동시에 대단히 많은 시간대를 가리키며 멈춰 있다는 것이다. 그는 한미 FTA에 반대하며 북한의 내부 식민지화를 근심하고 미세먼지인 PM-10이 서울에서 태어나고 자란 아기들에게 미치는 영향을 논한다. 젊은이들이 정규직 일자리를 제공받지 못하는 식으로 세대별 격차가 커지고 있다며 우려를 표하는 수준을 넘어, 청년들에게 노동조합을 만들고 동네 카페를 차려보라고 권하기까지 한다. 우석훈의 저작에는 한국뿐 아니라 북한을 위한 경제 모델까지 등장하는데, 두 나라 모두 스위스를 모델로 지향하는 편이 어떻겠느냐고 권고한다. 이는 나중에 논하겠다.

그러므로 고장난 시계라는 표현은 우석훈이라는 한 개인이 아니라, 그가 내놓는 특정한 논의들에만 사용해야 한다. 우석훈 자신은, 차라리 고장난 시계를 들고 시침과 초침을 숨가쁘게 돌려가며 정신없이 돌아다니는 『이상한 나라의 앨리스』의 토끼에 비유할 수 있을 것이다. 그는 열성적으로 한국 사회의 수많은 논점, 특히 '경제학적'으로 해석할 수 있는 논점을 찾아다니며, 매 순간 시계를 꺼내 시간을 보며 목소리를 높이는 것이다. 비판자들은 그의 시계가 고장났다고 손가락질한다. 이들의 비난은, 마치 고장난 시계가 가리키는 시각처럼 옳을 수도 있고 그를 수도 있다. 하지만 바로 이런 광경을 통해 우리는 논객시대의 모습을 조감할 수 있다.

한미 FTA 추진에 공분을 불러일으키다

우석훈의 이름이 대중들에게 알려진 것은 『88만원 세대』의 출간과 그로 인한 세대론의 유행 때문이었지만, 이른바 '진보' 진영에는 이미 『한미 FTA 폭주를 멈춰라』(녹색평론사, 2006)의 저자로 잘 알려져 있었다. 우석훈의 표현대로 "한미 FTA라는 사건은 2006년 1월 18일 갑자기 출현했다."(『한미 FTA 폭주를 멈춰라』, 3쪽) 이 엄청난 사건이 불길한 예감을 던져주고 있음은 틀림없었다. 하지만 이 먹구름이 단순한 비구름인지 태풍인지 메뚜기떼인지 확신을 갖고 말해주는 사람은 찾아보기 힘든 상황이었다.

그의 말대로 한미 FTA가 갑자기 출현한 날짜는 2006년 1월 18일이었다. 한미 FTA 협상 시작은 그해 2월 3일에 선언되었다. 대체 이게 무슨 소리냐 하고 어안이 벙벙해 있는 사이, 우석훈은 8월 15일 광복절에 맞춰서 단행본 한 권의 분량으로 한미 FTA가 얼마나 준비 없이 진행되는 졸속 협상이며, 정부의 주장과 달리 아무리 잘 체결한다 해도 한국 경제에 치명상을 입힐 수밖에 없다는 점을 조목조목 따지고 들었다. 분기별로 한 권씩 저널룩 『인물과 사상』을 내고 틈틈이 단행본까지 출간하던 강준만을 연상케 하는 속도로 『한미 FTA 폭주를 멈춰라』가 등장한 것이다.

우석훈의 예상은 매우 비관적이었다. '조심스레' 계산해보았다고 운을 떼면서, 그는 힘찬 어조로 이렇게 말했다.

> 따라서 내 조심스러운 계산에 따르면 조금 귀찮더라도 지금 당장 '노무현호'라는 배에서 내리는 것이 개인으로서는 가장 좋은 선택이다. 대체적으로 4인 가족 기준으로 연소득이 6000만 원 이하라면 심각하게 이민을 고민해야 한다는 이야기다. 국민소득을 1만 5000달러로 잡고, 4인 가족으로 환산하면 그 정도가 된다. 소득의 평균점을 잡은 것인데, 현재 '노무현호'가 향하는 미래에는 이 평균 이하의 국민들에게 그렇게 희망이 많아 보이지 않는다. '평균적 국민'이라 할 수 있는 '4인 가족 연소득 6000만 원' 미만의 국민들에게는 지옥이 펼쳐지게 된다. 물론 부부가 같이 벌어서 6000만 원 이상인 경우에는 조금 복잡한 계산이 필요할 것이다.(『한미 FTA 폭주를 멈춰라』, 20쪽)

물론 우석훈은 연소득 6000만 원 이상의 가계를 위한 생존 매뉴얼을 적어주거나 하지는 않았다. 대신 일단 FTA의 개념 등을 설명하고, 한미 FTA를 추진하는 과정에서 정부가 제시한 자료들이 이상하다며 데이터를 '마사지'한 흔적이 있다는 의혹을 제기한 후, 노무현 정부에 연이어 질문을 던졌다.

제2장, '왜 한미 FTA는 준비가 덜 되었다고 하는가'의 4절의 제목은 '미국 시장에 대해서 충분히 알고 있는가'이다. 5절은 '그렇다면 한국

시장에 대해서는 알고 있나', 6절은 '혹시 서비스업에 대해서는 알고 있나'라는 제목을 달았다. 제목 그대로, 협상을 추진하는 정부에 이런 걸 알고 있느냐고 물어보는 내용이다.

정부에서 이런 사항을 알고 있다면 협상을 그렇게 추진할 리가 없다는 논조로 요조모조 짚어가며 외교통상부의 무지를 꼬집던 우석훈은, 결국 7절에서 이렇게 묻는다. "그럼 도대체 정부가 아는 건 뭐야?" 우석훈에 따르면, 정부가 알고 있으며, 한미 FTA의 결과로 발생할 일들의 목록은 다음과 같다.

> 가. 농업은 망한다
>
> 나. 월마트한테는 안 당한다
>
> 다. 한국 영화 안 본다고 죽는 거 아니다
>
> 라. 병원 안 간다고 다 죽는 건 아니다
>
> 마. 공무원들한테는 별일 안 생긴다
>
> 바. 국민들은 농민 편 안 들어준다
>
> 사. 한나라당은 꼼짝할 수가 없다
>
> 아. 국민들은 벤츠를 좋아해
>
> 자. 국민들은 식품 안전에 관심이 없다
>
> 차. 그래봐야 이민 갈 용기가 있는 국민은 별로 없다.(같은 책, 126~132쪽)

여기서 우석훈은 노무현 정부가 미국과의 협상은 잘 못 하겠지만, 국민들을 상대로 한 싸움은 절대 지지 않을 거라는 결론을 내놓는다. "진화적 게임이론으로 상황을 설명하자면 '노무현 시스템'은 외국이 아니라 국민들을 상대하는 감각기관이 기이하게 발달·진화한 시스템"(같은 책, 133쪽)이라고 우석훈은 꼬집는다. "정부는 한미 FTA와 관련하여 정부가 꼭 알고 있어야 할 것들은 거의 모른다. 그런데 국민들과의 협상에서 이기는 방법은 너무 잘 안다."(같은 곳) 이것이 한미 FTA에 대한 총평이다.

연소득 6000만 원 이하의 국민들은 이민이 생존을 위한 선택이라고, 대단히 불쾌하고 소름끼치는 결론을 내려놓고 시작한 책이지만, 차례의 구성과 내용 면에서 나름의 골계미를 드러내고 있어서 『한미 FTA 폭주를 멈춰라』는 진보 진영 독자들에게 큰 호응을 얻었다. 이렇게 술술 읽히면서도 우울하고, 노무현 정부의 일방적인 한미 FTA 추진에 공분을 불러일으키는 책은 찾아보기 어려웠다.

기업·정부·외교 경험을 모두 갖춘 진보 논객

우석훈이 낸 책은 공저는 빼더라도 스무 권이 넘는다. 주제도 다양하다. 그는 자칭 'C급 경제학자'지만, 최근에 출간한 책은 길고양이들을 돌보고 갓 낳은 딸을 키우며 느낀 소감을 담은 사진 에세이 『아날로그 사랑법』(상상너머, 2013)이다. 2006년부터 2012년까지 우석훈은 전성기 강준만에게서나 볼 수 있었던 속도와 열정으로 다수의 저작을 출간했고, 심지어 그중 일부는 제목을 바꿔 다시 내기도 했다.

『한미 FTA 폭주를 멈춰라』는, 특히 눈여겨볼 작품이다. 우석훈이라는 저자를 이해하기 위해서라면 『88만원 세대』보다 더 세심하게 살펴볼 필요가 있다. 우석훈은 프랑스 파리에서 박사학위까지 받은 경제학자다. 본인의 전문 지식에 현대라는 대기업에서 일한 경험이 더해진다. 한 걸음 나아가 총리실에서 근무한 바 있으며, "2002년 인도의 마라케시에서 열렸던 기후변화협약 7차 당사국총회에 분과의장 자격으로 참여"(같은 책, 5쪽)한 경험까지 갖춘 사람이다. 진보 진영에서 글 쓰는 이들 중에 이런 '스펙'을 가진 사람은 예나 지금이나 찾아보기 쉽지 않다.

우석훈과 함께 진보적 경제학자로 분류할 수 있는 청와대 국민경제 비서관을 지낸 정태인 교수나 이정우 전 청와대 정책실장 등과 비교해 보면 우석훈의 특이점이 더욱 잘 드러난다. 우석훈은 박사학위를 지닌 학자지만, 노무현 정부가 출범한 후 청와대에 들어간 두 사람과 달리, 대기업과 총리실이라는 관료제 조직을 경험했다. 요컨대 우석훈은 기업, 정부, 외교 경험을 모두 갖춘, 거의 유일한 진보 논객인 셈이다.

우석훈은 자신이 그런 엘리트들의 세계를 경험했다는 사실을 결코 감추지 않는다. 감추는 척하면서 드러내는 일에 익숙하다고 말하는 편이 더 타당할지도 모르겠다. 가령 "굳이 비밀보장 서약이 아니더라도 협상장 혹은 협상장 바깥의 호텔 로비에서 벌어진 대화들을 공개하고 싶지는 않다. 또 내가 총리실에서 했던 일과 그 시절에 벌어진, 아직도 사람들이 궁금해하는 '뒷얘기'를 공개하고 싶지도 않다. 어차피 국민들의 삶에 미치는 포괄적 효과가 그렇게 강력하지는 않기 때문이다."(같은 책, 5쪽)라고 말하는 대목을 곱씹어보자.

사람 사는 데가 다 비슷해서, 진보 진영에도 '내가 해봐서 아는데'라고 말하기 좋아하는 사람들이 대단히 많다. 하지만 '내가 국제 협상을 해봐서 아는데'라고 말할 수 있는 사람은 별로, 아니 전혀 없을 것이다. 그러므로 저런 대목에서 특히 한미 FTA 같은 미증유의 파도가 몰아칠

거라는 불안감에 휩싸인 독자들로서는, 얼마 전 유행어로 '안물안궁'(안 물어봤고, 안 궁금하다)하다며 콧방귀를 흥 뀌고 지나갈 수가 없는 노릇이다.

'내가 겪어봐서 안다.'고 자신 있게 말할 수 있는 사람, '당신들이 뭘 알긴 하는가?'라고 정부를 향해 되물을 수 있는 경제학자 우석훈은, 믿 는 도끼 노무현에게 발등을 찍힌 듯하지만 과연 발등이 찍혔는지 어쨌 는지 긴가민가하고 있던 사람들에게 확신에 찬 목소리를 들려주었다. '노무현호'는 잘못된 방향으로 나아가고 있다고, 부부가 같이 벌어서 한 해에 6000만 원을 채우지 못하는 이들 모두를 도탄에 빠뜨리는, 심 지어 돌이킬 수도 없는 정책 결정을 통해, 한국을 스위스가 아닌 멕시 코 같은 나라로 만들고 있다고, 그는 구약의 예언자 예레미아처럼 울부 짖었다. "한미 FTA 폭주를 멈춰라!"

물론 우석훈이 이를 가는 '골프 치러 다니는 386'들은 이 소리를 듣 지 않았지만, 대중들은 귀를 기울였다. 우석훈의 다음 책에 대한 기대 감이 조금씩 부풀어 오르기 시작했다. 『88만원 세대』가 속되게 말해 '대박'을 친 데는 이런 맥락이 있기도 했다는 것이다. 『88만원 세대』를 출간할 때, 우석훈은 이미 세 권의 책을 낸 저자였으며, 『한미 FTA 폭주 를 멈춰라』를 통해 다져진 핵심 독자층이 이미 형성돼 있는 상태였다.

『88만 원 세대』, 그리고 20대 논객들의 이야기

너무도 많이 논의된 탓에 마치 읽은 것만 같은 착각을 주는 책이 있 는데, 대표적으로 『88만 원 세대』(레디앙, 2007)를 들 수 있을 것이다. 혹은,

읽긴 했지만 관련 논의의 맥락으로 인해 잘못된 인상만이 머릿속에 남아 있는 경우도 적지 않다. 이 원고를 준비하며 『88만 원 세대』를 다시 읽어본바 분명히 그렇다.

『88만 원 세대』는 문제작이다. 인구에 회자되긴 하지만 '사회문제'로 거론되지는 않았던 지점을 짚어냈다는 점에서 그렇게 평가받을 자격이 있다. 전에 보기 드물었던 뜨거운 분위기를 끌어냈다는 점에서도 그렇다. 물론 『88만 원 세대』 이전에도 세대론은 있었다. 하지만 『88만 원 세대』가 없었다면 당시의 20대, 현재 30대의 초반까지 포함하는 80년대생들을 대상으로 한 세대론이 사회적 이슈로 부각되었을 개연성은 그리 높지 않다. 『88만 원 세대』는 그런 면에서 한 시대가 나아가는 방향을 움직인 책이지만, 바로 그렇기에 주변 맥락을 함께 더듬어 곱씹어봐야 할 필요가 있다.

책이 출간되고 여러 방향의 논의를 불러일으킨 후에 두 저자가 서로 입장 차이를 확인한 상황을 염두에 두지 않고 내용만을 살펴보자. 그렇다면 『88만 원 세대』의 주제는 '세대 간 경쟁'이다. 즉 당시의 20대, 지금의 30대 초반에 해당하는 젊은이들에게 돌아가야 할 경제적 자원을 윗세대가 독점하고 내놓지 않고 있다는 이야기가 골자이다.

> 극렬한 경쟁 속에서 20대가 부딪히는 근본적인 문제는 동기들끼리의 경쟁이 아니다. 그들 스스로는 이 싸움을 자신들끼리의 경쟁, 즉 '세대 내 경쟁'이라고 인식하지만, 사실 그들의 싸움은 경쟁의 범위와 규칙이 별도로 존재하지 않는 무한대의 경쟁, 즉 '세대 간 경쟁'에 편입되어 있다.(『88만 원 세대』, 21쪽)

이른바 '세대 착취론'에 대해 수많은 이들이 다양한 방향에서 반론을 제시했다. 사회학자들은 다양한 수치 자료를 분석해 세대 간 소득 불평 등보다는 세대 내 소득 불평등이 더 크고 도드라진다는 사실을 강조했 고, 가령 당시의 나처럼 이른바 '20대 논객'으로 호명된 이들은 우석훈 이 띄운 세대론이 결국 20대 대학생들만을 위한 논의가 아니겠느냐고, 더 중요한 것은 20대 노동 문제가 아니냐는 반론을 제기하기도 했다.

이 모든 논의는 어떤 면에서 적절하고 또 다른 면으로는 부적절했을 것이다. 그러나 '세대 간 경쟁'이라는 개념의 생경함을 접어두고 생각해 보자. 지난날의 젊은이들보다 오늘날의 젊은이들에게 기회가 부족하다 는 우석훈의 기본적인 사태 파악 자체는 별 무리가 없다. 특히 명문대 학을 졸업하고 남들이 알아줄 만한 직장에 취직한, 이른바 엘리트들의 경우 너무도 명백한 현상이다. 이에 대해서는 우석훈이 몇 년 후에 쓴 다른 책에서 더 좋은 서술을 찾아볼 수 있다.

> 80년대 중·후반, 한국의 중산층이 처음 형성되던 시절, '스텔라 인생관'
> 이라고 불리던 말이 있었다.
>
> 20대는 20평 아파트에 엑셀을,
> 30대는 30평 아파트에 프레스토를,
> 그리고 40대는 40평 아파트에 스텔라를.
>
> 당시에 20평 아파트에 살며 엑셀을 몰았던 사람들이, 즉 20대들이 지금
> 의 50대들이다. 이들은 사실상 한국 국부의 절반 이상을 가지고 있는, 한

국 경제 발전의 혜택을 가장 많이 받았던 사람들이다. 한국의 경제 엘리트들은, 단연 50대들이 주축을 이루고 있다. 금융재산 30억 원 이상을 소유한 사람들은 97퍼센트가 남성, 50퍼센트가 50대 그리고 80.7퍼센트가 서울 거주자다. 그리고 전체의 44퍼센트는 강남·서초 거주자다.(2008년《매일경제》, 삼성생명연구소 조사) 지금의 40대는 저 모델대로 살았는데, 그 위로 넘어갈 수가 없다. 마지막으로 이 게임에 들어선 30대들도 마찬가지다. 지금의 3무 세대라고도 불리는 20대는 절대다수가 빈곤층이고, 더 이상 '20평 아파트'라는, 1979년 이후 시작된 이 폭탄 돌리기를 받아줄 수가 없다. 김연아급의 절대 강자인 일부 20대를 제외하면, 한국의 빈곤한 대다수 20대에게 20평 아파트는 그것이 전세든, 월세든, 상상의 범위 안에 들어가 있지 않다. 평범한 20대 중 가장 성공하고 안정적인 사람들이 갈 수 있는 가장 럭셔리한 거주 조건이 바로 원룸이다. 지금 우리에게 오는 경제위기의 가장 큰 부분을 감당하는 쪽이 이들이다. 더 이상 40대가 30대에게 아파트를 넘기고, 다시 30대가 20대에게 아파트를 넘기는 그 시스템은 돌아가지 않는다.(『디버블링』, 개마고원, 2011, 148쪽)

앞서도 말했지만 필자를 포함해, 2007년 이후 '20대 논객'으로 새삼스럽게 호명되며 매체의 지면을 얻고 언론에 오르내린 사람들은 각자의 방식으로 우석훈의 '세대 간 경쟁'의 논리를 반박하기 위해 노력했다. 다른 사람들은 논외로 하고, 당시 나는 '우석훈의 말에는 일리가 있지만 그가 말하는 20대는 20대 대졸자에 국한되는 듯하다. 또한 『88만원 세대』가 현재 대학을 다니는 고학력 엘리트들의 자기연민을 위한 논리로 이용되는 것은 보기 흉한 일이다.'라는 주장을 즐겨 퍼뜨리고 있었다.

물론 그렇다. 지금 생각해봐도 그렇다. 20대에 20평 아파트를 사고 엑셀을 끌고 다니던 오늘날의 50대가 아니라, 20대부터 50대가 되도록 죽도록 일만 하고 전세나 월세방을 전전하는 가난한 50대가 한국 사회에는 더 많다. '세대 간 경쟁', 혹은 '세대 착취'를 이렇게 광범위하게 적용하면 우석훈의 논의는 당연히 허점투성이가 되어버리는 것이다.

『88만원 세대』를 둘러싼 수많은 논의들이 대부분 비슷한 방식으로 전개되었다. '그건 20대 전부의 문제가 아니잖아.'라든가, '과연 그들이 (혹은 우리가) 20대를 대변한다고 할 수 있을까?' 같은 질문들이 인터넷 쇼핑몰의 팝업창처럼 계속 튀어나왔고, 특히 갑자기 불려나와 또래들의 대변인 노릇을 하게 되어버린 '20대 논객'들은, 다른 사람들을 끌어들이지 않고 말하자면 적어도 나는, 당황했다. '20대 논객'으로 불리며 경제적으로는 가난하지만 풍족한 상징자본을 획득한 나는, 노동하는 20대들을 감히 대리하여 '우리 세대가 윗세대로부터 착취당하고 있다.'고 말하는 것이 과연 온당한 일인지 번민하지 않을 수 없었다.

카를 만하임에 따르면, 단지 나이대가 비슷하다는 이유만으로, 전혀 다른 경제적·문화적·사회적 배경을 지닌 이들을 같은 세대로 묶을 수는 없다. 그들은 단지 같은 세대 위치에 놓여 있을 뿐이다. 비슷한 나이대의 구성원들이 이런저런 이유로 모여 변별력을 지니는 세대 단위를 형성하고, 복수의 세대 단위들이 서로 길항할 때에야 비로소 실제 세대가 출현하는 것이다. 따라서, 가령 1980년 초중반생이라는 세대 위치가 존재한다 해서, 그때 태어난 이들이 반드시 실제 세대를 구성하라는 법은 없다. 세대는 그냥 존재하는 것이 아니라 만들어지는 것이며, 세대가 창출되는 과정에서 중요한 것은 세대 자체가 아니라 개별적인 세대 단위를 구성하고 이끌어가는 힘이다.

하지만 '20대 논객'들은 특정 세대 단위를 넘어서 자신의 또래라는 세대 위치 전부를 대변해야 한다는 부담감을 느끼고 있었다. 나만 그 랬을지도 모르겠지만, 아무튼 나는 그랬다. 『88만원 세대』의 성공에 고 무되어 저자 우석훈 본인이 "20대에게 아파트를 제공해야 한다"부터 "20대 국회의원이 나와야 한다."까지, 거의 모든 사안마다 '20대'라는 접두사를 붙여 띄우던 당시 분위기 때문에 더욱 그랬을 것이다. 요컨대 '20대 국회의원을 만들자는 얘기가, 편의점에서 아르바이트하는 20대 의 시급을 높이는 것보다 중요한가?' 같은 질문을 떨쳐내기 어려웠다.

우석훈은 20대에게 바리케이트를 쌓고 짱돌을 던지라 했는데, "20대 1만 명 정도가 스타벅스에 가기를 거부하고 20대 사장이 직접 내려주 는 커피와 차를 마시겠다고 선언"(『88만원 세대』, 288쪽)하는 것을 예로 들 었음을 새삼 환기할 필요가 있다. 『88만원 세대』의 후속편인 『혁명은 이렇게 조용히: 88만원 세대 새판짜기』(레디앙, 2009)는 20대가 귀감으로 삼아야 할 혁명가로 프랑스의 패션 디자이너 코코 샤넬을 제시했다. 물 론 그의 말처럼 샤넬의 의상 혁명은 여성들의 인권 및 자기표현을 한 단 계 끌어올린 혁신적인 사건이다. 하지만 샤넬의 삶을 "평범한 20대 중 가장 성공하고 안정적인 사람들이 갈 수 있는 가장 럭셔리한 거주 조건 이 바로 원룸"인 오늘의 젊은이들에게 제시하는 것은, 두리반에서 공연 하는 헤비메탈 밴드의 기타리스트에게 신중현을 목표로 삼으라는 말 이나 크게 다를 바 없다. 그냥 하는 덕담 정도에 지나지 않는다. 적어도, 당사자의 입장에서는 그렇게밖에 들리지 않는다.

『88만원 세대』가 문제작일 수밖에 없는 이유가 바로 여기 있었다. 이 책이 염두에 두고 있는 세대 단위가 명확하지 않다. 대학을 졸업하고 대기업에 취직하려 하지만 취직을 못하는, 혹은 취직을 하더라도 지난 세대의 중산층 재생산 구조에 뛰어들 수 없는 고학력 엘리트들이 하나의 세대 단위를 구성한다. 반대편에는 조직폭력배 아니면 불법 다단계 판매에 뛰어들 수밖에 없는 저학력 저소득층의 20대가 존재한다. 양자 사이에는 쉽게 넘을 수 없는 간극이 존재한다. 하지만 어쨌든 이들은 모두 같은 세대 위치에 놓여 있다는 사실만은 확실했다. 그리하여 우석훈이 20대 모두를 대변하는 20대 국회의원 탄생을 주창하는 동안, 20대 논객으로 호명된 필자 같은 이들은 대변되지 못한 다른 20대의 이야기를 해야 한다는 중압감을 느꼈던 것이다.

『88만원 세대』의 두 저자가 바로 이런 문제, 즉 어떤 세대 단위를 이른바 '20대 문제'의 핵심으로 두어야 하는가를 놓고 서로 입장 차이를 보이고 있다는 것은 이미 잘 알려진 사실이다. 그리고 앞서 말했듯, 후속편 격인 『혁명은 이렇게 조용히』를 보면, 우석훈이 주로 염두에 두고 있는 세대 단위는 굳이 말하자면 '대학생' 그룹에 더욱 가까운 것으로 보인다. 문화로 혁명을 하겠다는 꿈을 꿀 수 있는 사람들을 대상 독자로 삼아, 일종의 행동 매뉴얼을 작성했다. 『혁명은 이렇게 조용히』에 대한 젊은 세대의 반응은 그리 열광적이지 않았다. 『88만원 세대』와 같은 뜨거운 논란을 불러일으키지 못했던 것이다. 이미 세대론과 관련하여 너무 많은 논쟁이 소모적으로 쏟아져 나온 다음이었기 때문이다. 또 우석훈 스스로가, 마치 『이상한 나라의 앨리스』에 나오는 토끼처럼, 서둘러 다른 논의로 향하고 있었다.

골프 동맹군과의 전쟁

우석훈은 대선을 두 달 앞두고 자신이 쓴 단평들을 모아 『명랑이 너희를 자유케 하리라』(생각의나무, 2007)를 출간했다. 아직 투표가 시작되기도 전이었지만, 2007년 대선 결과가 어떨지 모르는 사람은 아무도 없었다. 당선 직후 이라크 파병부터 시작해 대북송금 특검, 탄핵, 한나라당과의 대연정 제안 등 노무현 시대는 정치적 사건만 놓고 봐도 파란만장하기 이를 데 없었다. 그 대미를 장식한 사건이 한미 FTA 추진이었고, 우석훈은 바로 이를 비판하면서 대중의 사랑을 받는 인기 저자로 한 걸음을 내디뎠음을 우리는 앞서 확인한 바 있다.

그러나 우석훈의 심기를 본격적으로 거스른 것은 한미 FTA만이 아니었다. 『아픈 아이들의 세대』에서 서울 시내 대기의 미세먼지 문제를 지적하며 대중서를 쓰기 시작한 우석훈은 곧이어 『도마 위에 오른 밥상』(생각의나무, 2006)을 출간했다. 앞서 우리가 말한 온갖 엘리트 코스를 거친 후, 한국에서 녹색당을 시작하고 뿌리내리게 하겠다는 일념 아래 초록정치연대의 정책실장으로 활동하던 무렵의 일이다. 1968년생으로 이른바 386세대의 막내 격에 해당하는 그는 자신에게 주어진 순탄한 길을 버린 채 가난을 감수하며 지난한 싸움을 해나가고 있었다.

『88만원 세대』 말고 우석훈의 다른 책도 고루 살펴본 독자라면 누구나 쉽게 대답할 수 있을 것이다. 우석훈이 세상에서 가장 싫어하는 것을 딱 하나만 꼽자면, 바로 골프다. 턱없이 넓은 땅을 극소수의 사람들이 독차지하고, 한국 기후에서는 잘 자라지도 않는 잔디밭을 유지하기 위해 물과 농약을 한없이 뿌려대는 스포츠 말이다. 골프는 악의 축이다.

"우리나라의 토건은 바로 이 골프 동맹군의 생태계에서 시작한다."(『디버블링』, 292쪽) "한국의 골프 동맹군은 경제적 상위 1퍼센트와 비경제 권력, 즉 검사나 기자 혹은 장군으로 대표되는 상징적 자본 4퍼센트의 조합으로 볼 수 있을 것이다."(같은 곳) 그런데 "골프 동맹군의 구성은 전통적인 진보, 보수의 기준과는 거의 겹치지 않는다. 진보의 일부가 골프장으로 가거나 친골프장 정책으로 가버렸기 때문이다."(같은 곳)

우석훈은 왜 녹색당에 자신의 한창때를 바쳤을까? 그가 강한 수사를 남발하곤 한다는 점을 감안하고 다음 문장을 읽어보자. "노무현이 골프장으로 달려갈 때, 나는 그 이유가 우리나라에 녹색당이 없기 때문이라고 생각했다. 그래서 한국에서 녹색당을 만들기 위해서 내가 가지고 있던 것을 거의 다 내놓았다."(같은 책, 299쪽) 다시 한 번, 골프가 악의 축이다. 왜냐하면 "한국에서 골프장은 경제 엘리트 네트워크의 핵심이라는 사회문화적인 문제와는 별도로 생태적인 문제와 보건 문제가 걸려 있는 곳"(같은 책, 284쪽)이기 때문이다. 농약과 제초제를 뿌리는 골프장에서 온갖 병에 걸리는 캐디들이, 경제 엘리트 네트워크 구성원들의 온갖 성폭력을 감내해가며 일하고 있다. 드넓은 골프장에서 골프를 치는 이유가 결국 땅에 파인 조그만 구멍에 작은 공을 집어넣기 위해서듯, 다소 과격하게 요약하자면, 우석훈의 수많은 책들은 결국 '골프 동맹군'을 이겨내기 위한 18홀 라운딩인 것이다. 골프채를 쥐고 놓지 않으려 하는 순간, 그는 우석훈의 적이 된다.

골프와 익숙해지면서 이해찬이나 유시민 같은 사람들이 '민중'과 멀어진 것이다. 사실이 그렇지 않은가? 골프장에서 주요한 인사와 만나고 그렇게 접대받으면서, 민중의 문화, 민중의 삶, 그리고 작은 생태계의 목소리가 들리겠는가? 광장, 시장과 뒷골목이 한국의 민중이 숨 쉬고 움직이는 곳이다. 그곳에서 움직이는 한국의 엘리트가 도대체 누가 있는가? 유시민 이해찬, 모두 민주화를 주장하지만, 실제로는 배신자들이다. 골프를 중심으로 본다면 생태계의 배신자들이고, 민중이라는 눈에서 보면 민중적 삶의 배신자들이다.(같은 책, 294쪽)

이 글을 시작하면서 우리는 우석훈을 『이상한 나라의 앨리스』에 나오는, 시계를 들고 서둘러 돌아다니는 토끼에 비유해보았다. 처음에는 토끼가 너무 많은 토끼굴을 들락거리며 시계를 꺼내드는 것처럼 보였지만, 사실은 그렇지 않다. 어디까지나 토끼는 골프장 바깥을 맴돌며 역습의 기회를 노리고 있는 것이다.

골프 동맹으로 흘러가는 돈은 많고, 그 안에는 권력도 많다. 2010년, 대한민국의 거의 모든 것은 청와대나 국회, 아니면 대법원이나《조선일보》편집실에서 결정되는 것이 아니라 바로 골프장에서 결정된다. 그게 한국이 부패한 진짜 이유이고, 선진국이 못 되는 이유이고, 지독할 정도의 반생태적 국가인 이유이고, 다음 세대에게 가야 할 돈이 그들에게 못 가는 진짜 이유일 것이다. 한미 FTA에서 비정규직 도입, 그리고 토건 국가까지, 전부 골프장 동맹체가 사운을 걸고 추진한 일들이다. 그리고 한국의 경제 엘리트들에게도 골프 붐을 만든 사람은 바로 삼성의 이건희 회장이다. 누가 지배하는지, 의사결정의 작동 메커니즘이라는 것이 어떤 건지 너무 뻔하지 않은가?(같은 곳)

하여 우석훈은 단언한다. "이 골프로 집중된 돈과 권력을 분산시키는 것, 그게 지금 우리가 부딪힌 거의 모든 문제의 핵심이다."(같은 곳)

우석훈은 자신의 문제의식을 '골프'라는 키워드로 종합하는데, 이것이 중요한 이유는 크게 세 가지이다. 첫째, 세간의 이해와 달리 그에게 세대론은, 물론 중요한 문제겠지만, 중점 사안이 아니다. 물론 『88만 원 세대』의 성공이 없었다면 자신이 말하는 바 '경제대장정 시리즈'를 기획하고 실현하는 일에도 애로가 많았을 것이다. 하지만 우석훈에게 '88만 원 세대'들은 다른 누구보다 골프장에서 농약을 들이마시며 50대 아저씨들의 성추행을 참아내야 하는 젊은 캐디로 형상화된다. 즉 세대 문제는 골프 문제의 하위 범주에 속하는 것이다.

둘째, 우석훈은 자신이 대적하려는 이들을 '골프 동맹'으로 명명한다. 그런데 자신이 "토무현(토목+노무현—인용자) 시대를 거치면서 야당 인사가 골프 치는 것이 너무 자연스러워졌고, 그렇게 기득권이 되어가고, 그렇게 부패한 것"(같은 책, 293쪽)이라고 지적하는 바와 같이, '골프 동맹'과 정면으로 대립하는 순간 우석훈이 아닌 누구라 할지라도, 정치적 입지가 대단히 좁아지는 사태를 피할 수 없다. 물론 어디에나 예외는 있겠으나, '골프 동맹'과 근본적으로 대립한다면, 제도권 진입은 불가능해진다.

셋째, 우석훈의 문제의식이 '골프'로 함축된다는 것은 그만큼 엘리트들의 생활 및 사고방식에 밀착해 있다는 뜻으로 받아들여질 수 있다. 요컨대 우석훈의 눈높이는 골프를 치지만 안 칠 수도 있는, 그래서 안타까운 사람들에게 맞춰져 있다는 것이다. 다시 한 번 강조하지만 『88만 원 세대』가 만들어낸 착시현상에 갇혀 있으면 이를 간과할 수밖에 없다. 우석훈은 "노무현 정부 때에는 골프 치지 않던 어느 공무원 실무진이 이명박 정부 들어서 골프를 치기 시작해서, 당신 월급으로 골프 치면서 부패하지 않을 길이 있냐고, 막 뭐라고 했던"(같은 책, 288쪽) 사람이다. 골프장을 바라보며 '우리가 이러면 안 되지.'라고 되뇌고 있다는 말이다.

그의 눈높이가 골프장을 드나드는 엘리트에게 맞춰져 있다는 사실을 염두에 두어야, 참여정부 청와대 정책실장을 지낸 "김병준이 조금만 골프를 덜 즐기는 사람이었고 조금만 더 가난한 사람들과 자신의 삶을 나누는 그런 소박한 사람이었다면 한국의 미래는 어땠을까?"(같은 책, 209쪽)라는 질문도 이해할 수 있다. 스스로를 C급 경제학자라고 부르는 우석훈은 자신이 아웃사이더임을 여기저기서 강조하지만, 이른바 '아웃사이더'라는 개념의 반대편에 있는 '인사이더'들은 거의 전부 골프장에 들어와 있는 사람들이라고 해도 과언이 아니다.

2012년 대선을 앞두고 쓴 소설 『모피아』(김영사, 2012)의 캐릭터 구성도 바로 그런 맥락에서 이해할 수 있다. 한국은행 외환운용팀장인 오지환은 이른바 '모피아'와 대립하다 직장을 잃고 대표적인 조세피난처인 케이맨 제도로 휴가를 떠난다. 거기에서 정체를 알 수 없는 여인을 만나고 모피아의 수장인 이현도와도 마주쳤는데 한국에 돌아와 다름 아닌 이현도가 꾸미는 경제 쿠데타 음모를 알아차리고 대한민국의 주권을 지키기 위한 싸움에 돌입한다. 속을 알 수 없는 이현도는 오지환이 청와대 경제특보가 되도록 힘을 써주고, 대통령은 오지환을 신임하여 그를 경제수석으로 임명한다. 자신을 믿어주는 대통령과, 결정적인 순간마다 도움을 주는 미모의 여인, 『모피아』의 주인공은 그 둘을 모두 가진 행복한 관료이자 경제학자인 것이다. 『모피아』에서 '우리 편'은 골프를 치지 않는다.

엘리트들의 엘리트, 책사를 꿈꾼 C급 경제학자

우석훈은 『88만원 세대』의 성공 이후 마치 블로그에 게시물을 올리 듯이 재빠르게 단행본을 써냈다. 이 책들은 나름의 이유와 목적을 지 닌 시리즈로 구성되어 있었고, 우석훈은 잊을 만하면 기존에 냈던 책의 제목을 바꾸어 전체 시리즈 중 어느 지점에 재배치했다. 앞서 말했듯이 『혁명은 이렇게 조용히』는 『88만원 세대』의 애프터서비스에 가까운 책 으로, 우석훈이 펴낸 수많은 저작 가운데 다소 이질적인 느낌을 준다. 생태경제학 시리즈, 한국경제 대안 시리즈 등으로 묶여 나오는 책에서, 우리는 일관된 흐름을 감지해낼 수 있는 것이다.

왜 우석훈은 이토록 많은 책을 펴냈을까? 한국 경제의 문제점을 짚 고 대안을 제시한다는 큰 그림은, 앞서 이야기했듯이, 그가 골프 치는 사람들을 향해 골프장 밖에 서서 목청을 높이고 있다는 사실을 전제할 때 비로소 이해할 수 있다. 골프장 짓는 노무현을 막기 위해 공직에서 물러나 녹색당 운동을 시작했지만, 그럼에도 불구하고 우석훈의 마음 은 아직 관공서에 있다고, 감히 짐작해볼 수 있다. 모피아 일당 중 이른 바 '법률녀'인 남진경의 말을 인용해보자.

저 안에 있을 땐 쳇바퀴 돌듯 잡무나 처리하면서 사는 게 그렇게 싫었는 데, 지금 보니 힘은 결국 저 안에서 나오더군요. 한국, 앞으로도 그럴 것

같아요. 언젠가는 저도 다시 저 안으로 들어가게 되겠죠. 지금 생각해보면 저기도 묘한 매력이 있어요. 한번 몸을 담그면 나올 수가 없어요. 몸만 나오지, 영혼은 언제나 저곳에 있죠.(『모피아』, 131쪽)

　물론 등장인물, 그것도 조연급 등장인물이 하는 말에 너무 큰 의미를 부여해서는 안 되겠지만, 애초에 나라를 위해 싸우는 관료의 영웅적 활약상을 담은 소설임을 염두에 두고 본다면 저 대사는 결코 가볍지 않다. "한국에서 학자가 되기를 원했던 사람 중에서 다산 정약용을 한 번쯤 가슴에 품어보지 않은 사람은 아마 없을 것"(『디버블링』, 32쪽)이라는 말을 함께 놓고 보면 더욱 그렇다. 경제학은 결국 현실에 어떻게든 개입하기 위한 학문이라는 점과 더불어, 학자와 관리의 경계가 희미했던 조선의 전통을 염두에 둘 필요도 있겠다. 아무튼 우석훈의 마음은 아직 '저곳'을 떠나지 않았으므로, '저곳'의, 어쩌면 골프장의, '바깥'에서 책을 쓰는 것이다.

　여기에 본질적으로 넘기 힘든 갈등이 있다. 우석훈은 정열적으로 책을 써서 자기 이론의 근간인 생태경제학을 서술하고, 한국 경제가 나아가야 할 대안을 논했다. 내용이 들쑥날쑥할 때가 많고, 저자가 흥에 겨워 원고를 작성하는 탓에 내용과는 별 상관 없어 보이는 소설, 영화, 음악 등의 인용문이 끝없이 삽입되지만, 아무튼 우석훈이 쓴 경제에 대한 책들은 모두 일종의 정책 제안 내지는 포트폴리오라고 이해할 수 있다.

　박권일과 함께 쓴 『샌드위치 위기론은 허구다』(개마고원, 2007)를 나중에 『조직의 재발견』(개마고원, 2008)이라는 제목으로 다시 출간했는데 특히 이 책을 펼쳐보면 맥락이 확연히 드러난다. 『샌드위치 위기론은 허구다』에는 우석훈의 직장 상사였던 이계안 전 의원의 추천사가 들어 있는데, 이계안은 많은 독자들 가운데 우리나라 대표 기업의 임직원들이 이 책을 읽었으면 한다고 말한다. 책 자체의 예상 독자가 그렇게 설정되어 있는 것이다.

> 삼성전자를 장악한 대한민국의 귀공자들을 엘리트라고 할 수 있는가? 전통적으로 엘리트에 대한 국제적 기준은 일주일에 책 두 권을 읽는 사람들이다. 월급쟁이 출신으로 현대자동차의 CEO가 되었던 이계안 전 현대캐피탈/현대카드 회장을 비롯해 한국 경제 '영광의 30년'을 이끌던 많은 과장이나 부장들 역시 전공서적을 포함하여 일주일에 두 권씩의 책을 읽었고, 이 기준은 지금 일본을 이끄는 엘리트 그룹은 물론 하다못해 맨해튼의 증권쟁이들에게도 그대로 적용된다.(『샌드위치 위기론은 허구다』, 307쪽)

그러므로 인용한 글을 읽고, '엘리트에 대한 국제 기준이 일주일에 책 두 권이라니, 대체 그런 기준은 어디서 나온 것인가?'라고 따지기 시작하면 이는 저자의 의도와 전혀 상관없는 독해라 할 수 있다. 한국의 엘리트들에게 '책 좀 읽자'고 한소리 하는 것이 화자의 목적이기 때문이다. 그런 국제 기준은 우석훈이 다른 데서 전해들은 얘기이거나, 심지어 방금 머릿속에 떠오른 것일 수도 있다. 중요한 것은, 우석훈이 '엘리트들이여, 책을 읽어서 제 몫을 하라'고 말하고 있다는 사실 자체다. 2012년 대선이 눈앞에 다가오기 전까지, 우석훈은 비주류지만 '엘리트의 엘리트'로서 자신의 역할을 수행하려 한 것이다.

일종의 '책사'가 되고 싶은 욕망이라고 표현할 수도 있다. 맥락을 놓고 본다면 『88만원 세대』와 『혁명은 이렇게 조용히』를 읽은 일부 젊은 독자들이 '우석훈은 우리에게 꼰대질을 한다.'고 했던 말이 다소 부당하게 느껴진다. 물론 결과적으로 그렇게 느낄 수도 있지만 우석훈은 백두대간의 높은 산 중턱에 산장을 치고 앉아 등산객에게 길을 가르쳐주는 늙은이 같은 역할을 염두에 두고 있었다. 청년들에게 힌트를 주고, 길을 다 가르쳐주지는 않아도 스스로 찾아갈 수 있게 해주는 역할. 즉 넓은 의미에서 볼 때, 다른 차원의 '책사' 놀음이었다고 할 수 있다.

심지어 그는 북한을 상대로도 책사 역할을 수행하고자 한다. "이처럼 북한에 열려 있는 두 시나리오라 할 스위스형과 베트남형 가운데 장기적으로 특정 국가의 위성경제가 되지 않고 독립적인 국민경제로 전환될 수 있는 가능성은 스위스형 발전 모델에 있다."(142쪽)고 감히 제안할 때, 우리는 그의 약동하는 책사 본능을 만끽할 수 있다. 북한에 권한 스위스 모델을 심지어 남한에도 추천한다는 점을 놓고 보면 더욱 그렇다. "스위스는 한국과 대단히 비슷한 구조를 가지고 있"다며, "이렇다 할 지하자원이나 에너지 자원 따위가 거의 없다는 점도, 또 국토의 70퍼센트 정도가 산이라서 '있는 건 사람밖에 없다.'는 한국 교과서와 스위스 교과서의 첫 머리도 거의 비슷"(『괴물의 탄생』, 206쪽)하다는 조언을 우리는 적당히 가려서 진지하게 들어야 한다. 필자는 우석훈이 말하는 경제 모델 분석을 두고 왈가왈부할 지식을 가지고 있지는 않다. 하지만 전작들을 놓고 보건대, 그가 국민국가 단위의 경제 운영에 대해 정책 조언을 하는 관료가 되고 싶어 한다는 사실만은 분명해 보인다.

이를 단순한 권력욕으로 치부할 수는 없다. 남의 위에 서고 싶어 하는 게 아니라, 수십만 명 단위의 타인의 삶에 영향을 주고 싶다는 얘기니까. 굳이 말하자면 '제갈공명 콤플렉스'랄까, 세상의 모든 일을 알고, 거기에 적절히 조언해줄 수 있는 사람. 『모피아』의 오지환은 통일 시대를 열고 "한국의 대통령과 북한의 장군이 전적으로 신뢰하는 몇 안 되는 사람 중 하나"(『모피아』, 335쪽)가 된다. "대한민국 국민 모두가 아는 경제학자"이며 "한국 사람들은 그가 하는 말이면 팥으로 메주를 쑨다고 해도 믿"(같은 책, 336쪽)는 경제학자가 되는 것이다. 우석훈은 파리에서 공부했고 유럽에서 오래 생활했지만, 이 이상형만은 철저히 유교적이다.

문제는 우석훈이라는 사람의 위치가 결코 '내부'가 아니라는 데 있다. 아무리 많은 책을 쓰고 열심히 강연을 하며 돌아다닌다 한들, '필드' 안에서 볼 때 우석훈은 그저 바삐 돌아다니며 고장난 시계를 열어보는 한 마리 토끼에 지나지 않는다. 요컨대 내부자들의 눈으로 볼 때 우석훈은, 책사가 되고 싶어 하지만 누구도 써주지 않는, 그래서 대중들을 상대로 강의하고 심지어 소설까지 써서 자신의 욕망을 대리 실현하는 왠지 처량해진 인사일 가능성이 크다. 어쩌면 그는 자신을 광대라고 생각할지도 모르겠다.

한편 우석훈은 자신의 책사 본능을 십분 발휘하여 청년들에게 이런저런 조언을 하고, 자신의 영향력이 닿는 한 다양한 판을 벌여놓으려 노력했다. 하지만 적어도 지금까지, 당시 20대들의 우석훈 평가를 종합해보면, 다들 너무 쉽게 '꼰대'라는 표현을 쓰고야 만다는 인상을 지울 수 없다. 물론 평가는 개인의 몫이며 타인이 왈가왈부할 수야 없다. 하지만 우석훈을 오직 '20대에게 짱돌 들라고 말하는 꼰대'라고만 말한다면 스스로 코끼리를 더듬은 장님임을 고백하는 꼴이 되고 만다. 우석훈은

20대뿐 아니라 386에게도, 꼰대질이라면 꼰대질일 수 있는 일련의 발화를 계속하고 있기 때문이다.

2012년 대선이 가까워지면서 그나마도 불가능해졌다. 박근혜가 대통령이 되는 현실을 참을 수 없다고 생각한 그는 '야권 단일후보'라는 깃발 아래 모여든 수많은 이들 중 하나가 되었다. 자신이 그토록 비판하던 골프 동맹 세력이 다시 뭉쳐서, 헤드를 떼어낸 골프채를 깃대로 삼고 있음이 명백해 보였음에도, C급 정치학자 우석훈은 D급 정치라도 일단 자신이 지지할 수 있는 무언가가 필요했던 것이다.

'우리'가 이겼다면 달라졌을까

> 이것으로 제 강의는 대략 마무리된 것 같습니다. 더불어 한국경제 대안시리즈라는 이 네 권짜리 책을 마치면서, 제가 여러분들께 부탁하고 싶은 딱 한 가지는 제발이지 "부자 되세요!"라는 인사는 하지 마셨으면 한다는 것입니다. 한국 경제는, 설날 덕담으로 "부자 되세요!"라고 말하던 바로 그 1990년대 후반에서 2000년대 초반의 어느 순간부터 붕괴하기 시작했습니다. 우리가 망하기 시작한 바로 그 사건으로 거슬러 올라가 새로운 길을 찾는 것, 그것은 여러분들이 "부자 되세요!"라고 말하지 않는 것과 같습니다. (『나와 너의 사회과학』, 273쪽)

IMF 외환위기는 모든 것을 바꿔놓았다. 기업들이 짊어지고 있던 터무니없이 많은 부채가, 경기 진작이라는 명분하에 개인들의 어깨 위로 신용카드를 타고 내려앉았다. 주가가 뛰고 아파트 값이 춤을 추며 분양가 상한제도 폐지되었다. 민주화 투쟁을 끝내기 위해 뽑은 '우리들의 대통령' 노무현은 도무지 종잡을 수 없는 정치적 싸움을 벌이며 영향력을 탕진해가고 있었다. 경제가 정치를 잠식해 들어오는 것은 너무도 당연한 일이었다. 사람들은 새해 복 많이 받으라고 하지 않고, 언젠가부터 서로 부자 되시라고 덕담을 주고받았다. 이제는 일말의 부끄러움도 머쓱함도 없어져버렸다.

자연스럽게, 경제학 박사 학위를 가졌고 기업과 정부 조직을 두루 거쳤으며 심지어 외교 협상 테이블에도 앉아본 경험이 있는 누군가 불현듯 '운동권'의 시야에 들어왔다. 다른 논객들은 그런 요구를 충족시켜줄 수 없었고, 경제학을 전공하거나 관련 분야에 경험이 있는 이들은 우석훈처럼 대담한 필치로 세상만사를 재단할 배짱이 없었기 때문이다. 아픈 아이들과 병든 밥상을 걱정하던 그는, 한미 FTA라는 수레바퀴 앞에서 용감한 사마귀처럼 한 권의 책을 빼들었다. 뒤이어 윗세대들의 등쌀에 밀려 말라죽어가는 젊은이들을 위해 목청을 드높이면서, 꺼져가고 있던 논객시대의 마지막 불꽃을 살리는 주인공으로 거듭났다.

정치가 무너진 시대, 혹은 경제가 정치를 압도한 시대. 어떻게 불러도 상관없다. 중요한 것은, 이로 인해 '재야'로 내려온 경제학자가 현실에 영향을 미칠 수 있는 길도 함께 흐려지고 사라져갔다는 데 있다. 2012년 대선에서 설령 문재인이 승리를 거뒀다 하더라도 우석훈은 이른바 민주정부 인사들이 골프장에 가는 사태를 막을 수 없었을 것이다. 하지만 그것을 알면서도 트위터와 팟캐스트를 비롯한 여러 경로를 통해, 시민들의 눈높이에 맞춰가며, 경제를 이야기했다. 올바른 정치가 살아나면 올바른 경제도 돌아올 수 있다는 믿음을 잃지 않았거나, 잃지 않는 척이라도 해야 했을 터이다.

그리고 대선이 끝났다. 아직 부동산 거품의 뇌관은 터지지 않았다. 전세 값만 하늘 높은 줄 모르고 치솟는 중이다. 디버블링은 시작되지도 않았는데, 정작 박근혜의 높은 지지율은 떨어질 줄을 모른다. 이 모든 허무한 현실을 눈앞에 둔 우석훈이 DSLR을 구입해 고양이들의 사진을 찍기 시작한 것은 어쩌면 당연한 일인지도 모르겠다. 『아날로그 사랑법』에서 그는 『FTA 한 스푼, 그리고 질문 하나』(레디앙, 2012)에 대해 설명을 늘어놓는다. "처음 책을 쓰기 시작할 때에는 총선과 대선 사이에 국회에서 할 수 있는 조치들을 디자인하면서 작업을 시작했는데…… 총선에 진 이후로는 대선 과정에서도 한미 FTA는 필요 없는 논의가 되어 버렸다. 그거야 내 힘으로 어쩔 수 없는 거고. 그렇다고 입을 다물 수는 없지 않은가."(『아날로그 사랑법』, 70쪽)

골프장에서 똘똘 뭉쳐 엘리트들이 자신들만의 폐쇄계를 이미 단단히 굳혀버린 후에도, 우석훈은 빠른 속도로 책을 써서 마구 집어던지며 '꼰대질'을 하려고 든다. 불행히도 그걸 맞고 아파하는 이들은 원래 아픈 청춘들뿐인 듯하다. '인사이더'들이 보기에 어쩌면 이 모든 것은 부질없는 광대놀음인지도 모른다. 범위를 얼마나 넓게 잡건 간에 '우리'는 패배했다.

하지만 그 폭넓은 '우리'가 설령 이겼더라도, 우석훈이나 당신과 나 같은 사람들이 바라는 진정한 승리는 아니었을 것 같다. '우리는 지는 법이 없다.'고 우석훈은 입버릇처럼 되뇌이며, 심지어 노무현을 쏙 빼닮은 『모피아』의 대통령도 같은 말을 하지만, 10여 년 전 지는 법이 없는

'우리'들을 대표한다고 나섰던 그들은, 지금도 어느 한적한 필드 위에서 농약과 제초제를 가르며 퍼팅을 하고 있다. 이런 현실을 인정하지 않으면 극복할 수도 없을 것이다.

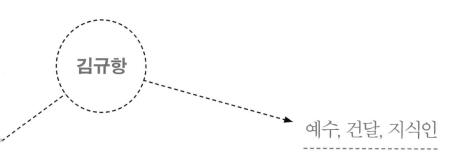

김규항

예수, 건달, 지식인

영화를 공부해야 하는 시대가 낳은 논객

　베를린 장벽이 무너지고, 구소련이 해체되고, 다시 말해 '현실 사회주의'가 몰락했을 때, 거대한 역사의 서사를 잃어버린 80년대 운동권들은 방황하기 시작했다. 냉전의 끝은, 비록 김영삼과 김대중 두 사람이 독자 출마를 감행하면서 정권교체로 이어지지는 않았지만, 아무튼 군사 독재 시절의 느린 결말을 의미하기도 했다. 노태우 정권은 '물태우'라는 조롱을 받는 지경에 이르렀고, 대통령 직선제를 쟁취하기 위해 한시적으로 손 잡았던 세력들은 제 갈 길을 찾아 바삐 떠나야 하는 상황이었다. '정치'의 문제가 해결, 혹은 적어도 일단락된 시점에, 이제 무슨 운동을 어떻게 할 것인가?

　헤겔이 말한 '이성의 간계'가 이끄는 역사의 서사는 멈추거나 완성된 섯처럼, 아무튼 젊은이의 심장을 뛰게 하지는 못하는 것처럼 보였지만,

인간이 만든 서사는 그렇지 않았다. 1980년대 말에서 1990년대 초에 이르는 시대가 그렇다. 1987년 대통령 직선제를 이루고 나니, 1988년 서울 올림픽이 열렸고, 같은 해 마이클 더글러스 주연의 「위험한 관계」가 개봉했다. 「위험한 관계」는, 외화는 무조건 한국 영화사를 통해 수입되어야 했던 관례를 깨고 미국 영화사를 통해 국내에 직접 배급되었다. 이것을 줄여서 '직배'라고 하며, 1988년부터 바야흐로 국내 영화계에 직배 시대가 열렸다. 바로 1986년 맺어진 한미 무역협정의 결과였다.

역사의 거대한 서사가 펼쳐지는 무대는 막을 내렸거나, 적어도 이전처럼 세계사적인 장엄한 광경을 펼쳐 보이지는 않게 되었다. 반면 거리로 쏟아져 나왔던 수많은 군중들은 제 발로 어두컴컴한 극장에 들어갔는데, 미국에서 직접 수입된 영화가 상영되고 있었다. 해외여행이 자유화되고 VHS를 비롯한 미디어 기술이 발전하면서 다양한 경로로 이전에는 접할 수 없었던 창작물들이 숨어들어왔다.

그러므로 80년대 운동권들이 직면해야 했던 '현실'은 이랬다. 민주화를 이루고 나자 두 명의 야권 지도자가 분열해서 노태우에게 정권을 내주었는데, 국민들은 이런 현실에 분노하고 맞서기는커녕 종로 3가 서울 극장에서 「사랑과 영혼」을 보며 데미 무어와 패트릭 스웨이지의 안타까운 사연에 훌쩍이며 부질없이 손수건만 적시고 나올 뿐이었다. 여전히 조국은 분단되어 있었고, 공산주의가 실패한 만큼 자본주의의 위세는 더욱 거세질 수밖에 없는 상황이었지만, 정작 '민중'은 소비 지향적이고 향락적인 외국, 특히 미국의 '문화'에 눈이 돌아가 버린 상태였다.

'문화'와 '운동'이 만날 수 있는, 아니 만나야 하는 상황은 바로 이렇게 만들어졌다. 민중들을 '문화'로부터 다시 찾아올 수 없다면, 적어도

'문화' 속에 지금까지의 '역사'를 어떻게든 새겨 넣어야 할 것이다. 그러 자면 문화, 그중에서도 특히 대중적 파급력이 무지막지한 영화에 대해 뭔가 알긴 알아야 한다. 알아야 가르칠 수 있고 올바른 영화도 만들 수 있고 대통령 직선제를 얻어낸 후 못다 이룬 민주화의 과제도 성취할 수 있지 않겠는가.

대중문화에 대한 수요가 폭발적으로 증가했으나 공급은 제한되었고, 이전까지는 마르크스주의와 혁명을 연구했던 젊은 두뇌들은 졸지에 할 일이 없어진 상황이었다. 1987년 민주화 투쟁 이후 1989년 노동자 대투 쟁으로 인해, 기존의 중산층을 넘어서 수많은 이들이 임금 상승을 경 험하고 일부는 내집 마련의 꿈을 이루기도 했다. 3저 호황으로 인해 경 기는 순풍을 탔고 개인의 차원을 넘어 대한민국이라는 나라 전체에, 생 산을 위한 기계 부품이 아니라 소비를 위한 영화 필름과 음반들의 마스 터테이프를 수입할 수 있을 만한 경제력이 생겼다. 그리고 '운동권'들은 영화와 혁명의 관계를 고민하기 시작했다.

영화라는 매체 자체를 이해하기 위해서라도 '봐야만 하는 영화'의 목 록은 늘어만 갔다. 즉 제대로 소비하기 위해서라도 영화는 '공부'해야 하는 대상이 되었던 것이다. 하물며 마르크스와 레닌으로도 하기 힘들 었던 혁명을 타르콥스키와 에이젠슈타인으로 하려 했던 운동권들에게 는 더욱 심각한 문제였다. 영화를 배워야 할 필요성이 커진 만큼, 영화 에 대해 이야기할 수 있는 지면 또한 절실해졌다. 당신들이 보는 영화가 단지 오락물이 아니라 혁명의 메시지가 숨겨진 매체라는 사실을 이야 기할 수 있는 지면이 필요해졌다는 말이다.

이러한 수요에 부응하는 움직임이 본격화된 것이 1995년이다. 그해 5월 월간지《키노》가 창간되었다. 그보다 한 달 빨리, 당시 한겨레신문사에서 발행하던《씨네21》이 창간되었고, 당시 두각을 나타내던 여성주의자이자 언론인이었던 조선희가 편집장을 맡았다. 물론 당시에도 인터넷이라는 것이 있었지만 한국에서 본격적으로 활성화되지는 않았다. 마침내 가장 뜨거웠던 문화 영역인 영화를 주제로 삼되, 비단 영화에만 머물지 않고 문화 전반을 다루는 주간지가 나타나면서 문화를 매개로 한 담론의 장이 만개했다.

이런 흐름의 중심에《씨네21》, 그중에서도 맨 마지막 페이지를 장식하던 '유토피아 디스토피아'라는, 몇 사람의 필자가 돌아가면서 칼럼을 쓰는 코너가 있었다. 영화지의 기명 칼럼이되, 반드시 영화 이야기를 하지 않아도 되는 묘한 해방구에서, 김규항이라는 필자가 탄생했다.

> (《씨네21》은) 영화를 중심으로 만들긴 했지만 당시 이삼십대 인텔리들에게 가장 저명한 사회 문화지가 되었어요. '유토피아 디스토피아'라는 꼭지는《씨네21》의 편집 방향에 부합해서 만들어졌다기보다는 조선희라는 사람과《한겨레》의 인문주의를 반영한 흔적 같은 거라고 말할 수 있습니다. 필자도 고종석, 정과리, 복거일 같은 주로 사오십대 인문주의자들이었고요. 하여튼 그런 특이한 지면이었는데 내가 참여하면서 좀 달라진 것 같아요.(『가장 왼쪽에서 가장 오른쪽까지』, 알마, 2010, 89쪽)

이전까지 특별히 글을 써본 경험이 없었고, 그저 "조선희 씨 만나기 몇 달 전에《이매진》이라는 주인석 씨가 만드는 잡지에 '땜빵' 원고를 한 번 쓴 적이 있었"(같은 책, 90쪽)을 뿐인 김규항은, 이렇게 1998년 당시 가장 '핫'했던 매체의 지면에 신데렐라처럼 등장했다. 이전까지는 주로 번역 일을 하다가 IMF로 인해 잡지에서 주는 일거리를 잃고 생계가 곤란해졌던 김규항은 앞뒤 안 가리고 익숙지 않은 칼럼 쓰기의 세계로 뛰어들었다. 유시민이 쓴 『97 대선 게임의 법칙』의 비관적 전망을 강준만의 『김대중 죽이기』가 이겨냈지만, IMF 구제금융 이후 온 나라가 뒤통수를 얻어맞은 듯한 충격에서 벗어나지 못하고 있었다. 강준만이 주도하는 『인물과 사상』이 선풍적인 인기를 끌고 있었으며, 진중권이 『네 무덤에 침을 뱉으마』의 원고가 되는 글을 다양한 지면에 던지고 있던 바로 그 시절이었다.

지식인을 비판하는 건달

이런저런 강연록, 소소한 원고들을 모아서 내는 공저 등을 빼고 나면, 김규항의 저서라 할 만한 책은 다섯 권이다. 《씨네21》의 '유토피아 디스토피아'에 연재했던 원고를 모아 묶은 『B급 좌파』(야간비행, 2001), 이후 다양한 곳에 실은 칼럼 등을 모아 묶은 『나는 왜 불온한가』(돌베개, 2005), 예수라는 한 사내의 혁명적 인생과 사상을 묵상하는 책 『예수전』(돌베개, 2009), 전문 인터뷰어 지승호와의 대화를 엮은 『가장 왼쪽에서 가장 아래쪽까지』, 그리고 다시 한 번 칼럼과 짧은 글을 모은 『B급 좌파: 세 번째 이야기』(리더스하우스, 2010) 등이다.

마가복음의 본문에 코멘트를 다는 형식의 『예수전』과, 인터뷰 형식으로 구술된 『가장 왼쪽에서 가장 아래쪽까지』를 빼고 나면, 나머지 세 권의 책은 모두 칼럼 모음집이다. 앞서 말했던 《씨네21》과 《한겨레》 및 진보 매체에 실은 글, 이외에 본인의 블로그(gyuhang.net)나 강연 등에서 한 발언을 정리해서, 대체로 시간 순서에 따라 엮어서 책을 낸 것이다. 그러므로 우리는 김규항이 쓴 첫 번째 칼럼부터, 책으로 묶어서 낸 마지막 칼럼까지 모두 살펴볼 수 있다.

첫 번째 칼럼부터 살펴보자. 「지식인들, 록을 고르다」(1998년 4월)의 첫 문장은 다음과 같다. "한국 지식인들이 록에 열중하고 있다." 첫 문장을 인용한 김에, 첫 문단까지 계속 읽어보자.

> 노래라곤 「광야에서」나 「아침이슬」밖에 모르던 사람들이 록을 듣는다. 한국 지식인들을 대변한다는 한겨레신문사는 '신중현 헌정 공연'을 주최했다. 한국 지식인 사회에서 록은 지적이고 저항적인 음악으로, 쓸 만한 예술양식으로 여겨지는 분위기가 만들어지고 있다.(『B급 좌파』, 15쪽)

이 첫 문단에서 고스란히 드러나는 몇 가지 사항들이 김규항의 10년 넘는 글쓰기 역사에서 그대로 이어진다. 첫째, 김규항은 지식인, 그중에서도 '한국 지식인'을 비판 대상 혹은 화두로 삼는다. 둘째, 김규항의 문제의식은 '민중가요만 듣다가 갑자기 록을 듣는', 아니 '공부하는' 지식인들의 태도와 행태를 비판하는 쪽에 맞춰져 있다. 셋째, 이렇듯 '민중의 유희'를 '지식인의 저항'에 억지로 접목하는 행태는, 진보 언론 등이 상업화·산업화하고 있다. 물론 김규항은 여기에도 비판적이다.

앞서 우리가 다소 긴 지면을 할애해서 살펴본, 80년대 말부터 시작된 정치와 문화의 대격변을 다시 한 번 상기해보자. 김규항은 격변의 중심에 서려는 것이 아니라 이런 변화를 주도하는 이들을 향해 화살을 겨누고 있다. 원래 대중들의 것이었던 록 음악을 억지춘향 격으로 자신들의 싸구려 운동권 논리에 갖다 맞추면서, "실제 대중예술이나 대중과는 아무런 관계가 없는 것으로, 지식인이 쓰고 역시 지식인들이 읽기 위해 만들어낸 대중예술의 해적판 같은 것"(같은 책, 17쪽)이나 만들어내는 "사회풍 대중음악 평론"이라는 "아이디어 상품"(같은 책, 16쪽)을 만들어 파는 누군가, 혹은 어떤 사람들이 도마에 올라 있는 것이다.

여기서 그들의 실명을 밝히지 않았다고 해서, 무리하게 '실명비판이 아니다.'라고 볼멘소리를 할 필요는 없다. 왜냐하면 이 글이 지면에 실렸던 1998년 무렵만 해도, 굳이 이름을 밝히지 않아도 맥락을 알고 있는 독자들은 상대가 누구인지 다 알 수 있었기 때문이다.(불행히도 필자는 잘 모르겠지만.) 아무튼 김규항은 이른바 새로운 영역을 개척한 이들을 향해 이렇게 일갈한다. "논리적인 근거나 타당성 없이는 행동하지 않는 것을 미덕으로 생각하는 지식인들이, 익숙하지 않은 대중예술을 수용하기 위해서는 평론과 연구라는 고유의 해석판이 필요"할 것이나, "그것이 진짜로 대중을 선도하거나 아주 조금이라도 연관되어 있다는 기대는 버"(같은 책, 18쪽)리라고 말이다.

이후 꾸준히 칼럼을 쓰면서 정련된 김규항의 명징하고도 울림이 깊은 단문과 달리, 이 첫 작품의 호흡은 길고 불규칙하며 잠언을 떠올리게 하는 구절이 박혀 있지도 않다. 하지만 앞서 말했듯 이 짧은 글 속에는 김규항이라는 필자가, '지식인들의 문화운동'의 거점 노릇을 하기도 했던 《씨네21》에서, 기존의 명성과 글쓰기 경험 없이도 빠르게 독자를 확보하고 명성을 쌓아갈 수 있었던 요인 중 하나가 굵게 아로새겨져 있다. '지식인 비판', 특히 문화예술계의 지식인들을 비판하고, 그들이 '진짜 문화'를 이해하지도 즐기지도 못한다는 사실을 폭로하는 것 말이다. 비판적 지식인을 비판하고, 평론가를 논평하는 김규항의 복층 입지는 이렇게 다져지기 시작했다.

픽션이라고 해서 반드시 사실이 아닌 허구만을 담아야 하는 것은 아니다. 반대로, 논픽션이라고 해서 캐릭터와 서사가 없다고 말할 수도 없다. 김규항이라는, 10년 넘게 논픽션의 일부인 칼럼을 써온 논객 역시 모종의 방식으로 자신의 캐릭터를 만들어갔다. 앞서 말했듯이 그의 칼럼들이 단행본으로 잘 편집되어 있는 덕에 우리는 내용을 구체적으로 짚어볼 수 있다.

'김규항'은 지식인을 비판하는 '건달'이다. 이렇게 적어놓고 보니, 나 자신의 일도 아니지만 어딘가 머쓱한 느낌이 드는데, 실제로 김규항은 스스로를 3인칭으로 "건달"이라 칭하기도 했다. 2000년 12월 《씨네21》에 실린 칼럼인 「건달의 2백자평」에서 우리는 이를 확인할 수 있다. 그는 자신의 영화 취향을 다음과 같이 설명한다. "건달은 자발적으로 극장에 가는 일이 거의 없고(늘 뒤늦게 비디오로 보고) 꼭 봐야 할 영화를 빠트리기 일쑤(올해의 예로는 「JSA」)이나, 영화는 물론 모든 예술 작품 평가에 객관성이나 권위 따위는 처음부터 인정하지 않는 나름의 고집도 있다."(같은 책, 257쪽)

이 칼럼에 등장하는 '건달'이 필자 김규항 본인을 지칭하는, 이른바 '오너캐'(만화가가 자신의 모습을 그려 작품에 등장시키는 캐릭터. 가령 『먼 나라 이웃 나라」에서 빵모자를 쓰고 설명하는 캐릭터는 작가 이원복의 '오너캐'라고 할 수 있다)임을 어떻게 확인할 수 있을까? 일단 이 '건달'은 지식인을 꼭 김규항처럼 싫어한다. 영화 「박하사탕」에 대한, "모범생 출신들에게 벅찬 감동을 줄 만한 지점이 세상의 쓴맛을 조금이나마 보아온 건달에겐 피할 수 없는 거북함으로 다가왔다."(같은 곳) 같은 서술 등이 그렇다. 둘째, '건달'은 다른 칼럼에 등장하는 김규항처럼, 이른바 '딸바보'이다. "건달의 딸이 그 애니메이션들의 비디오 출시를 기다릴 수 없다는 견해"를 보였기 때문에, "자발적으로 극장에 가는 일이 거의 없는 건달"도 "애니메이션들만큼은 모조리 극장에서"(260쪽) 보았다.

이렇듯 김규항이 자신의 칼럼을 통해 그려내는 김규항은, 딸을 사랑하고 지식인을 혐오하는 건달이다. 자발적으로 가지 않는 극장을 향해 기꺼이 발걸음을 옮길 만큼 딸을 사랑하고, "밥 대신 맥주를 먹기로 하고 골뱅이 집에 들어"가, "일 이야기에 간간이 '깃발 꼽는 지식인들'을 안주(참으로 질긴 안주)삼아 네댓 시간을 보"(같은 책, 69쪽)낼 수 있을 만큼 지식인을 미워하는 건달이 바로 김규항인 것이다. 자녀를 위해 담배도 끊고 야근도 마다하지 않는 거야 대한민국 아버지의 기본인지라, 우리는 전자는 별다른 이의 없이 받아들일 수 있지만, 대체 왜 다섯 시간씩 욕을 할 만큼 지식인을 미워하는지는 다소 의아할 수 있는데, 이에 대해서는 천천히 알아보기로 하자. 아무튼 김규항은 딸을 사랑하고 지식인을 미워하는 건달이다.

그렇게 자신의 '캐릭터'를 잡고 난 후에 김규항은 수많은 주제들과 좌충우돌해왔다. 가장 사랑하는 장르는 록 음악이지만, 그는 영화평론에서도 한결같이 '평론가'들을 비판하는 '건달'의 입장에서 발언했다.

하지만 1998년 글쓰기를 시작하기 전과 똑같은 '건달'일 수는 없었고, 이런 사실을 김규항 자신도 잘 알고 있다. 『B급 좌파』의 머리말을 통해 우리는 이를 확인할 수 있다.

> 이를테면, 1997년 「랜드 앤 프리덤」을 처음 봤을 때 나는 그 영화가 낡은 이야기라 생각했다. 한때는 저런 걸 보면서 피가 끓었었지, 하며 쓰게 웃었는지도 모르겠다. 99년 그 영화를 다시 봤을 때 나는 피가 끓었다. 97년과 99년 사이에 내 정신이 변화했고 그 변화의 중심에 98년 시작한 글쓰기가 있었다. 내 삶에 글쓰기라는 불의의 습격이 없었다면 나는 「랜드 앤 프리덤」 따위 신념에 가득 찬 영화는 아예 거들떠보려 들지도 않는 사람이 되었을 것이다.(같은 책, 7쪽)

대단히 뒤틀린 성격의 소유자가 아닌 한, 김규항이 자신의 딸과 아들을 사랑한다는 사실까지 의심할 필요는 없고 이를 확인할 방법도 없다. 즉 '자녀를 사랑하는 아버지'라는 캐릭터는, 대부분의 부모가 그러하듯이 자연스럽게 도출되는 결론이다. 하지만 '건달'은 다르다. "「랜드 앤 프리덤」 따위 신념에 가득 찬 영화"를 아예 거들떠보려 하지도 않았을, 말하자면 1997년 이전의 '원조 건달' 김규항과, 그걸 보면 피가 끓지만, 바로 그런 취향의 영화에 온갖 '평론'을 갖다 붙이면서 혁명의 서사를 이어가려는 비평가들에게 새된 비판을 퍼붓는 '건달 캐릭터' 김규항 사이에는 모종의 간극이 존재할 수밖에 없다는 것이다.

전자가 생래적이라면 후자는 구성적이다. '지식인을 비판하는 지식인'이라는 애매한 입지를 확고히 하기 위해 김규항은 "건달"이 되어야만

했다. 《씨네21》에 첫 칼럼을 보낸 후 자신의 원고에 대한 반응을 "전혀 예상할 수 없었"지만, "반응이 좋다"는 말을 듣고 기분이 좋아졌다고 한다.(『가장 왼쪽에서 가장 아래쪽까지』, 91쪽) 첫 번째 원고의 반응이 좋지 않았다면 김규항의 글쓰기가 과연 어떻게 되었을지, 출간된 그의 책만을 손에 들고 있는 우리는 예측하기 어렵다. 하지만 반응이 좋았고, 김규항 자신도 만족했다. 1997년과는 다른, 1998년 이후의 '건달'이 눈을 뜨는 순간이었다.

배운 건달이라는 딜레마

모든 자연인이 그렇듯, 또한 모든 캐릭터가 그러하듯, 김규항의 '건달' 또한 나름의 모순을 안고 있다. 비판하는 차원에서 하는 말이 아니다. 내적 모순을 안고 있지 않다면 인간, 혹은 인간의 형태를 지닌 어떤 존재일 수가 없다. 바로 이런 균열, 서로 화해할 수 없는 요소가 만나는 지점에 캐릭터 혹은 인격의 본질이 숨어 있는 것이다.

김규항이 자신의 페르소나로 삼는 '건달'은, 다른 '먹물'들에 비해 세상의 쓴맛을 좀 더 본 남자지만, 몇 가지 의외의 측면이 숨어 있다. 일단 그는 다른 '먹물'들이 대중들과 소통되지 않는 언어를 사용한다고 비판하는 것을 본령으로 삼고 있지만, 자신도 '구사대'라는 운동권 용어를 사용했다가 독자들의 끝없는 질문 세례를 받고 해명 칼럼을 쓴 바 있다. 「교양」(《씨네21》 1998년 9월)과 「교양2」(《씨네21》 1998년 12월)인데, 단행본 『B급 좌파』를 통해 내용을 확인할 수 있다. 김규항의 고백을 들어보자.

「교양」은 집으로 돌아가는 버스에서 라디오를 듣던 내가 '구사대'가 무슨 말인지조차 모르는 라디오 프로그램 진행자에게 놀라 쓴 글이었다. 나는 '구사대'를 모르는 30대 여자 코미디언과 40대 남자 가수 진행자의 교양을 가련하다 했다. 그러나 독자들 가운데는 '구사대'를 모르는 이가 적지 않았다. 나는《씨네21》의 20대 독자들이 '구사대'가 창궐하던 시대에 10대였음을 잊고 있었다.(『B급 좌파』 73쪽)

여기서 그는 20대 독자들이 한때 10대였음을 "잊고 있었다"고 말하지만, 정확한 표현이라고 말하기는 어려울 것 같다. 1998년 당시 20대였던, 그러므로 구사대가 한창 활개 치던 때 10대였던 독자들은, 김규항이 '건달'을 내세워 하려는 이야기의 예상 독자군에 애시당초 속하지 않기 때문이다. 지승호와의 인터뷰를 통해 우리는 이를 확인할 수 있다.

지: 글쓰기의 대상이 분명하신 거군요.
김: 그렇죠. 내 글을 읽을 사람이라면 다르다고 생각하는 거죠. 굳이 극우 세력이나 수구 기득권 세력을 욕하는 글은 쓰지 않아도 된다고 생각해요. 오히려 자신이 진보적이라 생각하고, 그래서 많은 사람들에게 영향력과 설득력을 갖는 중간계급 인텔리들이나 자유주의자들이 내 비판의 대상이죠.(『가장 왼쪽에서 가장 아래쪽까지』, 116쪽)

여기서 우리는 중요한 사실을 확인할 수 있다. 지승호가 물어본 "글쓰기의 대상", 즉 글쓰기의 소재로 사용되는 집단과, 필자인 그가 예상 독자로 삼는 집단이 사실상 동일하다는 사실 말이다. 김규항은 "중간

계급 인텔리들이나 자유주의자"들을 비판의 대상으로 삼고 그들이 "내 글을 읽을 사람"이라고 생각하며 그들의 눈높이에 맞춰 글을 쓴다. 그러므로 자연스럽게, 자신의 칼럼을 읽는 사람들에게 '구사대'라는 단어의 의미와 용례는 상식적으로 통용되리라 가정했지만, 실제로 맞닥뜨린 독자의 반응은 좀 달랐던 것이다.

요컨대 김규항의 페르소나인 '건달'은 그냥 건달이 아니다. 지식인들이 무슨 말을 하는지 이해하지 못하고, 모르는 단어가 나오면 일단 겁을 먹는 '순박한 민중'이 아니라, 그들을 대신하여 먹물들을 상대로 삿대질을 하고 필요하다면 고함을 지르는 '배운 건달'인 것이다. 이 건달은 "좌파의 글쓰기"를 하기 위한 페르소나이며, 따라서 "내가 지지하는 계급의 수많은 사람들을 대신해서 말하는"(같은 곳) 사람이다. "중간계급 인텔리들이나 자유주의자"들에게 "민중"의 언어를 전달하는 메신저를 김규항은 자신의 화자로 삼고 있는 셈이다.

문제는 이 화자인 '건달'과 실제 자연인인 '김규항'의 거리 감각에 있다. 왜냐하면 '건달'의 페르소나 뒤에서 글을 쓰는 김규항 자신은, 어쨌건 또 한 사람의 먹물이며 지식인일 수밖에 없기 때문이다. 지식인이라는 말이 과도하다면, 부인할 수 없는 몇몇 사실만 짚어보기로 하자. 그는 학생운동이 한창이던 1982년에 자기 말마따나 "특별한 시기"를 겪고 있던, 즉 학생운동이 참으로 한창이던 한국신학대학교에 들어갔다. 대학을 졸업한 후에는, 자신이 비판하는 "문화평론가"들과 얼마나 차이가 있을지 확인할 수는 없지만, 『아웃사이더를 위하여』(아웃사이더, 1999)에서 자신을 소개할 때 "'진보적 영화 도서 출판'이라는 아둔한 구상 덕에 1990년대 내내 나는 지리멸렬했다."고 말하고 있다. 자연인 김규항은,

적어도 '민중'이나 '건달'보다는, 자신이 비판하는 "평론가"에 더욱 가까운 존재일 수밖에 없는 것이다.

그렇다면 '건달'이 아닌, 그저 자연인인 '김규항'은 좋은 평론가인가? 이런 질문을 던졌을 때, 대답은 그리 긍정적일 수가 없다. "'영화언어 발행인'이라는 매우 영화적인 직함과는 달리" 그리 영화에 전문적이지 않다는 김규항은, "한 시사 월간지로부터 '김규항의 영화 에세이'라는 지면을 수락"하여 "극장에 가는 횟수를 2년에 한 번에서 한 달에 한 번으로 늘"(『B급 좌파』, 125쪽)렸다. 다시 말해, 매달 영화평을 쓰는데, 오직 영화평을 쓸 때에만 해당 영화를 딱 한 번 본다는 뜻이다. 이 또한 '건달'스러운 허세의 표현이고, 실제로는 대단히 성실한 시네필일지도 모르지만, 일단 우리가 확인할 수 있는 자료만을 놓고 말하자면 그렇다. 김규항은 반드시 봐야 할 일이 있어야 영화를 보는, 그러면서 '영화언어 발행인'이라는 직함을 가지고 있는 평론가였다.

프랑수아 트뤼포가 한 말처럼, 영화를 사랑하는 첫 번째 방법은 영화를 두 번 보는 것이고, 그다음은 영화평을 쓰는 것이고, 마지막은 직접 영화를 찍는 것이라면, 김규항은 첫 번째 방법마저도 실행하지 않는다. 2013년 현재로서는 알 길이 없지만, 적어도 그가 《씨네21》에 '광수생각'이라는 칼럼을 기고했던 1999년 7월의 기록은 그렇다. 그는 '사회파 감독'으로 알려진 박광수에게, 「이재수의 난」까지 포함해 총 여섯 편의 '사회적 영화'를 만든 영화감독에게, 다음과 같은 질문을 던지는 것이다.

박광수가 사회적 소재를 즐겨 채택하는 가장 큰 이유는 통속적인 것을 재미없어하는 그의 고급한 취향에 있어 보인다. 그리고 그런 취향이야말로 박광수의 창작 방법의 골간인 듯하다. 그러나 박광수의 그런 고급한 취향은 '이재수의 난'이라는 역사적 다이내미즘 앞에서 한없이 무기력하다. 「이재수의 난」은 그런 무기력과 그것을 자인하지 않는 박광수의 오만한 결합물이다.(같은 책, 127쪽)

모든 영화평론가가 정성일이 되어야 할 필요는 없다. 하지만 한 달에 한 번 극장에 가는 '영화평론가', 혹은 영화 관련 출판업계 종사자가 내놓는 비평을 독자가 선선히 받아들여야 할 이유 또한 없다. 영화를 논하는 사람이 영화의 적극적 소비자가 아니고, 문화를 이야기하는 사람이 이미 끝장나버린 1960년대의 로큰롤만을 줄창 읊고 있는 사태는 참으로 의아하지만, 바로 이런 정당한 의문이 등장할 시점에 김규항은 '건달'의 페르소나 뒤로 숨어버린다. 그러고는 본인이 비평하는 대상 및 자신의 예상 독자인 "중간계급 인텔리나 자유주의자"들의 위선과 허위의식 등을 짚기 시작하는 것이다.

노력하는 마초, 페미니즘을 비판하다

졸지에 '인터넷 강국'이 되고, 급격하게 성장했던 대중음악 시장이 MP3와 냅스터 등장 이후 빠르게 몰락한 반면 한국 영화는 양과 질 면에서 폭발적인 성장을 기록했다. 정치·사회 이슈들을 떼어놓고 볼 때, 1990년대 말에서 2000년대 중반까지의 한국 사회는 어쨌건 흥미진진

한 볼거리를 끝없이 생산해내는 자동 기계처럼 보였다. 한국은 2002년에 일본과 공동으로 월드컵을 개최하여 사상 최초로 16강을 넘어 4강에 오르는 위업을 쌓았는데, 이듬해인 2005년에는 「왕의 남자」가 사상 최초로 인구 4000만인 나라에서 영화표 1000만 장을 팔았다. 2006년 개봉한 봉준호 감독의 영화 「괴물」은 이를 뛰어넘어 1300만 명의 관객을 극장으로 이끌었다. 이 모든 문화적 현상들은, 이면의 사회적·경제적 흐름을 감안하더라도, 어쨌든 적극적 해석과 비평을 요구하는 것들이었다.

그러나 '건달'과 '아빠'라는 두 개의 페르소나를 손에 쥔 김규항은 늘 한결같았다. '건달'의 자세로 엘리트와 평론가들을 비판하고, 딸 혹은 아들과 대화하면서 '상식', 혹은 '어린이의 눈'을 찾아내 비판의 근거로 삼았을 뿐이다. 노무현 당선, 노무현 대통령 탄핵, 2004년 총선 같은 굵직한 정치적 사건들을 대할 때와 마찬가지로, 스크린쿼터 축소, 안티조선, H.O.T.라는 아이돌 그룹의 출현과 인기몰이 등에 대해서도 김규항의 논조는 별로 다르지 않다. 어떤 사안에 대한 지식인들의 의견이 먼저 존재하는 한, 이를 비판하는 김규항의 입장 역시 어떻게든 성립할 수 있을 것이기 때문이다.

'인텔리', '평론가'들의 기존 발언을 통해 자신의 의견을 역으로 산출해내기 쉽지 않거나, 그렇게 하더라도 독자층인 '운동 경험이 있는 30~40대 남성'들의 보편적인 죄의식을 건드릴 수 없거나, 자신이 염두에 두는 독자들 말고 다른 집단이 반응하기 시작하면, 그는 대체로 명징함을 잃어버리고 혼란에 빠졌다. "그 페미니즘", "그놈들과 그년들"로 인해 벌어진 논란이 대표적인 사례일 것이다.

주류 페미니즘은 다른 이의 사회적 억압에 정말이지 무관심하다. 이를테면 주류 페미니즘은 모든 사회적 억압의 출발점인 계급 문제에 대해 정말이지 무관심하다. 그들은 아마도 여성이라는 계급이 일반적인 의미의 계급보다 더 근본적이라고 생각하는 듯하다. 과연 그런가. 페미니즘을 둘러싼 해묵고 아둔한 논쟁이기도 하지만, 여성의 억압이 근본적으로 계급에서 오는가 성에서 오는가는, '중산층 혹은 상류계급 여성이 하층계급 남성에게서 억압받을 가능성'을 살펴보거나 '중산층 혹은 상류계급 여성의 억압과 하층계급 여성의 억압을 비교'해봄으로써 간단히 알 수 있다.(『나는 왜 불온한가』, 85쪽)

여기서 우리가 직접, 글쓴이인 김규항이 제시하지도 않은 "중산층 혹은 상류계급 여성의 억압과 하층계급 여성의 억압을 비교"한 자료를 찾기 시작하면, 이 글의 본질과는 어긋난 수고를 하는 것이다. 지금까지 우리가 이야기한 김규항의 글쓰기 방식을 염두에 두고 이 대목을 다시 읽어보자. 그는 '주류 페미니즘'과 '비주류 페미니즘'을 갈라, 자신을 '비주류 페미니즘'의 대변인 자리에 슬쩍 올려놓고, '주류 엘리트'에 대한 본인의 상투적인 화법을 계속 재활용하고 있다.

문제는 김규항이 은연중에 비판의 대상으로 적시한 "한 대중적인 페미니스트 잡지"나, "한 '도발 전문' 페미니스트"(같은 곳)는 김규항의 죄책감 자극 플레이에 전혀 영향을 받지 않았다는 것이다. 김규항은 '건달'의 페르소나로 '주류 페미니스트'의 죄의식도 건드릴 수 있으리라는, 10년도 더 지난 지금 돌이켜볼 때 다소 근거 없는 자신감을 가지고 있었던 듯하다. 물론 사정은 전혀 그렇지 않았다. 여성주의자들은 반발했고, "한

'도발 전문' 페미니스트"로 지목된 최보은 전 《프리미어》편집장은 본인의 개인사를 직접 거론하며 반론을 제기했다. 제목은 "마지막까지 쓰고 싶지 않았던 글"이며, 지금도 인터넷에서 검색하면 어렵지 않게 찾아볼 수 있다.

이 논쟁을 거론하는 것 자체가 야기하는 부담이 적지 않지만, 바로 그렇기 때문에 김규항은 어쩌면 본인의 글쓰기 역사상 최초로 '논객' 노릇을 했다고 볼 수 있다. 사람들이 차마 말하지 못하는 주제를 군이 거론함으로써, 어쨌건 사회적 논의 내지는 논란의 지점을 만들어냈다. 김규항이 비판하는 '중산층 페미니스트'들은 과연 실존하는가? 혹은 본인이 노동계급을 대변한다는 자의식에 도취된 한 "노력하는 마초"의 환상의 반영일 뿐인가? 노동운동이 올바로 성공한다고 해서 과연 여성들의 보편적 권익이 신장되는가? 혹은 여성운동이 뿌리를 내리고 성과를 거둠으로써 노동운동이 반사 이익을 보는 일은 없는가?

논란이 지나치게 커지자 김규항은 잠시 '유토피아 디스토피아'의 연재를 중단했다. 그리고 약 한 달 후, "해미"라는 여성이 보낸 편지에 응답하는 형식의 칼럼을 연이어 세 편 게재하면서 다시 활동을 시작했다. 보수란 무엇인가, 또 진보는 어떻게 정의할 수 있고, 진보주의자도 행복할 수 있는가에 대한 질문에 답하며, 그는 마지막으로 "해미"에게 이렇게 말했다. "아, 빠뜨릴 뻔했군요. 대학생이 된 것 축하합니다. 연애와 여행을 많이 하기 바랍니다."(같은 책, 89쪽)

논점을 열어젖히는 것이 평론가의 첫 번째 임무라면, 그다음 임무는 마땅히 직접 뛰어들어 현실의 대상 및 자료와 싸움으로써 어떤 '입장'을 형성하는 일일 테지만, 한 달의 휴식을 취하고 돌아온 김규항은 그러지 않았다. 대신 자신의 '건달'이 '아가씨'가 될 수 없다는 사실을 절 감했는지, 본인이 짐짓 그런 역할을 떠맡고자 했던 '주류 페미니즘' 외부에 있는 여성을 칼럼의 수신인으로 불러 세워 진보와 보수와 행복과 연애에 대해 이런저런 넋두리 비슷한 강의를 했을 따름이다. 여성 내 소수자의 위치에서 발화해보려던 한 남성의 시도라고 갈무리할 수 있을 '그 페미니즘' 논쟁은, 이렇듯 '노력하는 마초' 김규항을 확인하는 선에서 흐지부지 봉합되었다.

이른바 「디 워」 논란도 같은 맥락에서 되짚어볼 수 있다. 김규항은 "사실 「디 워」 사태의 시작은 「디 워」를 넘어 「용가리」도 나오기 전이다. 언젠가부터 한국의 영화평론가들이 평론가와 평론가 지망생, 그리고 지식인 들끼리 읽는 평론을 쓰기 시작했다."(『B급좌파: 세 번째 이야기』, 152쪽) 고 지적한다. 같은 패턴이다. 영화평론가 허지웅을 포함해 「디 워」에 대해 감히 비판적인 발언을 내뱉은 이들이 네티즌들에게 폭격을 당하고 있을 때, 김규항은 그 현상을 이렇게 해석했다. "그들은 타인의 취향에 폭력적인 게 아니라 제 취향을 경멸하는 재수 없는 인간들에게 반발하는 것이다. 동네 양아치들이 싸우다 파출소에 잡혀가도 '선빵'을 가리는 법이다."(같은 책, 153쪽)

마음 편히 비판할 수 있는 '기존 권력'이 있고, 김규항의 글을 읽는 사람들이 '기존 권력'과 어느 정도 접점을 형성한 경우, 그래서 기존 권력을 비판하는 것이 독자의 죄책감을 자극하는 경우, 김규항의 '건달'은 '먹물'을 향해 매서운 주먹을 휘두를 수 있었다. 하지만 독자의 죄의식을 자극하는 글쓰기가 성립하지 않을 때, 김규항은 우리가 아는 '김규항식 글쓰기'에 늘 실패했다. 그는 '노력하는 마초'일 수 있어도 '주류 여성주의자들에게 박해받는 비주류 여성'일 수는 없으며, '타인의 취향'이라는 벽을 세워버린 이상 「디 워」라는 영화 자체에 대해 의미 있는 언급을 할 수도 없게 되어버렸다. 결국 동네 파출소의 비유를 통해 본인의 비주류성을 강조하는 움직임만이 남았지만, 그마저도 「100분 토론」에 출연한 진중권이 "데우스 엑스 마키나"를 외치며 대중들의 관심을 단숨에 쓸어 담아 가버리자 머쓱해지고 말았다.

우리 안의 이명박을 비판하기 위해 예수를 부르다

그리고 이명박이 당선되었다. 촛불시위가 벌어지고 '촛불소녀'로 호명된 소녀들이 단상 위에 올라가 "미친소, 너나 먹어!"라며 소리를 질러 댔다. 자연인으로 돌아간 노무현은 검찰 수사의 피로와 부담을 이기지 못하고 자연의 품으로 돌아가 버리고 말았다. 남은 지지자들은 분노의 눈물을, 한때 그를 지지했지만 돌아선 이들은 회한의 눈물을, 노무현 정부에 대해 결코 긍정적인 평가를 할 수 없지만 스스로 목숨을 끊은 전직 대통령에 대한 인간적 연민을 감출 수 없었던 이들은 각자의 방식을 통해 애도를 표하는 시간이 이어졌다. 정치는 마치 바삐 째깍째깍 소리를 내지만 시침과 분침이 움직이지는 않는 고장난 시계처럼 헛돌았고, 언제나 같은 시간을 가리키는 초침처럼 김규항은 "우리 안의 이명박"을 깨달아야 한다고 말하고 있었다. 다들 바빴고 모두 나름의 정략과 묘수를 부리고 있었지만, 역사는 지리멸렬하게 반복되고 있을 따름이었다.

어린이용 진보 잡지《고래가 그랬어》를 창간하고 운영하던 김규항은, "이명박 씨의 등장은 한국 사회가 영성의 위기를 맞았음을 드러냈다." (같은 책, 265쪽)고 진단했다. "그렇게 등장한 이명박 씨는 우리의 영성을 더욱 막장으로 몰아간다. 누구든 이명박 씨를 반대하고 욕하는 것만으로 너무나 쉽게 선인이 되고 정의로울 수 있고 심지어 진보적일 수 있게 되었기 때문이다."(같은 곳) 이는 한국의 진보 진영 전체가, 노무현 이후 등장한 이명박 정부를 대하면서 겪게 된 문제였다. 검찰 수사와 부엉이 바위의 비극이 벌어지기 전부터 그랬다. 임기 초 촛불시위를 통해 기세가 꺾이면서, 지난 정권을 회고하는 목소리가 높아져갔고, 진보진영은 어떻게든 적절한 답을 내놓아야만 했던 것이다.

또한 김규항이라는 논객 역시, '진보적 엘리트'들을 대상으로 죄책감을 자극하던 자신의 방법론을 갱신해야 할 필요성을 느꼈을 터이다. 이미 영화비평이나 음악평론을 한다며 거들먹거리던 '운동권'들은 끝물의 끝물까지 가버린 판에서 떠난 지 오래였다. 쉽게 비판할 수 있는 대상이 사라졌다는 얘기다. 부르주아 여성주의를 건드리기란 결코 부담이 적은 일이 아니었으며, 한 번 실패한 일을 또 할 수도 없는 노릇이었다. 이명박이 공적으로 쉽게 거론될수록 우리끼리 싸우지 말고 '대동단결하여 투쟁'하자는 목소리를 뿌리치기도 힘들어질 상황이었다. 김규항의 답은 이랬다.

결국 역설적이게도 우리는 이명박 씨와 싸우면서, 그를 욕하면 욕할수록 그와 더 닮아가고 있다. 이명박 씨가 그렇게 욕을 먹으면서도 이상하리만치 여유만만한 것도 실은 그래서다. 이 악순환의 고리를 어떻게 끊어낼 것인가? 그 유일한 방법은 영성의 회복이다. 적은 둘이라는 것, 적은 내 밖에만 있는 게 아니라 내 안에도 있다는 것을 정직하게 인정하고, 내 밖의 적과 싸우면서 내 안의 적과 싸우는 것, 말이다. 그래서 진정한 혁명가는 영성가일 수밖에 없고 진정한 영성가는 혁명가일 수밖에 없음을 깨닫는 것 말이다.(같은 책, 266쪽)

칼럼 모음집이 아닌, 다른 사람과 대화한 내용이 아닌, 즉 자신이 직접 '단행본'으로 써낸 유일한 책인 『예수전』은 바로 이러한 맥락에서 나왔다. 이명박이 강남의 대형 교회인 소망교회의 장로이고, 이른바 '고소영' 인사 등이 사람들의 입방아에 오르내리고 있었다는 점을 논외로 하더라도, 언젠가 김규항은 예수에 대한 책을 썼을 것이다. 왜냐하면 글쓰기를 처음 시작했을 때부터 핵심 주제로 삼아왔기 때문이다. 가난한 자들의 하느님, 정치적으로 갈등을 일으키다가 죽은 청년 예수.

그러나 이명박 정권 들어 주류 기독교에 대한 반발심이 대중적으로 확산되었으며, 그들이 사회의 '주류'를 형성하고 있다는 인식이 퍼져나갔다는 사실 역시 부인할 수 없다. 원래 종교 출판물은 한국 출판 시장에서 적지 않은 비중을 차지하고 있었지만, '서울시를 하나님께 봉헌'한 이명박 전 서울시장부터 비롯해, 공직자들이 자신의 신앙을 드러내고 공적인 활동과 결부시키는 사례가 속속 생겨났다. 마치 김규항이 처음 글쓰기를 시작하던 당시 본격적인 '영화평론-평론'의 수요가 생겼듯이, 본격적인 기독교 비판론이 필요해졌던 것이다. 『예수전』은 한국 사회가 전체적으로 정신적 축을 상실하고 더 이상 돌지 못하는 팽이처럼 비틀거릴 때, 특히 강남의 대형 교회들을 중심으로 한 보수적 기독교의 존재감이 도드라진 상황을 반영하는 책이기도 하다.

김규항은 신약의 네 복음서 가운데 가장 짧은 마가복음을, '신학적 불순물'이 가장 적어서 예수의 삶을 배울 수 있는 최선의 경로라고 지적하고 해당 텍스트를 읽어나가며 코멘트하는 방식으로 『예수전』을 기술했다. 문제는 방법론이다. '신학' 내지는 '종교'를 배제하고 '예수'를 읽겠다는 목표는 과연 달성 가능한가?

> ① 마르코복음은 AD 70년경, 기독교의 교리나 신학의 기초가 만들어진 후 쓰였다. 마르코복음은 이미 예수를 '하느님의 아들'로 보는 시각에서 쓰인 것이다. ② 그러나 예수가 활동했던 당시에 예수는 전혀 그런 사람으로 여겨지지 않았다. 예수는 기껏해야 랍비 혹은 세례자 요한의 뒤를 잇는 예언자로 여겨졌을 뿐이다. ③ 예수를 하느님의 아들로 전제하고 복음서를 읽는 건 예수의 절절한 삶을, 다시 말해서 복음서를 읽는 이유나 가치를 내팽개치는 일이다. ④ 복음서는 '한 평범한 시골 청년이 어떻게 하느님의 아들로 여겨지게 되었는가'를 증언한 책이지 '하느님 아들의 인간 흉내 쇼'를 적은 책이 아니다.(『예수전』, 63쪽. 원문자는 인용자)

김규항 자신이 ①에 적혀 있는 바와 같이, 마르코복음 자체가 일종의 '신학적 구성물'임을 잘 알고 있다. 하지만 ②는 사실과 전적으로 부합하지 않는 진술이다. 왜냐하면 예수가 자기 입으로 '나는 사람의 아들'이라고 선언하고, 본인이 직접 가르친 주기도문에서 감히 신을 향해 '우리 아버지'라고 부르는 파격을 저질렀기 때문이다. 신에게 '아버지'라고 부르는 순간, 자신을 '신의 아들'로 간주할 수밖에 없다. 논리적으로 그렇다.

　마르코복음 자체가 모종의 신학적 시각을 바탕에 두고 쓰인 책이니만큼, 이를 통해 '순수한 예수'를 발견하기란 더욱 난망한 일이다. 하지만 김규항은 오직 그것만이 복음서를 읽는 이유라고 강변한다. 『예수전』의 전체 내용이 바로 그런 방식으로 이루어져 있다. "이 예수는 혁명가 예수이며, 종교에서 말하는 인간의 부활과 영생 등과는 상관이 없다"고, 다만 "이 예수의 삶을 본받는 것이 우리를 행복하고 진보하게 한다."고, 김규항은 말한다.

　여기에 한 가지 난점이 있다. 군사독재 시절부터 지금까지, 종교가 일정한 사회적 기여를 할 수 있었던 것은, 그것이 종교였기 때문이다. 예수가 신의 아들임을 믿는 수백만의 천주교 신자가 있었기 때문에 명동성당이 '성지' 노릇을 할 수가 있었던 것이다. 마찬가지로, 자식과 남편의 출세를 빌며 기복신앙에 의지해, '우리 가족'을 위해 치성을 드리는 수많은 신자·대중·보살님들이 없다면, 공권력은 조계사를 존중해야 할 이유가 없다.

　종교가 진보적인 기능을 수행하려면, 그 종교는 일단 '종교'로 유의미하게 성립해야 한다. 김규항의 '진보적·혁명적 예수'는 그러므로, 이미 기독교 신앙을 가지고 있는 사람들에게나 의미가 있을 뿐이다. 스스로의 주장과 달리, 기존 기독교에서 말하는 부활과 영생에 의존하는 논의일 수밖에 없는 것이다.

대중문화와 교육의 문제를 거쳐 종교를 화두로

여기서 우리는 김규항의 일관성을 확인할 수 있다. 1990년대 말에서 2000년대 초까지는 '문화'의 바리새인을, 2000년대 초부터 중후반까지는 '교육'의 바리새인을 쫓아다니던 그가, 열렬한 개신교 신자 대통령이 당선된 후에는 본격적인 종교 비판에 나섰다는 사실을 되짚어볼 필요가 있다. 한때는 혁명을 꿈꾸던 청년이었지만 이제는 안정 희구 세력이 되어버린 주류 진보의 시선이 머물렀다 떠나는 그늘에 죄의식의 자리가 있다. 김규항은 언제나 바로 그 자리에 바둑돌을 얹었다.

민주화의 성과가 헛되이 정치권에서 맴돌고, 대중들의 시선은 문화로, 미국에서 직배로 수입되는 영화로 쏠릴 때, 운동권들은 부랴부랴 영화를 '공부'하고 문화를 벼락치기해서 이론의 토대로 삼으려 했다. 김규항도 그런 흐름에 동참했다. 비록 지지부진하게 끝나고 말았지만 '진보적 영화 언어'를 퍼뜨리는 출판사도 차리려고 했고, 월간지에 영화평을 기고하기도 했으며, 온갖 문화의 열풍이 식어버린 다음에도 「디 워」 논쟁을 통해 끝까지 '엘리트 평론가'들을 질타했다. 한국에서 영화평론이라는 것이 의미를 갖던 시기도 딱 거기까지였다. 이제는 배급력을 가진 멀티플렉스 체인이 다음 1000만 영화를 결정한다. 심지어 네이버 별점도 믿지 않는 대중들은 극장 안에서조차 불안해하며 각자의 카톡 창을 열어보고 있다.

386 세대의 자녀들이 중고등학교를 다닐 나이가 되자, 김규항도 자연스럽게 교육 문제로 눈을 돌렸다. 2003년 『고래가 그랬어』를 창간하고, 본인이 평생 '멘토'처럼 모시는 고 권정생 선생을 인터뷰했다. 노무현 정

부 시절 아파트 값은 천정부지로 오르고, 그만큼 사교육 시장이 불타올랐으며, 이미 집을 가지고 있던 탓에 올라간 집값만큼 여유 자금이 생긴, 혹은 생겼다고 믿은 부모들은 자녀들에게 '좀 더 다른', 혹은 '좀 더 나은' 삶을 제공할 방법을 모색했다. 그 시절에 김규항은 '좀 더 인간다운' 무언가를 보여주려 한 것이다.

그리고 이미 서울시를 자신이 숭배하는 신에게 봉헌한 바 있는 사람이 대통령에 당선되었다. 반면, 두 전직 대통령을 같은 해에 떠나보내고, 점점 다가오는 경제적 먹구름 앞에 할 말을 잃어가던 김규항의 독자들은 정신적 공허를 달랠 길이 없었다. 어쩌면, '저들'이 자신들의 탐욕을 신의 이름으로 정당화하는 현실에서, '우리' 또한 우리의 당위를 비춰볼 수 있는 거울이 필요했는지도 모르겠다. 「교회」라는 칼럼으로 수많은 이들의 심금을 울렸던 김규항은, 약 10년이 지난 후 『예수전』을 펴내며 자기 책을 믿고 보는 독자들에게 '회개'를 요구하고 나섰던 것이다. 하지만 영화나 교육과 달리 종교는 그의 독자층을 폭넓게 아우를 수 있는 주제가 아니었는지, 김규항의 문필가로서의 명성은 교착상태에 빠진 듯하다.

김규항이 새삼스레 '부르주아 페미니즘'을 비판하고 나서게 만들었던 장본인인 박근혜가 결국 대통령이 된 이 세상에서, 우리는 김규항이 원고지 10매의 지면을 꾹꾹 눌러 채워가며 만들어낸 비판의 메커니즘을 다시 한 번 천천히 들여다보게 된다. 단정하면서도 뜨거운 산문, 가슴을 치게 만드는 문구들을 차분히 돌이켜보면, 민주화 이후 우리를 홀려왔고 어쩌면 지금까지도 주박을 풀지 않고 있는 문화적 흐름의 큰 줄기가 언뜻 보인다. 우리는 그 세월 동안 상당한 진보를 이루었지만, 결과적으로 무엇이 달라졌다고 자신 있게 외칠 수는 없는 듯하다. 김규항이 「교회」를 썼던 1998년이나, 『예수전』을 쓴 2009년, 그리고 2014년 오늘까지, '혁명가' 예수를 통해 '건달' 김규항이 꿈꾸던 세상은 오지 않았다. 이토록 숨가쁜 논객시대의 끝자락에서도, 김규항이 우리에게 소개해준 여린 청년 예수는 "내가 신도들에 파묻혀 한 시간가량의 공허에 내 영혼을 내맡기고 나오면", "교회 담장 밑에 고단한 새처럼 앉아 있"(『B급좌파』, 80쪽)을 뿐이다.

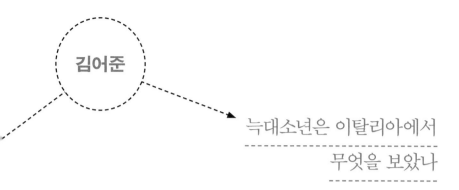

김어준

늘대소년은 이탈리아에서
무엇을 보았나

3수생의 배낭여행이 남긴 것

1988년 서울 올림픽의 모토는 "세계는 서울로, 서울은 세계로"였다.
당시 대한민국은 급변하고 있었고, 동시에 급성장하고 있었다. 1987년
민주화 항쟁으로 대통령 직선제를 얻어낸 시민사회는 자부심과 성취감
으로 들떴지만, 동시에 김영삼과 김대중의 분열로 인해 노태우가 대통
령이 되면서 기나긴 정치적 혼미 속으로 빠져들었다. 1987년 6월 대통
령 직선제를 얻어낸 후, 그동안 기층 단위에서 조직되었던 노동운동의
힘이 표출되면서 이른바 7·8·9월 노동자 대투쟁이 벌어졌다. 공장의
말단 직원부터 중간 관리자까지, 전두환의 신군부가 억지로 찍어 눌렀
던 임금이 대폭 상승했다. 국민 모두가 이른바 '중산층'이 되는 시대가
열렸다고 믿었고 이를 꿈꾸게 되었다.

높아긴 임금 때문에 사람들은 너너욱 서울로 몰려늘었고, 부동산

뿐만 아니라 주식시장을 비롯한 금융 영역이 흥청거렸다. 더욱이 당시는 이른바 '3저(低) 호황'의 시절이기도 했다. 금리, 유가, 달러 환율이라는 세 가지 주요 경제지표가 모두 낮아졌다. 누구나 쉽게 은행에서 돈을 빌리고, 자동차를 사고, 더 여유가 있으면 해외여행도 갈 수 있는 분위기가 조성되었다. 그리하여 1989년 해외여행이 자유화되었을 때, 삼면이 바다로 둘러싸여 있고 북쪽은 휴전선으로 가로막힌, 사실상 좁은 섬 안에 살고 있던 한국인들은 바야흐로 '세계'와 만나게 된다.

그때 한 청년이 3수 끝에 지망하던 서울대가 아닌 다른 학교에 입학하게 되었다. 87학번이 되었어야 했을 그는 89학번이 되었고, 자신이 원하던 서울대가 아닌 홍익대에 들어갔으며, 학교 안에서 정 붙일 구석을 찾지 못했다. 대신 쉰 개가 넘는 나라들을 들락거렸다. 스스로 인정하다시피, 그렇게 배낭여행에 몰두한 것은 입시 실패로 인한 자괴감을 "여행을 떠나 세계를 만나"면서 "내가 살던 동네가 얼마나 비좁은 공간인지 절감"하고, "그를 통해 내가 겪은 실패라는 게 사실은 대단한 게 아니라"(『건투를 빈다』, 푸른숲, 2008, 26쪽)는 사실을 확인하기 위해서였는지도 모른다.

그는 묘한 방식으로 때를 잘 만났다. 본인의 뜻대로 서울대 87학번이 되었더라면, 1987년 6월 항쟁의 분위기에 휩쓸려 들어가 대학교 새내기 시절을 보내고 해외여행 자유화가 이루어진 1989년 무렵에는 이미 3학년이 되었을 테니 말이다. 배낭여행을 하기에 너무 늦은 나이라고 말할 수는 없지만, 배낭여행을 통해 경험하는 내용들로 자아를 형성하기에는 다소 때를 놓치는 모양새가 된다. 배낭여행에서의 경험을 '근원적 체험'으로 삼기에는 전에 겪은 일들의 무게가 너무 커진다는 것이다. 하지만 김어준은 3수를 했고, 1987년 민중 항쟁의 거대한 소용돌이를 절묘하게 비켜갔고 민주주의와 역사의 흐름에서 한몫을 해야 한다는 부담감 없이 배낭을 메고 비행기에 오를 수 있었다.

신문 칼럼, 강연, 《딴지일보》에 쓴 글 등을 통해, 김어준은 자신이 배낭여행을 통해 얻은 원체험의 굵직한 요소들을 여러 차례 드러낸 바 있다. 핵심 레파토리를 몇 개 추려보면 다음과 같다.

> (1) 파리 오페라 극장 대로변 양복점에서 두 달 치 여비를 털어 보스(BOSS) 양복을 충동구매한 이야기.
> (2) 이탈리아에서 다비드 상의 허리 라인을 보고 그것이 아르마니 양복과 쏙 빼닮았음을 깨닫고, 문화적 심미안을 가질 수 없었던 한국인으로서의 자신에 대한 비애를 느낀 이야기.
> (3) 독일에서 장애인들이 휠체어를 탄 채 버스를 탈 수 있도록 바닥이 기울어지도록 만들어진 버스를 본 이야기.

이런 내용을 간략하게 검토해보자. 파리에서 이탈리아로 가는 기차에 타기 전날, 1990년대 초반 배낭여행을 하던 김어준은 파리 오페라 극장 대로변에 있는 한 양복점의 쇼윈도를 둘러보다가 어떤 양복에 말 그대로 '꽂혔다.' 뭔가에 홀린 듯 가게에 들어가 와이셔츠, 바지 등을 하나씩 착착 걸쳐가며, 자신이 봐온 자기 모습을 훨씬 뛰어넘는 누군가를 보았고 속으로 환호성을 질렀다.

하지만 가격이 문제였다. 두 달 치 여비에 해당하는 돈 100만 원가량.

냉큼 지르면 두 달 굶어야 할 상황이다. 김어준은 자신에게 질문을 던졌다. "절약한 100만 원을 향후 두 달간 숙소와 식량에, 합리적으로 소비한다면, 그럼 지금 당장의 이 환희는, 고스란히, 보상받을 수 있는 건가." (같은 책, 48쪽) 물론 대답은 '아니요'였고, 일단 옷을 산 후에 로마에서는 배낭여행객 숙소 삐끼 노릇을 했으며 부다페스트에서는 암달러상으로 여비를 벌기도 했다고 술회한다.

그때의 여행에서 겪은 일인지 아닌지 확인할 수는 없지만, 아무튼 피렌체에서 김어준은 본인이 인솔하던 학생 관광객들을 우피치 미술관에 몰아넣은 후 고개를 들어 100번은 넘게 마주쳤던 다비드 상을 보고 모종의 깨달음을 얻어 벌떡 일어났다. "쇼윈도 안에 진열되어 있던 '페라가모' 구두 뒤축에서 느꼈던 그거. '긴장감.' 동시에 돌멩이를 움켜쥔 오른팔의 늘어진 곡선 역시 낯익었다. 맞다. '야들야들.' '아르마니' 양복의 허리 라인이었다. 터무니없게도 말이다." (같은 책, 74쪽)

훗날 《한겨레》에 연재한 상담 칼럼 '그까이거 아나토미'를 묶어 『건투를 빈다』(푸른숲, 2008)라는 책을 내면서 이 기억을 곱씹던 김어준은, 온 세상을 쏘다니며 좋다는 명작들은 다 보고 다니면서도 왜 본인이 아무런 감동을 느끼지 못했는지, 왜 자신의 미적 감수성이 그렇게 '후지게' 세팅되어 있었는지 궁금해한다. 그는 이유를, 명작들을 '외워서' '시험 보게' 만드는 한국의 공교육에서 찾고, 문화적 감수성을 키워야 할 청소년기를 그렇게 보낸 자신이 '인간의 말을 배울 시기를 놓친 늑대 소년'과 다를 바 없다는 결론에 도달한다.

이후, 길든 짧든 여행에서 돌아와 국적 불명의 아파트로 가득한 대한민국의 도시를 다시 마주하는 순간마다 떠오르는 단상이 하나 있다. 우리 유전자 어딘가에 몇 천 년을 축적해온 고유한 선과 면과 색에 대한 감각이 분명 존재할 텐데, 식민과 전쟁과 개발 시대를 정신없이 살아내느라 그런 집단 기억을 상실해버린 무국적의 우리 도시들을 보고 있자면, 늑대소년으로 하여금 인간의 언어를 잃고 으르렁거리기나 할 뿐 다른 일은 못 하게 만든 정글을 떠올리게 된다. 난 이 콘크리트 정글에서 늑대소년으로 길러졌던 것이다.(같은 책, 76쪽)

프랑스나 이탈리아와 달리 독일은 김어준의 문화적 감수성을 자극하지 않았다. 대신 독일에서, 군이 말하자면 '정치적 올바름'의 한 가지 기준을 얻게 된다. 장애인을 약자로서가 아니라 그냥 '한 사람의 사회 구성원'으로 바라보고, 대중교통이니까 장애인을 포함한 모든 대중이 버스에 탈 수 있어야 한다는 것은 당연하다는 사실을 배웠다. 사회적 약자에 대한 시혜주의적, 온정주의적 관점이야말로 더 큰 폭력일 수 있으며, 중요한 것은 그들을 동등한 인격체로 바라보고 대우하는 분위기를 확립하는 것이다.

2000년,《한겨레21》에서 김규항과 함께 누군가를 인터뷰하거나 두 사람이 방담을 나누는 형식의 '쾌도난담'을 진행할 때, 장애인 인권 확보를 위한 전국청년학생연합 공동 대표인 박지주 씨를 만난 자리에서 그는 이야기한다. "장애인을 사회 구성원의 한 사람으로 인정하는 사고"를 끌어내기 위해서는 장애인이 "바라는 건 동정이 아니라 구성원으로 인정을 해달라는" 것임을 명확히 하고, "아주 근본적인 이런 부분부터 뒤집어가야"(『쾌도난담』, 김규항·김어준 대담, 고경태 정리, 태명, 2000, 151쪽) 한다고. 대단히 모범적인, 사회적 약자의 권리를 주장하는 정치적 발언의 구성 단계라고 할 수 있겠다.

(1) 본인 스스로 판단하고 책임지는 개인적 태도, 동시에 미래의 두려움과 불확실함을 핑계로 현재의 쾌락을 유예하지 않는 자세. (2) 우물 안 개구리로 살아온 본인 및 한국 사회의 후진적 심미안에 대한 인식, 그러므로 자신만의 스타일을 가져야 한다는 생각. (3) 타인의 죄책감을 자극하거나 약자로서 목소리를 높이려 하지 않고, 평범한 사회 구성원으로서 권리를 요구하고 보장하는 정치적 태도. 이 세 가지를 조합하면, 주로 『건투를 빈다』에 수록되어 있는, 대중들이 '쿨'하다고 생각하는 김어준 사고방식의 얼개가 나온다.

세계시민적 개인주의자의 월드컵 열광

스스로 자기 삶에 책임을 지되, 엄숙하지 않고 유쾌하게 즐기며 사는 사람. 동시에 자기 스타일을 만들어가고 자기 인생의 미적 측면을 늘 생각하는 사람. 타인들을 자신과 똑같이 평등한 사회 구성원으로 바라보고 연대할 수 있는 사람. 배낭여행을 다니며 얻은 경험들을 바탕으로 김어준이 자신을 구성하고, 타인에게도 통용될 수 있을 만한 '주체의 유형'으로 창출해낸, 말하자면 '세계시민적 개인주의자'의 모델이다.

삼면이 바다로 둘러싸여 있고 북쪽은 휴전선으로 막힌 대한민국에서 모든 국민에게 해외여행이 '허락'된 것은 김어준이 대학에 들어간 1989년의 일이다. 그런 상황에서, 1987년에 대학교 새내기가 되었을 누군가와 1989년에 대학물을 먹기 시작한 이가 걸어가게 되는 길은 다를 수밖에 없었다. 전자가 굳이 말하자면 '구세대의 막내'였다면, 후자는 한국인 중 거의 최초로 '세계'를 본인의 자아 형성 과정에서 적극 참고할 수 있는, '신세대의 맏이'가 되었던 것이다. 김어준은 첨단에 서서 50여 개국을 돌아다니며 얻은 경험을 바탕으로 자신의 '캐릭터'를 만들고 이를 일종의 역할 모델로 제시할 수 있게 되었다.

여기서 좀 더 개인사적인 맥락을 짚고 들어가 약간의 상상력을 발휘해보자. 그는 1987년 6월 항쟁만 놓친 게 아니다. 재수를 안 하고 대학에 들어갔다면 온몸으로 즐겼을 1988년 서울올림픽을 전혀 향유하지 못했다. 오히려 공부를 해야 하는데 자꾸만 올림픽에 눈과 귀가 쏠리는 자기 자신을 질책하거나, 에라 모르겠다 싶은 심정으로 스포츠 중계를 보는 도중에도 자꾸 고개를 드는 불안함을 어떻게든 달래야 했을 것이다.

'세계는 서울로, 서울은 세계로'라는 88올림픽 슬로건을 두고 "가만히 생각해보면 참 웃긴 말"이라고, "세계가 우리만 달랑 빼놓고 자기들끼리 모여 만든 무슨 특설 링도 아니"(『건투를 빈다』, 56쪽)지 않느냐고 따져 묻는 모습에서, 눈앞에 열린 축제를 즐기지 못하면서 쪼그라드는 자존감을 추슬러야 했던 한 수험생의 번민이 인간 꼬리뼈처럼 남아 있음을 느낀다. 영 생뚱맞은 얘기는 아니다. 1988년에는 '세계'가 '서울'로 올 수 있었지만, '서울'이 '세계'로 갈 수는 없었다는 점을 상기해본다면 더욱 그렇다. 당시에는 정말 세계가 "우리만 달랑 빼놓고 자기들끼리 모여 만든 무슨 특설 링"이었던 것이다.

지금 나는 2002년 월드컵에 대한 김어준의 열광을 이해하기 위한 포석을 깔고 있다. 축구는 멋진 스포츠이며, 쿨한 코스모폴리탄이라고 해서 자기 나라 대표팀의 경기에 열광하지 말아야 한다는 법은 없다. 그러나 2002년 한일 월드컵을 보며 모종의 깨달음을 얻고, 그 기억을 끝없이 반추하며 김어준이 만들어내는 또 하나의 캐릭터는, 앞서 우리가 말한 '세계시민적 개인주의자'와는 사뭇 다른 맥락을 형성한다.

2002년 6월 14일, 포르투갈 대표팀과의 경기에서 대한민국 대표팀은 1대 0으로 힘겹지만 통쾌한 승리를 거두었다. 조별 예선 3라운드, 한국은 폴란드를 상대로 1승을 거두었고 미국과 비겼기 때문에, 기왕이면 이겨야 복잡한 계산 할 필요 없이 꿈에 그리던 16강 고지에 오를 수 있는 상황이었다. 그리고 한국팀은 포르투갈을 이겼다. 이른바 '황금 세대'라는, 당시 유명한 스타 플레이어를 망라하고 있던 우승후보를 꺾고 자력으로 16강에 진출한 것이다.

문제는 언론의 반응이었다. 정확히 말하자면, 언론들이 포르투갈전을 보도하는 태도가 김어준의 내면에 잠들어 있던 무언가를 건드렸다. 이틀 뒤인 6월 15일, 그는 자신이 '총수'라는 직함을 달고 운영하던 사이트 《딴지일보》에 자기 이름으로 글을 올린다. 제목은 '우리는 강팀이다'였다. '세계시민적 개인주의자'와는 또 다른 캐릭터가 탄생하는 순간이었다.

당시 상황을 돌이켜보면, 포르투갈 대표팀은 한국을 이기지 못하면 16강 진출이 어려워지는 상황이었다. 그래서 거칠게 플레이했고 반칙을 많이 저질렀는데, 그러다가 당대 최고의 스트라이커인 주앙 핀투가 퇴장당했다. 곧이어 베투마저 경고 누적으로 퇴장당했다. 포르투갈은 아홉 명, 한국은 열한 명이 경기를 하게 된 것이다. 이런 상황에서 박지성의 결승골이 터졌고, 포르투갈은 경기를 뒤집지 못했다.

당시에는 어쨌든 즐겁다는 분위기가 대세였던 것으로 기억하는데, 김어준이 보기에는 그렇지 않았다. 한국이 홈 어드밴티지를 이용해서, 심판의 편파 판정에 힘입어, 제 실력대로 하면 이길 수 없는 상대를 이기고 16강에 올라갔다고 말하는 한국인이 어딘가에 있긴 있었을 것이다. 구체적으로 자신이 누구의 발언을 반박하는지 언급하고 있지 않기 때문에, 그가 말하는 "축구 전문가"가 누구인지 우리는 알기 어렵다. 아무튼 그런 태도, 자신이 강하다는 사실을 믿지 못해 스스로 비겁한 승리를 했다고 생각하고야 마는 패배주의 근성을 김어준은 질타하기 시작했다.

> 이번 게임에선 우리가 이길 만하니까 이긴 거다. 우리가 정당하게 페어플레이 해서 이겼다. 그러니 우리가 비겁하게 승리를 빼앗았다 생각하여 쪼그라들고 비아냥거리는, 만성적 패배주의에 찌들어 차분하기 짝이 없는 일부의 소심한 사람들아 제발 그만 차분해하고, 흥분해서 발광하며 날뛰는 주변의 정상적인 인간들이랑 어깨동무하고 같이 마음껏 난리치길 바란다.(「우리는 강팀이다」, 《딴지일보》 2002년 6월 15일)

이탈리아전에서도 세계적인 선수인 토티가 퇴장을 당한 후 한국이 이겼다. 마찬가지로 오심과 홈 어드밴티지 문제로 논란이 일었다. 김어준의 대응은 한결같았다. 한국은 스페인과의 8강전에서 승부차기까지 가는 접전 끝에 또 이겼다. 김어준은 그때까지도 본인의 머릿속에서 찜찜함을 떨쳐낼 수가 없었던 '패배주의자'들을 향해 이렇게 외친다.

그래서, 한편으론 정말 속상하다. 그동안 얼마나 이겨보지 못했으면, 얼마나 패배에 익숙해져 있으면, 얼마나 바깥의 눈치를 보고 살아왔으면, 이렇게까지 작은 행운도 우리의 것이 아니라고 도리질하고 있는가. 제발 이제부턴 익숙해지자. 승자의 시선으로 세상을 봐라.(「믿어라! 우리가 강팀임을」,《딴지일보》2002년 6월 24일)

우리는 강팀이다

2003년 9월 1일,《딴지일보》에 새로운 글이 하나 올라왔다. 제목은 '우리는 강팀이다 II'이고 작성자는 당연히 김어준 총수였다. "승자의 시선으로 세상을 보라"고 권했던 그가, 자신이 권한 '승자의 시선'이 무엇인지 이야기하기 위해, 모종의 체계적인 세계관을 형성해내고자 노력한 결과물이다.

2002년 월드컵에서 대한민국은 다섯 차례 승리를 거두었는데 김어준은 그중에서도 이탈리아에 거둔 승리를 손꼽는다. 왜냐하면 이탈리아는 축구도 잘하지만 유니폼도 멋진 나라이기 때문이다. 전직 복서 출신의 스트라이커 비에리의 거대한 체구가 공포감을 자아내는 만큼, 그들이 입고 있는 파란색의 쿨한 유니폼 역시 김어준에게 깊고 깊은 인상을 남겼다. "우리편 태클은 기술이고 상대편 태클은 폭력으로 자동 해석되는 전쟁 상황에서조차, 도대체 그들 유니폼의 상대적 세련미는 부정하기는 힘들었다.", "그리고 난 그 유니폼이, 비에리의 선제골만큼이나 부러웠다."(「우리는 강팀이다 II」,《딴지일보》2003년 9월 1일)고 말한 다음 김어준은 본론으로 들어간다.

본론의 내용 중 대부분은, 앞서 우리가 살펴본 김어준의 주요 레퍼토리 중 (2)번을 수없이 확대재생산한 것이다. 어쩌면 (2)의 내용이 '우리는 강팀이다 II'를 쓰는 과정에서 그의 의식 속에 고착되었을지도 모르겠다. 선후 관계가 어찌되었든 간에 중요한 것은, 김어준 본인이 배낭여행을 다니며 '개인'으로서 느꼈던 문화 격차의 문제를, '우리'의 문제로 인식하고 해법을 내놓기 위해 노력했다는 것이다.

김어준은 자신의 눈길을 홀린 이탈리아의 '명품'들은 수많은 가족 기업이 만들고 있다는 사실에 주목한다. 이탈리아의 가족 기업에서 일하는 장인들은 익숙한 일을 할 뿐인데 왜 내게도 아름다워 보이는가, 왜 나에게는 이러한 전통과 문화적 맥락이 없는가 등을 고민하던 그는 하릴없이 다음과 같은 '서론의 결론'을 내놓을 수밖에 없었다.

> 근대가 발명한 민족주의라는 허위의식으로 무장해 우리 것이 좋다며 단군 신화를 파보자는 이야기가 아니다. 이미 지니고 있으면서도 알지 못했던 우리네 가치와 새롭게 정립해낼 세계의 관계 속에서, 보다 세련되고 당당하고 자유롭고 행복한 개인이 되자는 이야기다. 이제부터 그걸 얘기해보련다.(같은 곳)

'우리의 가치' 회복과 이를 통해 "보다 자유롭고 보다 행복한 개인이 되"는 일의 간극을 과연 어떻게 극복할 것인가? 당시 《딴지일보》를 열심히 보던 나 또한 김어준이 무슨 말을 할지 궁금해하며 자주 들어가 새 글이 올라왔는지를 확인했지만, 단절된 역사적 지평 위에서 자아를 형성해야 하는 변방의 식자들이 겪는 공통의 문제에 대해 김어준이라고 뾰족한 해법을 내놓을 수 있는 것은 아니었다.

'우리의 것'이 아닌 근대적 자아를 형성하려 하면 몸에 맞지 않는다. 하지만 이른바 '우리 것'은 사실 앞서 말한 '어설픈 근대적 자아'가 어색함을 달래기 위해 만들어낸 가상의 지평 위에 서 있을 뿐 자신의 생명력을 갖지 못한다. 흑인들의 음악인 힙합을 하면서 '미국인 흉내'를 내는 것만큼이나, 이미 전통이 단절된 지 오래라는 현실을 무시하고 '조선인 흉내'를 내려고 발버둥 치며 '만들어진 전통' 위에서 국악을 하는 것 역시 애처롭기는 마찬가지라는 얘기다.

이는 대한민국에서 태어나 자라며 '세계'의 존재를 실감한 모든 이들이 한번은 겪게 되는 문제이자 영원히 해결할 수 없는 과제이다. 그런데 김어준은 이 문제에 대한 태도와 축구 경기를 응원하는 자세, 한국팀의 승리를 당당하게 기뻐하지 못하는 패배주의적인 태도 등을 잇는 어떤 '선'을 발견했다. 우리가 비겁하기 때문에, 자신이 강팀이라는 사실을 믿지 못하는 오리엔탈리즘적인 사고방식에 젖어 있기 때문에 그렇다고, 승자의 눈으로 세상을 바라보는 버릇을 들이면 달라질 것이라고, 김어준은 믿었고 외쳤다. '이거 파시즘적인 구호 아냐?'라고 의심하지 말고 "대~한민국!"을 외치면서 뜨거운 눈물을 흘리다 보면 언젠가 대한민국도 이탈리아처럼 강하고 아름다운 나라가 될 수 있을 터였다.

노무현과 황우석이라는 섹시한 응원의 대상

2003년 9월의 김어준이 사회진화론적 뉘앙스를 풍기는 논의를 전개해가며 문명사적 고찰을 할 수 있었던 이유 중 하나는, 2002년 12월 '역사의 후퇴'를 막아냈기 때문이기도 했다. 월드컵에서 한국팀이 4강에 오르는 기염을 토하면서 당시 축구협회장이었던 정몽준은 갑자기 유력한 대선주자로 떠올랐고, 그때까지 지지율을 끌어올리기 위해 애쓰던 새천년민주당의 대선 후보 노무현은 위기에 빠졌다.

탁월한 연설 능력, 열성적인 핵심 지지층의 헌신적인 선거운동, 독보적인 정치적 감각과 타이밍 포착 등을 통해 노무현은 불가능할 것 같았던 후보 경선에서 승리하며 대통령 후보가 되었다. 문제는 갑자기 정몽준이 등장하고 나니, 노무현이 차지하고 있던 '깨끗하고 신선한 정치인' 이미지가 상당히 빛을 잃었고, 온 나라를 휩쓸고 있던 축구 열기가 불리하게 작용했다는 것이다.

노무현은 다시 한 번 창의적인 방법으로 위기를 정면 돌파했다. 정몽준 측에 '여론조사를 통한 후보 단일화'를 제안하고 실행에 옮긴 것이다. 여론조사가 정치의 도구로 전면화되었고, 동시에 '본선 경쟁력'을 이유로 후보들이 단일화하는 경향이 생겨났는데, 이것은 이후 10년이 넘도록 한국 정치를 지배하는 주요 요소가 되었다. 그런 과정을 거쳐 노무현은 정치적 도박에서 승리를 거두었고, 대통령이 되었다.

정치인이라는 '사람'에 관심이 많았던 김어준은 노무현이 대통령이 되기 전, 이미 두 차례에 걸쳐서 그를 인터뷰한 적이 있었다. 정치인 노무현의 잠재력과 가치를 일찌감치 간파했다는 사실에 그는 상당한 자부심을 느낀다. 김어준에게 노무현의 당선은 역사의 가치가 현실화된 것이었고, 이제 더 이상 '우리'가 퇴보할 일은 없을 터였다. 월드컵에서 당당히 이탈리아를 무찔렀고, 대선에서 당당하게 '수구꼴통'들을 이겼으니, 이제 우리가 강팀이라는 사실을 아직도 못 믿는 패배주의자들을 가르칠 세계관을 형성하고 전파하는 일이 남았을 뿐이다.

'우리는 강팀이다 II'가 게시된 것은 2003년 9월의 일이다. 하지만 고작 반년이 지난 2004년 3월 12일, 대통령 노무현에 대한 탄핵소추안이 국회에서 통과되었다. 물론 2004년 5월 헌법재판소의 결정으로 노무현은 대통령직을 되찾았을 뿐 아니라 탄핵의 역풍에 힘입어 자신의 지지 세력과 함께 만든 열린우리당은 국회 의석의 과반을 점하는 쾌거를 이루었다. 아무튼 노무현은 대한민국 역사상 최초로 국회에 의해 탄핵소추를 당한 대통령이 되었다.

김어준을 비롯한 노무현 지지자들이 누리고 있던 '정신적 태평성대'는 바로 그때 끝났다. 그들이 막연하게 무리를 지어놓은 '기득권', 혹은 '수구꼴통'이나 '조중동'으로 표상되는 거대한 악과의 투쟁은 영원히 끝나지 않을 터였다. 내가 조금만 방심하면 그들은 '우리 대통령'을 공격한다. 내가 손을 놓고 있으면 '우리 대통령'을 잃어버릴지도 모른다. 김어준의 머릿속에서 영원한 전쟁이 시작되었다.

김어준은 축구가 전쟁의 대리물이라는 사실을 아무 거리낌 없이 받아들였다. 축구라는 대리전쟁에서 승리한 대한민국을 응원하는 그의 언설 속에는, 마치 러일전쟁 당시 자국을 응원하고 승전보에 기뻐하던 일본 지식인 비슷한 정조가 흐른다. 동시에 '우리'의 세상은 '저들', 즉 서양과는 달리 주체적으로 근대화를 하지 못해 역사적으로 단절되어 있고 자기 자신의 문화를 제대로 알지도 못하며 도리어 부끄러워하는 경향을 보였는데, 그렇기에 모두 한마음이 되어 "대~한민국"을 외치며 국가대표 축구팀과 자신을 동일시하는 과정은 각별한 의미를 지닐 수밖에 없었다. 심지어 근대적이지도 않은 파편화된 개인들이 '한국인'으로서 주체적으로 응원하고 목소리를 내는 일이기 때문이었다.

그렇다면 응원의 대상이 반드시 축구에 한정되어야 할 필요도 없을 것이다. 자신을 대입하거나 적어도 몰입할 수 있는 '섹시'한 대상과, 그 대상에 몰입하는 행위를 추하다고 혹은 파시즘적이라고 비판하면서 흥을 깨지 않는 것이 관건일 뿐이다. 정치인 노무현은 김어준에게 바로 그런 대상이었다. 황우석 박사가 《사이언스》라는, 서양의 합리성과 이성을 대변한다 할 수 있는 과학 전문지의 1면을 장식하는 사건 역시 김어준에게는 과학이 아닌 '우리'의 승리였다.

황우석 박사팀이 연구원의 난자를 이용해 배아줄기세포 배양 실험을 하고 있었다는 사실을 MBC의 시사교양 프로그램인 「PD수첩」 제작진이 폭로했다. 2005년 11월 22일의 일이다. 이틀 뒤인 11월 24일 황우석 박사는 대국민 사과 성명을 발표했다. 대한민국이 황우석 사태를 놓고 '둘로 갈라졌다'고 말한다면, 그것은 거짓말이다. 대부분의 사람들은 그래도 황우석의 편을 들었고, 「PD수첩」과 《프레시안》 그리고 일부 지식인만이 황우석 팀의 연구 윤리 등을 지적했다. 그 '대부분의 사람들'에는 김어준, 유시민 당시 보건복지부 장관, 심지어 노무현 대통령까지 포함되어 있었다.

김어준은 《부산일보》에 '황우석 사태 관전기'라는 제목의 칼럼을 기고한다. 11월 29일의 일이다. "황우석 사태, 생뚱맞게도, 월드컵이 오버랩됐다."며 말문을 연 김어준은 "말하자면 「PD수첩」은, 2002년 안정환의 이태리전 결승 헤딩골은 카메라 사각이어서 제대로 잡히지 않아 그렇지 사실은 안정환의 핸들링이었다는 것을 온갖 자료를 동원해 증명해내고 또 손에 닿은 것을 알면서도 아무 말 하지 않은 안정환은 거짓말쟁이라는 걸 다큐멘터리로 만들어 입증한 꼴"(「황우석 사태 관전기」,《부산일보》2005년 11월 29일)이라는 독창적인 논지를 펼친다.

열한 명의 태극전사가 하는 축구와, 실험실에서 10여 명의 연구진이 하는 배아줄기세포 복제 연구 사이의 간극이 단번에 지워진다. "모든 이의 자부심과 뿌듯함"을 위한 행위이므로, 양자 사이에는 본질적인 차이보다 공통점이 더 부각되는 것이다. 그러므로 줄기세포 복제 연구 자체가 날조된 것이 아니라 그저 '연구 윤리 위반' 문제로 여겨졌던 11월 말, 김어준의 입장은 2002년 월드컵 당시 한국팀에게 유리한 편파 판정 논란이 일어났을 때와 거의 동일한 궤적을 그렸다. 피파에서 새로 적용한 심판 규정 때문에 토티가 퇴장당했을 뿐이라고 우리가 '당당히' 주장할 수 있듯이, "충분히 자발적임을 입증할 수 있을 경우, 연구원 난자 기증 가능하단 것이 배아복제 실험 과정에서 우리가 경험적으로 획득한 실험 윤리라고 국제 과학계에 주장하는 꼴 좀 봤음 한다."고 김어준은 말했다.

전쟁의 대리물로서의 축구. 그리고 영원히 끝나지 않는 전쟁. 하여 이제는 세상사 모든 일이 '감정이입'하고 '열광'할 수 있고 그래야 하는, 축구 경기이자 전쟁이 되어버렸다. 황우석의 연구 자체가 날조된 것임이 확인되어 본인의 패색이 짙어지자, 김어준은《한겨레》의 지면을 빌려

"황우석 사태, 이제 그만 닥치자"고 외친다. "대중의 감정이입을 멍청한 착각이고 위험한 파시즘이라고만 단정하는 게으르기까지 한 관성적 비판과, 영웅적 캐릭터로부터 위무 받고 대리만족 느끼던 대중을 간단히 애국주의로 괄호 치는, 그 야박하고 오만한 이성주의가 난 훨씬 더 재수없다."(「황우석 사태, 이제 그만 닥치자」, 《한겨레》 2005년 12월 29일)고 한발 물러선 것이다.

그러나 정작 황우석 사태에 대해 순순히 "닥칠" 수 없던 사람은 김어준 자신이었다. 2006년 2월 2일 《한겨레》 지면에 오른 '황우석 미스터리'라는 칼럼에서, 김어준은 황우석과 미즈메디와 공동 연구자 새튼과 과학 전문 학술지 《네이처》 등을 소재로 삼아 이런저런 음모론과 가설을 마구 던져놓는다. 물론 어떤 주장에도 책임을 질 수는 없기에, "나중에 바보 되면 내 배는 내가 알아서 째리라. 하지만 난 이 사건이 도대체 이상하다. 나만 그런가."(「황우석 미스터리」, 《한겨레》 2006년 2월 2일)라고 흐지부지 결론을 내리지만, 이 과정에서 만들어진 하나의 스타일로 이후 김어준의 활동 방향을 예상할 수 있게 된다.

세계시민적 개인주의자와 음모론적 정치 선동가의 공모

박지성에게 '두 개의 심장'이 있듯이, 우리는 김어준에게 '두 개의 자아-캐릭터'가 있다고 말할 수 있을 것이다. 배낭여행을 통해 얻은 경험을 곱씹으며 만들어낸 '세계시민적 개인주의자'가 한편에 서 있다면, 노무현의 당선과 2002년 한일 월드컵, 노무현 탄핵, 황우석 사건, 이후 노무현의 검찰 조사와 자살 등으로 이어진 일련의 비극을 통해 확고해진 '음모론적 정치 선동가'가 다른 한쪽에 있다.

양자의 간극은 실로 어마어마하다. 개인주의자 김어준과 정치 선동가 김어준은, 같은 육체를 가지고 있지만 전혀 다른 사고 과정을 통해 움직인다. 개인주의자 김어준에게 조직이란 개인의 생존을 위해 필요한 것일 뿐이며 삶을 방해하는 조직이 있다면 개인은 그걸 버리거나 바꿔야 한다. 하지만 정치 선동가 김어준에게, 우리가 어지간해서는 벗어날 수 없는 조직인 대한민국은, 모두 한마음 한뜻으로 응원하고 자랑스럽지 않아도 자랑스러워해야 할 당위를 내포하고 있는 무엇이다.

음모론적 정치 선동가 김어준이 황우석에게 '올인'했다가 황우석의 연구 조작이 사실로 드러나면서 큰 위기에 빠졌을 때, 한동안 발언권을 잡지 못했던 세계시민적 개인주의자 김어준이 드디어 구원투수로 나섰다. 《한겨레》에 연재된 상담 코너 '그까이거 아나토미'는 김어준의 실추된 명예를 회복시키기에 충분했다. 그만큼 한국 사회에는 아직도 개인주의적 감수성이 제대로 뿌리를 내리지 못하고 있기 때문이다. 자기 자신의 삶을 살라고 시원시원하게 조언하는 '딴지 총수' 김어준을 보며, 사람들은 그가 《사이언스》 1면의 논문 게재를 안정환의 헤딩슛과 비교하던 사람과 동일 인물이라는 사실을 기억 저편으로 넘겨버릴 수 있었다.

그렇게 대중적 입지를 회복한 김어준은 2011년 『닥치고 정치』(푸른숲, 2011)를 출간하고 그해 연말부터 팟캐스트 「나는 꼼수다」를 시작하면서 대중적 스타로 떠올랐다. 임기 4년차에 접어들어 예전만큼 말빨이 먹히지 않게 된 대통령 이명박을 소재로 삼아, 정치 선동가 김어준의 관심사인 온갖 음모론과 '시나리오'를 엮어 내놓자, 특히 노무현의 자살 이후 정신적 공허감에 빠져 있던 옛 열린우리당 지지자들이 폭발적인 반응을 보이기 시작한 것이다. 『닥치고 정치』는 상당히 오랜 시간 베스트셀러 1위를, 팟캐스트 「나는 꼼수다」는 아이튠즈 전체 팟캐스트 중 다운로드 1위를 기록하는 기염을 토했다.

그러나 개인주의자와 정치 선동가의 묘한 동거는 지속적으로 불협화음을 빚어낸다. 『닥치고 정치』를 펼쳐보자. 개인주의자 김어준은 이명박 대통령이 촛불시위의 배후로 노무현을 지목했다는 사실을 놓고 "자기들 잘못을 정면으로 인정할 수 없는 초라한 정신세계를 가진 자들이 가장 쉽게 매달리는 사고 패턴"이라며, "그런 자들은 일이 잘못되면 배후나 음모가 있어줘야"(『닥치고 정치』, 김어준 지음, 지승호 엮음, 푸른숲, 2011년, 104쪽) 한다고 비아냥거린다.

그런데 책을 조금만 넘겨보면 이번에는 서태지와 이지아의 이혼 사실이 어떻게 언론에 알려졌는가를 두고, 김어준 본인이 "배후나 음모"를 찾는 모습을 보여준다. "바른은 이명박의 법무적 경호실장"인데, "그런 바른이 이지아의 법적 대리인"이고, "그 재판의 정확한 성격을 알았던 사람은 이지아 측 변호인단밖에 없지 않느냐는 추론이 가능"(같은 책, 108쪽) 하기 때문이라는 것이다.

"전지적 가카 시점"이라는 유명한 유행어가 너무도 잘 말해주다시피, 『닥치고 정치』와 '나는 꼼수다'의 상당 부분은 바로 그런 음모론에 할애된다. 그렇다면 음모론적 사고방식에 대한 노골적인 비판은, 그의 개인주의적 자아가 남겨놓은 다잉 메시지 같은 것일지도 모르겠다.

『건투를 빈다』의 김어준은 '세계시민적 개인주의자'이고, 『닥치고 정치』의 김어준은 '음모론적 정치 선동가'라고, 따라서 우리는 후자를 버리고 전자를 취할 수도 있지 않느냐고 누군가는 말할지 모른다. 하지만 바로 앞에서 살펴본 것처럼 『닥치고 정치』에서 김어준의 개인주의자 면모를 희미하게 엿볼 수 있듯이, 『건투를 빈다』에는 세계시민적 개인주의자의 아르마니 양복 밑에 감춰진 'Be the Reds' 티셔츠의 땀자국이 남아 있다. 양자는 떼어놓으려야 떼어놓을 수 없는, 하나의 자아가 가지고 있는 두 개의 얼굴이다. 이 부분을 확인해보자.

이 책에서 나이 70이 되었을 때 무슨 일을 하고 싶은지 스스로에게 물어본 김어준은, 기력이 쇠한 후 동네에서 작은 식당을 하나 하고 싶다며 본인의 "70대 리스트" 중 일부를 공개한다. 그는 "그저 열 받는 것과 흥분되는 것이 공유되는 '꽈'가 같은 사람들과 먹고 마시고 수다 떨며, 조국과 민족의 무궁한 영광과 영 관련 없이 늙어가고"(『건투를 빈다』, 83쪽) 싶다고 고백한다.

> 하여 그런 거점으로 난 식당 하나를 열 거다. 그래서 35년 전 2002년 월드컵 이탈리아전을 이야기하면서 어제 일처럼 같이 열광하고 30년 전 2008년 광우병 사태를 이야기하며 오늘 일같이 함께 흥분하는 사람들, 노년엔 그렇게 통하는 사람하고만 놀고 싶다는 거다. (같은 곳)

자, 지금의 김어준이 볼 때, 35년 후의 김어준이 여전히 열광할 만한 소재가 있다면 무엇인가? 2002년 월드컵 이탈리아전이다. 서른 살을 더 먹은 김어준이 여전히, 분노의 뉘앙스로 흥분할 만한 일은 뭘까? 2008년 광우병 사태이다.

잠깐, 2008년 광우병 사태라고? 이 말은 좀 이상하다. 좀 더 정확하게 이야기하자면, 솔직하지 못한 표현인 것 같다. '꽈'가 같아서, 통하는 사람들하고만 하고 싶은 이야기가 무엇인지 우리는 이미 다 알고 있기 때문이다.

> 황 박사 사건은 인간이 저지른 과오를 악마적 의도라고 단정하는 진영 논리로, 저지른 잘못에 합당한 징벌을 상회하는 결과적 폭력이었다고 여기지만, 그래서 그저 생래적 보수성을 타고났을 뿐인 불완전한 인간 하나를 사회적 걸레로 용도 폐기하는 진보의 잔인한 비인간성을 목격한 것이라 생각하지만, 그 이야기를 하는 순간 또 하나의 책이 만들어져야 하니까, 그건 그냥 내가 욕먹고 말게.(웃음) 다만, 국익 드립.(웃음) 난 황우석이 말한 국익에 전혀 관심 없어. 이해시키기 힘들다, 참. 끝.(웃음)(『닥치고 정치』, 299쪽)

한번 따져보자. 우리는 대체 "2008년 광우병 사태"의 무엇이 김어준을 그토록 흥분하게 하는지, 그 흥분을 대중들과 나눌 수 없어서 굳이 개인 클럽까지 열어가며 통하는 사람들에게만 속삭여야 하는지 이해할 수가 없다. 광우병 사태의 악역은 이명박이요 선량한 희생자는 「PD수첩」과 국민들이었다. 혹시 김어준은 광우병을 다루던 「PD수첩」의 '취재 윤리'가, 마치 황우석 사태처럼, 문제가 있다고 생각했지만 대세에 휩쓸려 차마 말하지 못한 것인가? 대중의 심기를 거스르고 이명박을 감싸 안으며 'PD수첩, 광우병, 씨바 왜 그따위로 검증하냐'고 따질 생각이었을까?

물론 그럴 리가 없다는 것을 우리는 잘 알고 있다. 김어준이 지금까지도 분노하는 사건은 황우석 사건이지 광우병 사태가 아니다. 겁먹은 개인을 대중과 미디어가 몰아가서 벼랑끝으로 밀어낸 사건. 앞서 인용했듯이 김어준은 황우석 사태를 그렇게 이해한다. 우리나라를 위해 뛰는 선수가 핸들링을 했다고, 한국인들이 FIFA에 제소해서 선수 자격을 박탈해버린 사건. 우리가 우리 편을 구석으로 몰아붙인 사건. 개인을 도구로 삼다가 쓸모가 없어지면 버리는 진보의 잔인함을 드러낸 사건. 그리하여, 노무현의 탄핵 및 자살과 어렴풋이 겹쳐 보이는 사건.

월드컵에서 황우석으로 이어지는 김어준의, 말하자면 '흑역사'를 그의 단행본에서는 찾아볼 수 없다. 이는 어쩌면 당연한 일이다. 하지만 개별 사건에 대한 언급이 이러한 형태로 '은폐'돼 있다는 것은 전혀 당연하지 않다. 이거야말로 의미심장한 일이며, 적극적인 해석을 요구한다. 그러므로 우리는 손에 들린 단행본을 열쇠 삼아 인터넷을 검색하게 되었고, 김어준이 감추면서 동시에 드러내고 있는 나머지 반쪽의 자아를 확인했으며, 더불어 그가 살아온 시대의 밑그림을 얻었다.

외환위기 이후, 세계시민적 개인주의자의 불안한 삶

김어준은 IMF 외환위기가 터지기 얼마 전, 국내에서 가장 많은 월급을 주는 포스코에 입사했지만 6개월 만에 퇴사하고 자기 사업을 시작했다. 외환위기가 닥치면서 일거리가 끊겨 하릴없이 만든 것이 《딴지일보》였고, 이후 지금까지 '딴지일보 총수'로서 살아간다. 그러나 대학 시절을 배낭여행으로 보내고도 국내에서 가장 높은 연봉을 주는 직장에 들어갈 수 있었던 사람이 거길 박차고 나와 "인생은 비정규직"이라고, 삶에 보직은 없다고 말할 때, 애초에 정규직이 될 가능성조차 너무도 희박해서 한 줌의 지푸라기를 쥐려고 김어준이 말하는 '초식동물'의 삶을 감내하는 이들은, 부러움과 허탈함을 느낄 것이다.

외환위기가 발생한 다음부터, 기존의 표준 삶의 모델들이 하나씩 허물어졌다. 직장은 더 이상 직원들을 지속적으로 챙겨주지 않는다. 노동자는 쓰고 버리는 건전지만도 못한 존재가 되었고, 김어준이 유럽에서 보던 으리으리한 명품들은 이제 서울 시내 백화점만 가도 손쉽게 구경할 수 있다.

김어준이 만들어낸 개인의 모델, '세계시민적 개인주의자'는 그래서 더욱 불안해진다. 삶이 통째로 비정규직인 현실 앞에서 언제 두려운 칼날이 나를 노리고 들어올지 모른다는 긴장감을 떨쳐버릴 수가 없다. 한데 그들은 개인주의자라 기존 정당과 노동운동 조직 등을 받아들일 수 없으므로, 약하디 약한 '나'의 한계에서 벗어나는 길은 오직 감정이입과 열광뿐일 것이다.

정치 선동가 김어준은 바로 그 결여를, '나는 대중들에게 열광할 수 있는 소재를 제공한다.'고 스스로 최면을 거는 자아 캐릭터를 통해 채워 넣었다. 마치 자기 자신이 마약 중독자이기도 한 마약 딜러처럼, 음모론적 정치 선동가로서의 김어준은 정치인을 연예인과 크게 다르지 않은 시선으로 바라보고 평가하고 선별하여 대중들 앞에 던져놓는다. 본래 서울대 조국 교수를 '띄우기' 위해 『닥치고 정치』를 기획했지만, 간을 보고 아니다 싶어서 분새인으로 갈아타는 모든 과정이 책에 솔직하게 기록되어 있다.

그러므로 정치 선동가 김어준은 무책임해질 수밖에 없다. 김어준이 선동하는, '닥치고' 문재인을 지지하자는 '정치'는 경제적 굴레에 자발적으로 복속할 수밖에 없는 현실에 무기력하다는 말이다. 그저 '박근혜는 아니지 않느냐', '공동체의 일원으로서 최소한의 염치가 있다면 어떻게 그럴 수 있느냐'는 수준에서 더 나아갈 수가 없다. 문재인을 닥치고 찍어봐야, 어차피 우리 모두의 인생이 비정규직이다. 대통령 바뀌었다고 해서 너와 나의 직장만 정규직이 될 수는 없는 것이다. 이보다 더 큰 삶의 조건이 어디 있단 말인가?

우리는 대통령을 바꿀 수 있지만, 결국 인생은 알아서 사는 것이므로, 대통령은 우리의 삶을 바꿀 수 없다. 모든 '정치'가 그렇다. 정치를 향한 참여와 열광의 목소리가 높아질수록, 지난 10여 년간, 반대로 정치에 참여함으로써 실제 삶이 바뀔 가능성은 줄어들어만 갔다. 결국 2012년 대선은 박근혜와 문재인이 아니라 박정희와 노무현이 맞붙는 상징계의 싸움이 되어버렸고, 열광적인 호응을 얻은 「나는 꼼수다」는 세대별 인구수의 벽을 넘지 못했다. 이 결과에 '멘붕'했던 김어준은, 마이크도 끄지 않은 채 스튜디오를 떠났고, 자신의 설명에 따르면 프랑스에서 "늘 하던 대로 아침에 카페 가서 에스프레소 한잔 마시며 유럽·미국 뉴스 훑고, 알아둘 기사 있으면 그쪽 기자에게 연락해 뒷이야기 듣고, 관계 맺고 자료 조사하고, 구상"했다. 역사는 반복된다. 음모론적 정치 선동가가 패배를 곱씹는 사이, 세계시민적 개인주의자의 페르소나는 팬 관리를 하고 있는 것이다.

수십 만 비정규직 청취자들의 비자발적 자유를
대가로 한 김어준의 자유

1987년 민주화 투쟁과 1988년 서울올림픽을 모두 놓친 한 청년은 이 좁은 세상이 너무도 갑갑했다. 때마침 해외여행이 자유화되고, 3저 호황으로 국내에서 해외여행을 할 만한 여비를 손쉽게 마련할 수 있는 세상이 열리지 않았더라면 청년의 20대는 더욱 우울해졌을 것이다. 하지만 그는 아주 좋은 시점에 대학에 들어갔고, 사실상 '배낭여행 1세대'로서 개척 세대가 누릴 수 있는 특권을 만끽했다.

《한겨레》에서 주관한 인터뷰 형식의 특강에서, 김어준은 늘 그렇듯 젊은이들에게 여행을 많이 다니고 연애를 하라고 조언했다. 문제는 여행 경비를 마련하는 방법이다. 김어준은 자신의 경험에 기반하여, 다른 나라의 여행 여건과 편의시설 등을 소개하는 비디오를 찍어주는 대신 여행사에서 자신에게 항공권을 제공하는 '딜'을 할 수도 있다고 이야기한다. "그렇게 자기가 처한 상황 안에서 애를 써서 방법을 찾다 보면 방법은 무수히 많다고 생각"(『화: 6인 6색 특강』, 진중권 외, 한겨레출판, 2009, 298쪽)한다고, 그러니까 각자 알아서 방법을 찾아서, 해외여행을 많이 해보라는 조언이다.

구글 지도로 파리와 뉴욕과 런던의 뒷골목까지 헤집고 다닐 수 있을 뿐 아니라, 심지어 구글 스트리트 뷰로 에베레스트와 킬리만자로까지 구경할 수 있게 된 지금, 이런 조언을 진지하게 받아들일 사람은 아마 한 사람도 없을 것이다. 김어준이 처음 여행을 다니던 시절에는 그렇지 않았다. 갑자기 '세계'의 문이 열렸고, 가장 먼저 뛰쳐나간 사람들은 누구보다 빨리 한국에 돌아와 자신이 보고 듣고 겪은 '세계'의 모습을 소개하고 전파할 수 있었다. 그것만으로도 낭만과 희망을 이야기할 수 있었던, 아직은 세계가 덜 평평했던 시대의 모험담인 것이다.

그렇게 만들어진 세계시민적 개인주의자 캐릭터가 김어준을 '쿨'한 존재로 만들어줬다면, 88올림픽을 즐길 수도 없었던 한 청년이 2002년 월드컵을 보며 개인에서 '우리'로 도약한 후, 몇 번의 질곡을 거쳐 주조해낸 음모론적 정치 선동가의 캐릭터는 그를 '핫'하게 만들었다. 얼핏 보기에 양립하기 어려운 두 개의 입장이 한 사람의 몸에, 모종의 담론적 굴절을 통해 안착해 있다.

그 둘을 떼어내기란 불가능하다. 개인주의자보다 정치 선동가가 이끌어낼 수 있는 대중적 팬덤이 훨씬 더 크지만, 정치 선동가가 삐끗할 때면 언제나 개인주의자가 구원투수로 나서기 때문이다. 이는 개인적 삶의 양식으로서의 자유주의와 경제적 신자유주의가 21세기 대한민국을 지배하는 두 원리로 작동하는 상황과 정확히 일치한다. 그리고 열광의 정치는 대한민국이라는 공동체를 파시즘의 이상향으로 서서히 몰아가고 있는 중이다.

김어준의 세계 속에서 우리는 부모에게 인생을 저당 잡히고 살아가서는 안 될 개인이자, 동시에 국가대표 축구팀의 경기를 보고 함께 환호해야 마땅한 한국인이다. 자신의 늙은 몸을 인질로 삼아 자식들의 삶을 침범하는 부모와 싸우는 청년의 건투를 빌어주지만, 그가 닥치고 문재인을 지지하지 않으면 김어준은 그를 '겁쟁이 유인원'쯤으로 낙인찍을 것이다. 김어준이 말하고 실현하는, '인생은 비정규직'이기에 오는 자유는, 그의 자유를 동경하는 수십만 비정규직 청취자들의 비자발적 자유가 없다면 성립할 수조차 없다. 이 간극과 양면성이야말로, 늑대소년이 피시방에 앉아 이번 시즌 아르마니 수트를 검색하고 있어도 전혀 어색하지 않은, 지금 우리가 살아가는 현실 자체다.

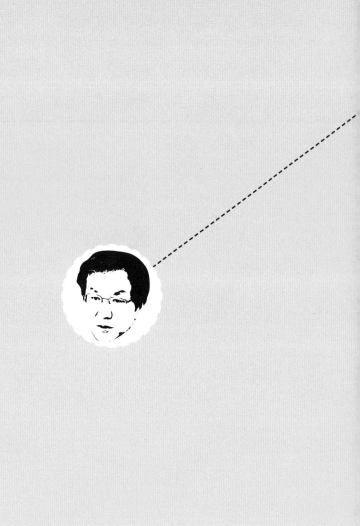

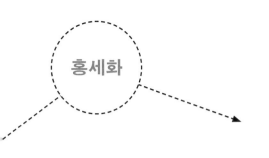

홍세화

혁명 투사가 된

'빠리의 택시운전사'

'빠리의 택시운전사'라는 이름표

한 권의 책을 읽고 인생이 바뀌었다고 말하는 사람이 많을까, 아니면 그런 책을 써서 삶이 바뀌었다고 말할 사람이 많을까. 독자들이 아무리 '내 인생의 책'을 손에 꼽아봐야, 책이 저자의 삶에 미치는 영향과 견주기란 어려울 것이다. 사람이 책을 만들고 책이 사람을 만든다면, 책이 만드는 '사람'과 더 긴밀한 쪽은 독자가 아니라 저자라는 뜻이다.

가령 홍세화가 그렇다. 1995년 그 유명한 책이 출간된 후 지금까지 '빠리의 택시운전사'로 불리고 있으니 말이다. 『나는 빠리의 택시운전사』(창작과비평사, 1995), 『쎄느 강은 좌우를 나누고 한강은 남북을 가른다』, 『악역을 맡은 자의 슬픔』(한겨레출판, 2002), 『빨간 신호등』(한겨레출판, 2003), 『생각의 좌표』(한겨레출판, 2009) 등 저서가 벌써 다섯 권이고, 1990년대 중후반부터 한국 사회의 신보 논색으로 손꼽혔으며, 2011년부터는 신보신당의 당대표로 활동하기도 했지만, 사람들이 기억하는 홍세화는 어디까지나 "빠리의 택시운전사", 홍세화인 것이다.

"빠리의 택시운전사"라는 특정한 누군가는 어쩌면 홍세화 본인보다 더 유명한 사람일지 모른다. 다소 이상한 말처럼 들리겠지만, '홍세화'라는 노래는 없지만 「나는 빠리의 택시운전사」라는 노래는 있다. '무키무키만만수'라는 2인조 그룹이 바로 이 책의 제목을 따서 노래를 만들어 불렀던 것이다. 해당 곡에 그런 이름이 붙게 된 이유는 멤버 중 한 사람의 방 바닥에 『나는 빠리의 택시운전사』가 굴러다녔기 때문이라고 한다.

요컨대 『나는 빠리의 택시운전사』는 심지어 출간 후 20년이 다 되어가는 지금까지도 젊은 독자들에게 팔리고 있는 책이다. 그것이 '읽히고' 있다고까지 단정할 수야 없겠으나, 인터넷 서점 등을 확인해보면 꾸준히 독자 리뷰가 올라오고, 낮지 않은 판매지수가 유지된다. 유난히 순환이 빠르고 유행에 민감한 한국의 문화 시장에서 상당히 이례적인 현상이라고 할 수 있을 것이다. 말하자면 '책 힘'이 죽지 않았다는 뜻이며, 그만큼 다른 누구보다 저자가 본인의 저작을 끝없이 의식해야 하는 상황이다.

진보신당의 서울 마포당협 당원인 홍세화는 2011년, 진보신당의 당원 게시판 '세상사는 이야기'에 "'오르고 싶지 않은 무대'에 오르며—진보신당 당대표 출마의 변"이라는 글을 올렸다. "빠리의 택시운전사"는 심지어 이 글에도 등장한다.

도스토옙스키였던가요, 두려운 것은 '고통' 자체가 아니라 '의미 없는 고통'이라고 말했던 이는. 당원 동지 여러분. 저는 상처를 두려워하지 않습니다. 설령 만신창이가 된다고 하더라도 이 척박한 땅에 참된 진보정당의 뿌리를 내리는 데 작게나마 기여하고 젊은 후배들에게 길을 열어줄 수 있다면,『나는 빠리의 택시운전사』로 얻은, 그것 아니었다면 쎄느 강변에서 소멸했을 허명에 값하는 의미로서 이미 충분합니다. 동지 여러분이 진보신당의 당원임을 자랑할 수 있는 날을 반드시 오게 하기 위해 오늘과 내일 받을 상처 때문에 뒷걸음질 치지 않겠습니다.(https://www.newjinbo.org/xe/2336111)

홍세화 자신보다 이 사실을 더 잘 아는 사람은 없을 것이다. "나에겐 이래저래 '택시운전사'가 따라다닌다."는 것을. 그는 또한 "실제로 나는 나의 정체성에서 택시운전사가 많은 부분 그대로 남아 있기를 기대한다."(『악역을 맡은 자의 슬픔』, 20쪽)는 소망을 피력한다. 이는 홍세화가 많은 글에서 자신을 소개하면서 제시하는, "시어질 때까지 수염 풀풀 날리는 척탄병"의 이미지와도 상응한다. 본의 아니게 시작한 기나긴 망명 생활 도중 한 권의 책으로 뜻하지 않게 유명인사의 반열에 올랐고, 이후 고국에 돌아와 소망하던 대로 당원의 한 사람으로서 진보정치에 투신할 때, 자신이 만든 '택시운전사', 혹은 '척탄병'은 꾸준한 일관성을 유지하며 기대했던 만큼의 효과를 발휘해왔다.

그 택시운전사가 제시한 담론의 무기가 바로 '똘레랑스'였다. 프랑스어로 관용, 용인을 뜻하는 이 개념을 홍세화는 자신의 것으로 전유했고, 프랑스에서 온 신선한 어휘는 한국의 독자들에게 깊은 인상을 남겼다. '빠리의 택시운전사' 홍세화가 똘레랑스를 말하면서, 또한 '앵똘레랑스'에 대한 결연한 투쟁을 선포하면서, 한국 사회의 담론과 지형도에 새로운 획 하나가 추가되었다.

자신에게 새겨진 피의 역사에 눈 뜨다

1947년, 해방되었지만 아직 대한민국이라는 나라가 건국되기도 전에 태어난 홍세화는, 경기중학교를 나오고 경기고등학교에 진학했던, 공부를 잘하는 학생이었다. 당시에는 고등학생들도 이른바 '시국'에 관련된 시위를 주도하거나 참여하는 일이 적지 않았기에 1964년과 1965년에 걸쳐 벌어진 박정희 정권의 대일 외교에 대한 반대 시위에 참여하게 되었다. 홍세화는 "3학년 때 시위에 참여하였다가 처음으로 경찰서 신세를 지게 되었다. 종로경찰서였는데 몇 시간 잡혀 있다가 이른바 훈계 방면으로 나왔"(『나는 빠리의 택시운전사』, 168쪽)던 것이다.

아무튼 고3이었던 홍세화는 영어보다 수학을 더 잘했기 때문에 별생각 없이 이과를 지망하고, 서울공대 금속공학과에 합격했다. 이어 그의 인생을 바꾸게 될 첫 번째 사건이 벌어진다. 자신은 기억하지 못하지만, 어린 시절 "단물이 다 빠진 멸치를 나의 콩나물국에서 그리고 할아버지의 국에서도 할머니의 국에서도 걸귀처럼 건져 먹었던"(같은 책, 160쪽) 이유를 비로소 알게 된 것이다.

> 66년 경기고를 졸업하고 서울공대에 입학한 그해, 남이 부러워하는 이른
> 바 KS마크가 되어 남 보란 듯이 교복을 입고 충남 아산군 염치면 대동리,

일명 '황골'이라고 부르는 그곳, 바로 현충사에서 고개를 하나 넘으면 되는 그곳에 갔던 날까지는 그랬다. 아버지와 함께 갔던 그곳에서 나는 그 대부를 만났다. 그리고 작은아버지의 말씀도 듣게 되었다. 그리하여 나는 알게 되었다. 내가 대수롭지 않게 지나쳤고 또 내 기억 속에도 없는 그 굶주림의 실체를 똑똑히 알 수 있었다. 내 기억에 없는 나 자신이 그 현장에 있었다.(같은 책, 161쪽)

한국전쟁 때 그 '황골'이라 불리는 동네에서 홍세화의 아버지와 어머니, 홍세화 자신과 동생은 가까스로 몸을 숨기던 중이었다. 하지만 인민군이 들이닥쳤고, 앞서 언급된 "대부"의 가족들은 몰살당했으며, 돌도 안 된 홍세화의 동생 역시 "죽는 병이 아닌 병에 걸려 죽었다."(같은 책, 170쪽) 그런 일을 겪은, "옥토끼를 잃은 젊은 나의 어머니는 혼을 뺏겼고 나를 키울 자신도 잃었다."(같은 곳) 결국 조부모의 손에 맡겨진 채 홍세화는 서울에서 자라났고 장성하여 출세의 보증수표인 KS마크를 달게 되었는데, 그 성인식이 끝나자마자 본인이 기억하지 못했고 기억할 수도 없었던 비극적인 역사를 알게 된 것이다. 형인 세화는 살아남았지만, 동생인 민화는 살아보지도 못하고 세상을 떠났다. 전쟁 때문이었고, 넓게 보자면, 전쟁의 배후에 있는 미국과 소련 때문이었다.

소년 홍세화가 얼마나 '깨어 있는' 학생이었는지 지금의 우리가 가진 자료만으로는 다 확인하기 어렵지만, 적어도 남들이 시위한다고 할 때 팔짱 끼고 뒤로 물러설 성격이 아니라는 사실은 1965년의 사건을 통해 알 수 있다. 그런 이가 대학에 진학하자마자 이른바 '민족사적 비극'을 목도하게 된 것이다. 그것은 남의 일이 아니었다. 자신에게 새겨진 피의 역사였다. 홍세화에게 가족사를 일러준 아버지가 어떤 뜻을 품고 있었는지도 우리는 알 수 없다. 하지만 그 결과는 우선 성적표에 찍혀 나오기 시작했다.

> 어렵게 입학한, 그리고 남들이 부러워하는 서울공대였는데 다니기 싫어졌다. 관성에 의해 학교에 가기도 했지만 안 가는 날이 더 많았다. 여지없이 낙제를 했다. 그것은 나의 학창시절 중에서 처음으로 일어난 불상사였고 또 실패였다. 충격이었다. 다시 잡념을 버리고 공부를 하겠다고 다짐하고 기숙사에 들어가기도 했다. 그러나 이미 물리학, 화학, 수학 등의 과목은 나에게 들어오지 않고 있었다.(같은 책, 228쪽)

이리저리 방황하다가 자퇴서를 내고, "기차를 타고 이리역에서 내린" 홍세화는 "역 앞에서 어느 여인의 품에 잠깐 안겼다가 마냥 걷고 또 걸어 군산까지 갔다. 다시 군산에서 통통배를 타고 개야도라는 섬에 갔다."(같은 책, 230쪽) 그 섬은 밀물이면 잠기고 썰물이면 길이 드러나 걸어서 드나들 수 있는 곳이었다. 거기서 한 차례의 밀물 때를 보내며 비를 맞고 고뇌하던 홍세화는 고래고래 노래를 부르고 "민화야!"라고 소리를 지르다가, 물이 빠지고 섬이 다시 육지가 되자 거기에서 빠져나왔다.

> 드디어 물이 빠지기 시작했다. 그리고 내가 갇혀 있던 섬이 다시 육지가 되었다. 나는 해방되었다. 뛰었다. 희열로 젖어 있는 몸으로 뛰었다. 육지였던 곳까지 뛰었다가 다시 섬이었던 곳으로 뛰었다. 신나게 왔다갔다하며 뛰었다. 나는 그가 되고 그는 내가 되었다. 나는 그였고 그는 나였다. 드

디어 나는 하나가 되었다.(같은 책, 231쪽)

남민전 투사 홍세화의 자전적 에세이
- -

『나는 빠리의 택시운전사』는, 짐작건대 이 책을 이미 읽었을 여러분이 기억하는 바와는 퍽 다른 책이다. 이 원고를 쓰기 위해 참으로 오랜만에 다시 책을 펼친 내가 그런 경험을 했기 때문에 어느 정도 자신 있게 말할 수 있다. 우리가 아는 저자 홍세화는 '택시운전사' 이후의 홍세화이다. 이미 그가 프랑스에서 오래 살다가 한국에 왔고 '똘레랑스'라는 개념을 제시하며 한국 사회를 비평하기 위한 이론적 교두보를 확보했으며, 순식간에 유명인사가 되었음에도 평판에 누가 될 만한 오점을 남기지 않은 채 '선비'의 자세를 유지한다는 사실 등을 우리는 알고 있고 홍세화를 그런 이로 기억한다.

하지만 이 책이 처음 쓰여지던 당시에는 그렇지 않았다. 당연하다면 당연한 것인데, '택시운전사'의 아우라가 너무도 강한 탓에 이제 우리는 그 사실을 잊게 되었다.『나는 빠리의 택시운전사』라는 책은 프랑스에서 망명 생활을 하고 있는 이른바 '남민전의 투사', '정치 난민' 홍세화의 자전적 에세이로 기획되었다는 점을 우리는 까맣게 잊어버린 것이다.

1995년을 돌이켜보자. 이른바 '민중가요'를 불러왔던,「철의 노동자」를 부르던 뜨거운 목소리의 주인공 안치환이「내가 만일」이라는 노래가 담긴, 같은 제목의 네 번째 음반을 내놓았다. 문제는 그 노래를 아무리 열심히 들어봐도 노동과 민중과 투쟁을 찾아볼 수가 없다는 것이다. "세상에 그 무엇이라도 그대 위해 되고 싶어", "사랑하는 사람아 너는 아니, 이런 나의 마음을"에는 한없는 서정만이 담겨 있었고, 대중들의 반응은 뜨거웠지만, 이른바 '운동권'들은 한없이 허탈해했다.(심지어 당시 학생이었던 나도 신문 지면에 이 노래에 대한 찬반양론이 쏟아졌던 것을 기억한다.) 1994년 김일성이 죽었고 1992년 소련이 망했지만, 이토록 빨리 '운동'이 '문화'의 영역으로 쏟아져 들어갈 줄은, 혹은 '문화'가 '운동'의 영역을 집어삼키게 될 줄은 아무도 몰랐다.

　남민전의 투사 홍세화의 자전적 에세이가 창작과비평사라는 이른바 '메이저' 출판사에서 나오게 된 사정은 이런 상황을 염두에 두어야 이해할 수 있다. 직업적으로 글을 쓰던 사람도 아니었던 홍세화에게 이토록 큰 기회가 주어지게 되었다. 안치환은 「내가 만일」로 1995년 '대중가요' 가수로 거듭났다. 박노해는 『사람만이 희망이다』를 내며 1997년 이른바 '전향', 혹은 '변절' 논쟁을 불러일으켰다. 남민전, 즉 '남조선민족해방전선 준비위원회'의 일원이었던 홍세화가 '불란서', '빠리'를 자신의 키워드로 제시했다. 혁명에서 문화로, 이는 당시엔 일상화된 센세이션의 일부였던 것이다.

　『나는 빠리의 택시운전사』는 홍세화가 이제 투사가 아닌 '빠리의 택시운전사'가 되었음을 강조하는 책에 더 가깝다. 적어도 처음 쓰일 때에는 그랬다. 남민전의 투사 홍세화는 조직 안에서 자신이 이런 일을 했다고 술회한다.

조직 안에서 내가 했던 일은 대단한 것이 아니었는데 당시의 상황에서는 대단한 일이기도 하였다. 그중에서 애드벌룬을 이용하여 서울 시내에 10만 장의 삐라를 뿌려, 서울 거리를, 그 무거웠던 침묵의 거리를 삐라의 바다로 만들 계획에 참여했던 것은 지금도 잊을 수 없다.(같은 책, 79쪽)

애드벌룬에 삐라를 넣고 미리 부착해둔 심지에 불을 붙여 하늘에 띄우면 적당한 고도에 올라가 서울 시내에 삐라가 살포될 터였다. 10킬로그램짜리 애드벌룬을 넘겨받아 접선지로 향하던 홍세화는 공포감에 짓눌렸지만, "그때 갑자기 빗방울이 떨어지기 시작하더니 곧 소나기가 되어 떨어졌다." 너무도 눈에 잘 띄는 행동을 하고 있던 홍세화는 "조금 전까지 진하게 남아 있던 공포감으로부터 완전히 해방된 나 자신을 발견하였다. 그리고 무어라 설명할 수 없는 희열감이 가슴 가득히 충만해오는 것을 느꼈다. 젖은 몸이 날아갈 듯 가볍고 축복으로 젖는 것 같았다."(같은 곳)

앞서 언급한 홍세화의 개인사적 기술에서, 밀물에 의해 갇힌 섬에서 비를 맞고 썰물을 기다리다 빠져나온 대목을 떠올려보자. 홍세화는 바로 이 애드벌룬을 운반하다 비를 맞은 사건과, 유년 시절의 슬픈 비밀을 알게 된 후 바다 한가운데에서 비를 맞으며 죽은 동생의 이름을 외친 사건을 하나로 꿰어 회고한다. "나는 그가 되었고 그는 내가 되었다. 나는 그였고 그는 나였다. 드디어 나는 하나가 되었다."

독자는 이제 알 수 있을 것이다. 동대문시장에서 두려움에 떨며 애드벌룬을 들고 가던 내가 어떻게 그 두려움에서 해방될 수 있었는가를.(같은 책, 231쪽)

남민전 사건과 씰비와의 로맨스

한 성인이 인생의 특정한 시점에 자신의 과거를 회상할 경우, 이는 반드시 서사의 형태로 재구성된다. 왜곡도 아니고 조작도 아니며 인간 존재의 필연적 조건이라고 보는 편이 타당할 것이다. 우리는 지금의 나와 그때의 나, 그리고 내가 바라는 미래의 나까지 연결하는 커다란 서사 속에서 과거를 구성하고 파악한다.

『나는 빠리의 택시운전사』를 쓰던 홍세화가 바라보던 자기 자신의 모습은 이러했다. 민족사의 비극을 가족과 개인의 역사 안에 안고 있었던 청년. 이 책을 통해 대중들에게 홍세화라는 저자는 다음과 같은 모습으로 기억된다. 고뇌 끝에 대학을 자퇴하고 같은 대학에 다시 들어갔지만 학생운동을 하다 제적당하는 등의 고난을 겪던, 대중적으로 널리 알려지지 않았거나 잊혀졌지만, 지금도 가슴속 한구석은 뜨거운 파리의 망명객. 그러나 이제는 '남조선'의 혁명을 위해서가 아니라, '꼬레'의 '똘레랑스'를 위해 펜을 든 사나이.

이 책의 목적의식이 그러하기에, 우리는 밀물이 들이닥쳐 섬에 고립된 후 비를 맞고 동생의 이름을 목놓아 부르다가 "나는 그였고 그는 나였다. 드디어 나는 하나가 되었다."라는 깨달음에 도달하고, 가벼워진 마음으로 다시 서울대학교에 들어가 학생운동에 투신하는 홍세화의 자기 서사를 일종의 은유로 이해할 수도 있게 된다.

물론 이 책의 서술은 사실일 것이다. 그렇게 믿지 않을 이유가 없다. 하지만 거기에 담긴 진실은 단순한 사실의 총합을 넘어설 것이다. 한국전쟁의 혼란 속에서 죽어간 동생과 자신이 다른 존재가 아님을 깨닫고,

밀물로 인해 고립되었다가 썰물이 빠지면서 다시 세상과의 접점을 찾는 이야기는, 눈 밝은 독자라면 어떤 메타포로든 이해할 수 있기 때문이다. 외교학과 신입생으로 학교로 돌아간 홍세화가 한미행정협정을 알고 아연실색하는 장면이 이어진다는 사실을 놓고 보면 더욱 그렇다.

남민전은 "남조선민족해방전선 준비위원회"라는 이름에서 이미 잘 드러나듯이, 당시에는 이른바 NL과 PD의 분화가 본격화되기 전이었지만, 어쨌건 '조국통일'과 '독재 타도'를 하나의 맥락으로 꿰뚫어 파악하고 있는 조직이었다. 긴급조치 시대에 독재에 저항하는 목소리를 내려 했다는 것만으로도 역사적 평가를 받기에 충분할 것이다. 구성원 중 스물아홉 명이 민주화운동 관련자 판정을 받았고, 검거된 남민전의 투사들 중 대부분은 1988년 이전에 사면 등으로 석방되었다.

물론 조직의 중심에 있던 이재문은 사형을 선고받은 후 감옥에서 사망하였으며, 실제로 사형이 집행된 경우도 있었다. 「조국은 하나다」 등으로 유명한 김남주 시인은 징역 15년을 선고받았고, 많은 이들이 중형을 선고받았다. 남민전 사건 자체는 1978년부터 1979년까지, 서울 강남 일대에서 벌어진 강도 및 절도 사건들을 수사하는 과정에서 수면으로 드러났다. 자금 확보를 위해 범죄를 저지르다 꼬리가 밟혔던 것이다. 결국 유신 말기의 큰 시국 사건으로 마무리되었다.

그러므로 남민전 사건을 기억하는 이에게, 즉 '홍세화'라는 이름을 들었을 때 '남민전의 전사'를 떠올리는 이들에게, 『나는 빠리의 택시운전사』가 자아내는 정조는 지금 우리가 생각할 수 있는 바와는 사뭇 다르다. 독자 중에 남민전 사건을 부정적으로 생각하는 이가 있다면, 강도와 절도 등의 혐의로 인구에 회자된 사건에 연루되었다는 이미지가 충분히 쇄신되었으리라 예상할 수 있다.

　그가 진보신당의 당대표에 출마하기로 한 후, SNS에서는 낯선 이국 여성의 이름이 오르내리기 시작했다. "쎌비"라는 이름으로 알려진 이 여성은, 『나는 빠리의 택시운전사』에서 홍세화와 미묘한 정서적 울림을 공유하다가 결국 이루어질 수 없고 이루어져서는 안 되는 감정을 서로 확인하는 누군가로 등장한다. 일부 짓궂은 진보신당 관계자 및 네티즌들이 그 이름을 굳이 거론하며 홍세화에게 말을 걸었던 것이다. 물론 그것은 지금 찾아보려해도 쉽지 않은, SNS상의 지나간 헛소동이다. 하지만 그것은 『나는 빠리의 택시운전사』가 어떤 지점에서 책 읽는 대중들의 '감성'을 파고들었는지 절묘하게 보여준 작은 에피소드이기도 하다. 네티즌들의 집요한 질문 공세에 지친 홍세화는 결국 '쎌비는 지금 애 낳고 잘 살고 있다.'며, 본의 아니게 '쎌비'의 근황을 전달해버렸다. 그렇다면 과연 그 '쎌비'는 누구인가?
　『나는 빠리의 택시운전사』의 8장인 "쎌비와 실비"를 읽어보면 호기심을 떨쳐버리기 어렵다. "쎌비를 만나면 나는 평소와 달리 말이 많아졌다. 말 친구로 시작된 우리는 대화를 통하여 점점 가까워졌고 이윽고 말 친구로 멈출 수 없는 단계에 이르고 있었다."(같은 책, 131쪽) 두 사람은 흔히 말하는 '썸남'과 '썸녀'의 관계에서 이런저런 이야기를 나누다, 프랑스의 식민지였던 베트남과 그 베트남 음식에 대한 프랑스인들의 애호로 화제를 옮겼다. 홍세화는 쎌비가 베트남 음식을 먹고 있는 모습이 마치 베트남에 대한 프랑스의 착취를 연상케 한다고 말했다.

역시 내 말은 너무 지나쳤다. 결국 그녀는 넴을 다 먹지 못하고 포크를 내려놓았고 나는 거듭 사과해야만 했다. 그런데 참으로 이상한 일은 그 넴 사건이 있은 뒤 우리 사이가 오히려 더 가까워졌다는 사실이었다. 그 며칠 뒤 우산을 같이 쓰고 걷게 되었을 때, 그녀가 자연스럽게 내 팔짱을 끼었다. 나는 흠칫했으나 맥박이 뛰는 소리가 내 귀에까지 들리는 듯했다.(같은 책, 136쪽)

좋은 로맨스물이다. 하지만 홍세화는 "그녀의 애정을 받을 처지도 아니었고 또 감당할 자신도 없었"(같은 곳)기에, 두 사람은 실컷 '썸'만 타다가 끝나고 말았다. 파리에서 택시를 몰며 자신의 지성과 능력을 제대로 활용하지 못하는 홍세화를 보고 안타까워하던 씰비는, 홍세화가 가르쳐준 '실비'라는 단어를 이용해, 이렇게 묻는다. "실비를 맞으러 돌아갈 생각은 없어요? 그래도 당신의 나라예요. 지금 돌아가면 안 되나요? 돌아가면 무슈 옹그가 할 수 있는 역할이 있잖아요."(같은 책, 138쪽)

절대적인 명령, 하지만 망명객 신세로는 이룰 수 없는 소망에 홍세화는 어지럼증을 느끼고 허물어졌다. 그는 씰비의 어깨에 고개를 떨구고 상대의 품에 안겼다. 돌아갈 거야, 돌아갈 거야, 혼잣말하듯 중얼거리며 제대로 말을 잇지 못하자, "그녀가 내 입을 막아버렸다."(같은 책, 139쪽) 그리고 8장이 끝난다. 다시 한 번 말하지만, 아주 훌륭한 로맨스물이다. 「젊은 느티나무」를 연상케 하는 이 싱그러운 사랑 이야기의 효과는 이미 다 설명했다.

홍세화는 "남민전의 투사"였고, 남민전은 대중들에게 강도 사건으로 알려진 운동 조직이기도 했다. 물론 정권 차원의 조작극일 수도 있고,

긴급조치가 발령되던 엄혹한 시대 상황에서, 마치 독립군이 군자금 확보를 위해 일본인 지주의 곳간을 터는 일과 비교할 수도 있으리라. 아무튼 대중들에게는 남민전의 이미지가 그리 좋은 편이 아니었다.

한데 그 남민전의 투사는 파리에서 본의 아닌 망명 생활을 하다가 이루어질 수 없는 사랑에 빠진다. 그리고 생계를 위해 묵묵히 임대 택시의 핸들을 잡는다. 이른바 '운동권'이 주인공으로 등장하는 텍스트 가운데 이토록 로맨스로서 완성도가 높을 뿐 아니라 소기의 역할을 완벽하게 수행하는 글을 찾아보기란 어렵다. 한국에는 실비가 내렸고, 썰비는 무슈 옹그의 입을 막아버렸으며, 홍세화는 남민전의 투사가 아닌, '빠리의 택시운전사'라는 새로운 페르소나를 얻게 되었다.

1990년대이기에 가능했던 똘레랑스 열풍

바로 여기에서부터 기존과는 다른 '운동권 논리'가 구성되기 시작했다. 물론 이는 홍세화 개인의 창작물이라기보다는, 소련과 북한이라는 두 개의 구심점을 상실한 채, 이미 형식적 민주화가 이루어진 상태에서 어떻게 한국 사회의 여러 문제들을 해결할 것이냐는 질문에 대한 다양한 대답의 총합에 가까운 것이다. 이른바 '보수' 진영은 계속 일본과 미국을 모델로 삼아 한국 사회를 이끌어가면 될 테지만, '진보'는 사정이 달랐다. 혁명의 화살표가 부러진 곳에서도, 이 완벽하지 않은 세상과 맞서야 했고, 여기에도 투쟁의 논리와 발전의 모델이 필요하다는 것이다.

그리고 홍세화는 하필이면 파리에 살고 있었다. 더욱 결정적이었던 것은 『나는 빠리의 택시운전사』를 쓸 당시, 본인이 이미 한국에 돌아올 수 있는 몸이라는 사실을 몰랐다는 것이다. 물론 그에게는 "꼬레를 제외한 모든 나라"에 입국할 수 있도록 허락하는 프랑스의 망명 허가증이 있었지만, 한국은 다른 남민전 연루자들의 죄를 사면한 상태였다. 홍세화는 이런 사실을 까맣게 모른 채 해외에서 10년의 시간을 더 보내야 했다. 그로 인해 자신의 자녀들이 한국과의 접점을 많이 상실했음을 안타까워하며, 홍세화는 이렇게 말했다.

> 새삼스럽게 나에 대한 공소시효가 87년인가 88년에 만료되었다는 사실을 98년에 확인해준 한국 정부를 탓하고 싶지는 않다. 국내의 가족과 친지들은 10년 동안 법대로 처리할 만한 용기를 가진—법대로 처리하는 일에 무슨 용기씩이나 필요하겠는가마는—법무부 인사를 찾지 못했다. 정치 논리에 종속되어 법에 따른 법적 처리조차 제대로 수행하지 못하는 한국 법무부가 처량할 뿐이다. 아직도 귀국하지 못하는 사람들이 한둘이 아닌 터에 하릴없고 배부른 소리인 줄 알지만 자식들이 방학 동안만이라도 한국 땅을 자주 밟을 수 있었더라면, 하는 미련을 끝내 지우기 어렵다.(『악역을 맡은 자의 슬픔』, 13쪽)

홍세화는 여기서 자신의 삶에 대해서는 별다른 언급을 하고 있지 않다. 만약 그의 망명생활이 1987년 혹은 1988년에 끝났다면, 그래서 자유롭게 한국을 왕래할 수 있게 되었다면 어땠을까? 여기에 대해 우리는 어떤 유의미한 가정이나 추측도 내놓을 수 없는데, 왜냐하면 정말 모를 일이기 때문이다. 1995년의 홍세화는 오랜 세월 고국에 돌아올 수 없었던 비운의, 하지만 애틋한 '빠리의 택시운전사'였다. 하지만 1987년의 홍세화는 한창 일해야 할 나이에 타국에서 택시 운전 및 관광 안내 등을 하며 세월을 보내던 한때의 투사에 지나지 않는다. 1980년대 말은 뜨거웠던 운동의 열기가, 비록 대통령 선거에서 큰 좌절을 겪었지만, 아직도 활활 타오르던 시점이었다. 과거의 투사가 할 수 있는 일이 많았으리라고 보기는 어렵다.

1990년대는 달랐다. 이른바 중산층이 대폭 늘어나면서 한국인들의 구매력이 높아졌고, 해외여행 자유화 이후 관광객과 유학생들이 썰물처럼 공항을 빠져나갔다. 이러한 분위기는 이른바 '진보 언론'에서도 마찬가지로 이어졌다. 프랑스, 특히 파리에 대한 동경의 눈빛을 한껏 머금고 있는 『나는 빠리의 택시운전사』도 그렇거니와, 다음 책인 『쎄느 강은 좌우를 나누고 한강은 남북을 가른다』 역시, 프랑스의 문화 및 문물에 대한 다양하고 친절한 소개를 담고 있다. 가령 대학에 입학한 신입생을 상급생들이 골탕 먹이는 행사인 '비쥐타주'나, 파리 지하철 노동자들이 만우절을 맞이하여 어떤 역의 이름을 슬쩍 바꿔놓은 행사 등이 『쎄느 강은 좌우를 나누고 한강은 남북을 가른다』의 지면을 채우고 있다. 다음 문단을 보면 과연 '진보 논객' 홍세화의 글인지 고개를 갸웃하게 될 지경이다. 다소 길게 인용해보자.

> 두 소녀는 특별한 아이들이 아니다. 눈에 보이는 모든 대상이 보기 좋아야 하는 사회 환경, 가정환경에서 자라났을 뿐이다. 요리도 우선 보기 좋아야 구미를 돋운다. 구운 고기에 야채를 곁들이면서 색깔을 맞춘다. 그래서 요리사는 '접시 위에 맛이라는 그림을 그리는 예술가'라고 말하기도 한다.

포도주를 따를 때 잔을 끝까지 채우면 안 된다. 반 정도에서 7분의 4쯤 따라야 한다. 포도주로 포도주잔을 황금 분할하는 것이다. 독자는 이 정도 채운 포도주잔과 꽉 채운 포도주잔을 놓고 한번 비교해보기 바란다. 촛불 아래에서 비교하면 더욱 그 차이를 알 수 있을 것이다. 곧 먹고 마셔 없어질 대상(오브제)에 대해서도 그렇게 신경을 쓰고 있으니, 사는 집의 내부 장식이나 가구, 입는 옷 그리고 몸의 선(線)에 이르기까지 항상 보는 것에 대해서는 두말할 필요가 없을 것이다.(『쎄느 강은 좌우를 나누고 한강은 남북을 가른다』, 83쪽)

홍세화가 프랑스에서 불필요하게 흘려보낸 10여 년 동안, 한국 사회는 그를 배제한 채 민주화와 경제성장의 길을 걷고 있었다. 직선제 쟁취라는 가시적 목표를 달성했을 뿐 아니라 두툼해진 지갑을 들고 돈을 어떻게 써야 할지 고민하기 시작했다. 그리고 홍세화는 파리에 있었다. 문화와 예술의 도시, 고등학생도 한국의 대학원생보다 철학을 더 열심히 공부하는 나라. "무대가 파리였다는 것도 아주 중요한 요소였다. 예컨대 '나는 베를린의 택시운전사'나 '나는 도쿄의 택시운전사'와 비교해보면 그 차이를 금방 알 수 있다."(같은 책, 6쪽)고 홍세화는 허허롭게 인정한다. 물론 어쩔 수 없이 살게 된 파리를 어느 정도는 사랑했겠지만, 파리에 가보지 못한 한국 사람들만큼은 아니었을 것이다. 가닿을 수 없는 어딘가를 향한 맹목적인 동경과 사랑이, "빠리의 택시운전사"에게 묘한 낭만적 떨림을 제공했다.

그게 없었더라면 똘레랑스가 오늘날까지도 많은 이들이 즐겨 언급하는 개념으로 정착하지 못했을 것이다. 독일 유학생이었던 진중권이 그저 '독일식 사민주의'라는 밋밋한 개념을 가져다 쓸 수밖에 없었던 반면, 문학과 예술과 낭만의 도시인 파리에서 온 정치적 개념은 달랐다. 발음도 아름다웠고, (얼마나 실질적으로 뿌리를 내리고 수용되었느냐와는 별개로) 국내에서 선풍적인 반향을 불러일으켰다. 홍세화의 말을 다시 들어보자.

> 물론 『나는 빠리의 택시운전사』가 나에게 부정적인 즐거움만 주었던 것은 아니다. 특히 '똘레랑스'가 국내에서 관심을 불러일으켰고 토론 주제가 되었던 일은 나에게 더없는 즐거움을 주었다. '관용(寬容)'이라는 말이 예전에 비해 사람들의 입에 자주 오르내린다는 소식도 나에게는 큰 즐거움이었고, 국내 어디엔가에 '똘레랑스'라는 이름의 찻집이 생겼다는 얘기조차도 나에겐 즐거움이었다. 글을 쓴 사람에게 그런 일보다 더 큰 즐거움은 없을 것이다.(같은 책, 7쪽)

'똘레랑스'라는 찻집이 생겼다. 이보다 『나는 빠리의 택시운전사』가 불러일으킨 반향을 잘 보여주는 사례도 없을 것이다. 즉 홍세화의 책은 엄청난 인기를 끌었다. 여기에 한국으로 결코 들어올 수 없는 망명객이라는 사실이 후광을 부여했다. 게다가 그가 소개하는 내용들은 이전의 운동권들이 말하던 것들과는 전혀 달랐다. 프랑스인들의 생활, 파업 노동자들과의 자연스러운 연대, 아직도 사라지지 않은 인종차별에 대한 단호한 공적 제재. 이 모든 것은 아름답고 깔끔하고 울림이 깊어서 여타 운동권들의 목숨 걸고 울부짖는 절박한 호소와는 차원이 달랐다.

홍세화는 기존 운동권 논리에서 한 발 벗어났지만, 여전히 세상을 향해 발언하고 대중들을 설득하는 사람으로 남을 수 있었다. 왜냐하면 (그의 표현을 따르자면) "두 개의 거울"이 있기 때문이었다. 프랑스의 현재를 살며 한국의 과거를 반추하던 그에게, 이 두 가지 이미지는 서로 대조를 이루었고, 대체로 전자에 비친 후자가 비판의 대상이 될 수밖에 없었다. 홍세화에게 있어서 "프랑스 사회는 내가 바라보기만 할 뿐 들어갈 수 없는 거울"이었고, "고마움과 부러움의 대상은 될지언정 비판 대상이 되지 않는"(『악역을 맡은 자의 슬픔』, 18쪽) 것이었다.

따라서 홍세화는 두 사회를 동시에 보며, 그중 '내 자식'인 한국을 혼내기 시작했다. 그런데 한국 사회를 바라보기 위해 프랑스 사회를 거울로 사용하는 과정에서 그가 도입한 최고의 히트 상품인 '똘레랑스'에 중대한 수정이 가해졌다. 『나는 빠리의 택시운전사』의 초판에 딸린 부록인 "프랑스 사회의 똘레랑스"에는 등장하지 않는, '앵똘레랑스'가 주요 개념으로 거론되기 시작한 것이다.

똘레랑스와 앵똘레랑스 사이는 없다

이처럼 두 개의 거울, 과거를 돌아보게 하는 거울과 프랑스 사회라는 거울은 나에게 악역을 맡을 것을 요구한다. 그 위에 외유에는 내강이 전제되어야 하듯이, 똘레랑스의 온화함은 앵똘레랑스에 대한 단호한 앵똘레랑스가 전제되어야 한다. 단호하지 않을 때 한국 사회가 요구하는 일상 속에서 무뎌질 위험이 있다는 것을 잘 알고 있기에 악역자의 칼날을 일상적으로 벼리지 않으면 안 된다. 그렇지만 한국 사회가 상식이 통하는 사회가 되

기를 바라는 사람들에게는 그것이 꼭 악역의 칼날로 비쳐지지 않을 것이다.(『악역을 맡은 자의 슬픔』, 20쪽)

이 글을 읽는 사람이라면 대부분 어렵지 않게 짐작할 수 있겠지만, 위 인용문에서 말하는 '앵똘레랑스'는 대부분《조선일보》를 지시한다. 그가 '앵똘레랑스'라는 표현을 사용하는 또 다른 예시를 찾아보면 그렇다.《조선일보》기자 이한우를 상대로, 그가 강준만을 명예훼손으로 고소할 때 사용한 어구를 돌려주며, "나를 고소하라!"고 외친 칼럼을 설명하는 글에서, 홍세화는 자신이 그런 '점잖지' 못한 소리를 했던 이유를 말한다. 길게 인용해볼 가치가 있다.

나는《한겨레》칼럼 '빨간신호등'에《조선일보》기자를 향하여 '나를 고소하라!'고 썼다. 스스로 생각해도 도발적인 언사임에 틀림없다. 마조히스트가 아니라면, 그리고 점잖은(?) 사람이라면 함부로 꺼낼 소리가 아니다. 실상 내 성격과도 맞지 않는다. 게다가 나는 나와 다른 남의 생각을 다른 그대로 용인하라는 똘레랑스를 무척이나 강조해왔다. 그러나 똘레랑스가 앵똘레랑스까지 용인해버리면 자기모순에 빠지게 된다. 즉 똘레랑스의 부드러움은 앵똘레랑스에 대한 단호한 반대를 요구하는 것이다. 근대사상사에서 보더라도 로크나 볼테르, 루소 등 똘레랑스를 강조했던 사람들일수록 앵똘레랑스와 과감하게 싸웠다.《조선일보》기자는 앵똘레랑스를 부추기는 행위를 저질렀다. 한국 사회에서 사상 검증이란 행위, 즉 '당신의 사상이 의심스럽다.'며 드러내놓고 주장하건, 그와 같은 분위기를 조성하건, 빨갱이로 몰아가기 위한 행위임이 틀림없고 그것은 앵똘레랑

스의 전형이다. 나의 "나를 고소하라!"에는 티끌만큼의 지나침도 없다.(같은 책, 100쪽)

《조선일보》의 이한우 기자가 최장집 교수를 빨갱이로 몰기 위해 그의 논문을 임의로 인용하고, 이를 비판하는 강준만을 명예훼손으로 고소하는 행위 등은 '똘레랑스'하고는 거리가 있다. 설령 최장집이 진짜 '빨갱이'라 하더라도, 마치 드골이 사르트르를 두고 "그도 프랑스야."라고 관용하였듯이, 똘레랑스할 수 있을 것이다. 물론《조선일보》는 국가기관이 아니지만 명백히 사회권력이므로, "똘레랑스는 개인이 권력에 요구하는 것이지 권력이 개인이나 사회에 요구할 수 있는 것이 아"(『나는 빠리의 택시운전사』, 302쪽)닌 만큼, 한 개인으로서 홍세화는《조선일보》와 그 구성원인 이한우를 향해 똘레랑스를 요구할 수 있다.

문제는 이 과정에서 그들을 '앵똘레랑스'로 규정짓고 나면, 정치적으로 가능한 선택지가 오직 하나밖에 남지 않는다는 데 있다. "똘레랑스가 앵똘레랑스까지 용인해버리면 자기모순에 빠지"지만, 정의상 똘레랑스 자체가 권력이 개인에게 허용하는 것이지 개인이 권력에게 허용하는 것이 아니라는 점이 문제다. 즉 일개 개인인 홍세화나 노정태 같은 이는, 가령《조선일보》나 박근혜 정부 같은 권력을 '똘레랑스'할 수 없다. 그런 상황을 구체적으로 상상해보면, 실컷 얻어터진 후 '오늘은 내가 봐줬다.'고 궁시렁거리는 동네 꼬마가 떠오를 뿐이다.

요컨대 그가 말하는 '똘레랑스' 세력이 '앵똘레랑스' 세력의 개과천선을 끌어내고 그들마저도 똘레랑스로 감싸주기 위해서는 그들보다 큰 권력을 가져야 한다. 이쪽이 저쪽보다 힘이 없고 세력이 약한데, 누가 누구를 관용하고 용인한다는 말인가? '앵똘레랑스는 앵똘레랑스해야 한다.'고 홍세화가 외칠 때, 이는 그가 소개한 본래 맥락의 똘레랑스와는 다소 차이가 생길 수밖에 없었다. 힘이 없는 자가 힘이 있는 자를 어떻게 봐주고 참아주고 용납해준다는 말인가?

그러므로 '똘레랑스'론이 오직 '똘레랑스'만으로 구성될 때와 달리, '앵똘레랑스'라는 대립항이 끼어들기 시작하면, 이는 단순한 사회비평의 차원을 넘어선다. 적, 혹은 상대방을 적시하기 위한 개념으로서 앵똘레랑스가 도입되고, 앵똘레랑스 세력을 넘어서 서로가 서로를 똘레랑스할 수 있을 만한 여지를 확보해야 한다는, 일종의 투쟁론이 되는 것이다. "요컨대, 똘레랑스 세력도 앵똘레랑스 세력에 대하여는 앵똘레랑스로 대응하지 않으면 안 된다."(같은 책, 127쪽)는 결론을 다시 한 번 확인할 수 있다. 이회창을 떨어뜨리고, 《조선일보》를 끊고, 이문열의 책을 반납하거나 장례식을 치르는 것 등이 바로 "앵똘레랑스로 대응"하는 실천의 구체적 내용이 될 터였다.

이 논리는 2002년 대통령 선거를 앞두고 거의 전가의 보도처럼 휘둘러졌다. 물론 홍세화는 대부분의 진보정당 당원들보다 열성적으로, 그의 표현대로라면, '척탄병'으로서 진보정당을 홍보하고 세력을 확장하는 일에 앞장서왔다. 진보정당의 당원 혹은 지지자들 가운데, "가령 추석에 고향을 찾은 기회에 당 선전을 하는 당원은 얼마나 될까?"(같은 책, 233쪽) 같은 질문에 떳떳하게 '나는 그렇게 한다.'고 대답할 사람은 그리 많지 않을 것이다. 홍세화는 늘 그렇게 해왔다.

하지만 그가 특정 국면의 특정 갈등을 '똘레랑스와 앵똘레랑스의 투쟁'으로 정의한 순간, 많은 것이 기울어졌다. 장 마리 르펜을 떨어뜨리기 위해 "공화국을 지키자"고 외쳤던 프랑스 좌파 청년들의 예를 들어, 그는 이른바 '보수 정당'과 '보수 정치인'의 차이를 구분하고 좀 더 지지해야 할 누군가를 찾고 있었던 것이다.

> 사회 곳곳에 극우-수구 세력이 헤게모니와 물적 토대를 움켜쥐고 있는 한국 사회에서 우리는 혹시 헌법 제1조가 보장하고 있는 공화주의에 대해 천착하지도 않은 채 사회민주주의를 뛰어넘자고 외치면서 이 사람이나 저 사람이나 신자유주의자라는 점에서 똑같다고 부정하고 있는 것은 아닐까. 적어도 경쟁 대상과 극복 대상을 구분할 줄은 알아야 한다.(같은 책, 253쪽)

당시의 한나라당은 '극복 대상'이지만, 당시의 민주당은 '경쟁 대상'이라는 뜻이 깔려 있는 이 문장을 읽고, 홍세화를 좋아하지만 진보정당을 지지하지는 않는 수많은 독자들이 안도의 한숨을 내쉬며 가슴을 쓸어내렸을 것이다. 그렇지, 나와 내가 지지하는 후보는 '앵똘레랑스'가 아니지. 하지만 저 앵똘레랑스 세력을 끌어내리기 위해 우리는 일단 서로 뭉쳐야 하는 거지. 그런데 그 지지자의 눈에 "이 사람이나 저 사람이나 신자유주의자라는 점에서 똑같다고 부정하고 있는" 누군가가 보이면 어떤 일이 벌어질까. 내가 똘레랑스고 저들이 앵똘레랑스인데, 똘레랑스인 나를 똘레랑스하지 않는 이 '좌빨'들은, 결국에는 앵똘레랑스 아닐까?

앵똘레랑스를 우선 철저하게 앵똘레랑스해야 한다는 홍세화의 논리는, 그의 바람과 달리 영원히 끝나지 않는 앵똘레랑스를 향한 똘레랑스들의 마니교도적 투쟁을 정당화하는 기제로 작동하기 시작했다. 논리적으로 볼 때 똘레랑스와 앵똘레랑스 사이에 제3의 개념은 성립할 수가 없다. A와 not A의 관계이기 때문이다. 그러므로 만약 우리가 특정 정당, 혹은 정치세력을 앵똘레랑스라고 지목한다면, 그 순간 제3당이 설 자리 또한 없어진다.

물론 그런 식으로 선거에서 한 번 이길 수는 있지만, '앵똘레랑스 정당'을 지지하는 '앵똘레랑스 국민'들까지 마치 프랑스의 구교도들이 신교도를 학살했던 것처럼 앵똘레랑스 해버릴 수는 없는 노릇이므로, 결국 이 영원한 순환고리는 끊기지 않는다. 척탄병 홍세화는 묵묵히 적진을 향해 수류탄을 던지고 있었지만, 진보정당의 입장에서 볼 때, 작전장교 홍세화는 "경쟁 대상"인 영원한 우방이 지목하는 목표를 향해 끝없이 아군 병사들을 소모시키고 있을 따름이었다.

존재와 의식의 괴리

두산중공업에 재직 중이던 파업 노동자 배달호 씨가 분신자살했다. 2003년 1월 9일의 일이었다. 당시 노무현은 대통령 당선자 신분이었다. 노무현 정부가 취임하기 전부터, 앵똘레랑스에 맞서기 위해서는 앵똘레랑스할 수밖에 없다고 말했던 홍세화는, 자신이 만들어낸 논리를 그에게 들이대는 옛 독자들과 맞닥뜨릴 수밖에 없었다. 후회는 크고 비판은 깊었지만 달라질 것은 없었다. 이후 홍세화 칼럼의 비판은 전부 노무현 정부와 이명박 정부를 향했다.

바로 그 "경쟁 대상"들은 진보정당을 자신들은 똘레랑스하겠다고, 진보정당이 지향하는 정치와 공정한 경쟁을 하겠다고 말하며 얻어갔던 지지를 돌려주지 않았다. 그럼에도 불구하고 홍세화는 "반민주 세력이 득세하는 것보다는 민주 건달들이 득세하는 편이 수백 배 낫다. 역사진보의 발자취로 보더라도 '민주 건달'들도 한 자리 하는 과정을 거쳐야 한다."(『생각의 좌표』, 235쪽)는 입장을 갱신하지는 않은 채 오늘에 이르고 있다.

2008년 총선에서, 민주노동당을 탈당하고 진보신당의 쌍두마차가된 심상정과 노회찬 두 사람이 모두 의석을 잃었다. 홍세화는 그들이고배를 마신 "가장 중요한 이유는 계급 배반 투표에 있다."고 생각했다. "'존재를 배반하는 의식'을 끝까지 인식하지 못한 채 그 의식을 계속 고집하며 살아가는 사람들이 적지 않다는 사실"(같은 책, 92쪽)을 그는 힘주어 강조했다.

여기서 우리는 비단 그가 말하듯이 진보정당을 찍지 않는 가난한 사람뿐 아니라, 그런 이들의 존재와 의식의 괴리를 지적하는 홍세화 자신에 대해서도 물음표를 던져볼 수 있다. "한나라당이 변하지 않은 채 주류 정당으로 남고 조중동이 주류 신문으로 남아 있는 한, 사회주의든 사민주의든 그 언저리에도 다다를 수 없는 것은 분명하다. 그래서 나에겐 '사민주의 대 사회주의 논쟁'보다 '어떻게 하면 한나라당과 '조중동', 뉴라이트의 영향력을 줄일 것인가'와 같은 물음이 훨씬 더 중요하다."(같은 책, 181쪽)는 논리는 필연적으로 진보정당의 성장을 가로막는 요인이될 수밖에 없다. 하지만 그는 묵묵히 진보정당의 입당 원서를 돌리는 평

당원이었으며, 2011년이 되자, 아무도 나서지 않는 자리에서 손을 들어 결국 진보신당의 당대표를 역임했다.

존재와 완전히 포개질 경우 그 의식에는 의식의 고유성이 있다고 말하기 어려울 것이다. 의식과 존재가 완전히 포개지는 것은 오직 신뿐이다. 모든 제한된 피조물은 제한된 조건 속에서 존재하고 살아가기 때문에, 우리는 가령 '무한' 등을 생각할 수는 있지만 스스로의 존재로 구현할 수는 없다. 의식과 존재는 서로를 배반하게 되어 있다. 그러므로 이런 현상을 탓할 게 아니라, 그것들이 서로를 어떻게 배반하고 상호작용하는지를 면밀하게 관찰할 필요가 생긴다.

프랑스에서 망명 생활을 할 때, 홍세화의 의식은 한국에 있었으나 존재는 파리에 머물렀다. 『나는 빠리의 택시운전사』로 일약 스타덤에 오른 후, 뒤늦게 한국에 돌아갈 수 있음을 깨닫고 조국에 발을 내디뎠을 때, 그의 존재는 한국으로 돌아왔지만 사람들은 홍세화의 의식이 계속 파리에 머물러 있기를 원했다. 입당 원서를 돌리고 당 기관지의 정기 구독자를 모으는 홍세화는 실천하고 발로 뛰는 모범적인 진보정당 당원이었지만, 책상 앞에 앉아서는 똘레랑스와 앵똘레랑스의 끝날 수 없는 전쟁에 참전하라는 홍보 문구를 작성하고 있었다. 남민전의 전사는 '빠리의 택시운전사'가 되었지만, '빠리의 택시운전사' 역시 삐라를 뿌리기 위해 애드벌룬을 조심스럽게 나르던 그때의 삶을 여전히 살고 있기도 했다.

어떤 모순은 사람과 사람들의 집단을 고양시킨다. 반면 어떤 모순은 반대 효과를 낳아, 개인과 집단을 몰락시킨다. 홍세화라는 개인이 품고 있던 모순은, 결과적으로 볼 때 홍세화라는 한 사람을 한 차원 다른 경지로 드높였다. 하지만 그의 글을 읽고 감동하는 독자들이 모여 있던 진보정당운동은 그렇지 못했다. 의식과 존재의 분열은 다시 합쳐지면서 새로운 테제를 낳지 못한 채 오늘에 이르고 있다.

만약 우리가 앵똘레랑스할 수 있고, 앵똘레랑스해야 하는 단 하나의 적을 굳이 꼽자면 바로 그것이다. 의식과 존재의 분열, 갈등, 대립, 모순을 해결하지 않은 채 정신을 놓아버리고 싶어 하는 나 자신, 그리고 우리들의 모습. 그렇게 썰물이 빠진 자리에서 어쩌면 우리는, 젊은 날의 홍세화가 그러하였듯이, 향후의 고난과 시련을 짊어지고 갈 수 있게 해줄 자아의 모습을 찾을 수 있을지도 모른다.

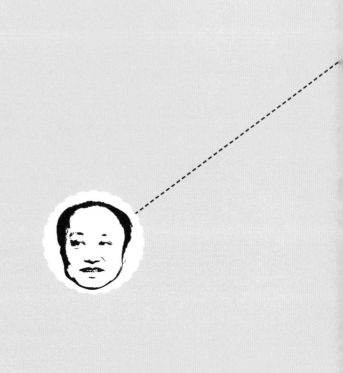

JS를 이해하기 위하여

꺼림칙한 절필 선언문

　영업 비밀을 공개하겠다. 내가 '논객시대'의 원고를 써내려간 방식은 다음과 같다. 일단 원고에 어떤 분을 모실지 결정한다. 대상을 정하고 나면 해당 논객이 쓴 책의 목록을 빠짐없이 작성한다. 그리고 내 서재를 먼저 훑는다. 적어도 한 권, 많으면 몇 권 정도를 나는 이미 가지고 있다. 책들을 뽑아서 먼지를 털고 책상 위에 얹어놓는다. 나머지는 도서관에서 대출하거나 친구에게 빌리고, 그때는 못 샀지만 지금 보니 가지고 있어야 했을 책들은 구입하기도 한다. 그렇게 전체 목록에 상응하는 도서들을 실물로 확보한 다음, 삶은 콩깍지에서 풋콩을 발라내듯 죽죽 읽어나가는 것이다.

　나는 어디까지나 단행본으로 묶여 나온 원고만을 다루기 위해 노력해왔다. 이 책 『논객시대』는 지난 시대의 이야기이시만 동시에 우리가 살고 있는 현재를 다루고 있으므로, 내가 해당 도서를 올바로 읽고 이해했는지를 독자가 최종 판단할 수 있도록 여지를 남겨야 한다는 원칙을 지키기 위해 노력했다.

물론 이 원칙을 철두철미하게 관철할 수는 없었다(가령 김어준에 대한 글). 이번에도 또 그래야만 한다. 고종석에 대한 글이기 때문이다. 그의 마지막 단행본은 소설 『해피 패밀리』(문학동네, 2013)이다. 이 책의 출간을 얼마 앞둔 2012년 9월 24일, 그는 《한겨레》에 「절필」이라는 칼럼을 실었다.

> 오늘로, 직업적 글쓰기를 접는다. 언젠가 되돌아올 수도 있겠지만, 일단 접는다. 생계무책이기는 하다. 그러나 내게 생이 막막하지 않은 적은 없었다. 지난 30년간 내 글을 읽어주신 이름 모를 독자들에게 깊은 감사를 드린다.(《한겨레》 2012년 9월 24일자)

고종석이 절필을 선언했다는 사실 자체는 정직하게 말하자면 그렇게까지 놀랍지 않았다. 현실에 대해 말하면서도 늘 현실로부터 한 걸음쯤 비켜서 있던 사람이었으니까. 고종석의 절필은, 절필을 선언했다는 사실 때문이 아니라 다른 이유 때문에 나를 놀라게 했다. 놀라움은 이내 풀리지 않는 궁금증으로 이어졌다.

그의 글을 사랑했던 모든 사람들과 마찬가지로, 나는 고종석을, 트위터를 시작하고 스스로를 3인칭의 JS로 부르기 시작한 그를 이해해야 했다. 대체 왜 문필가 고종석은 직업으로서의 글쓰기를 그만두고, 트위터리언 JS가 되었을까. 직업적 글쓰기를 그만두고도 왜 그렇게 많은 이야기들을, 불과 몇 년 전만 해도 너무도 어색하다며 손사레를 치던 인터넷에 쏟아놓게 되었을까. 그는 우리에게 무엇을 남겼을까.

기왕 펼쳐든 김에 그의 마지막 칼럼인 「절필」을 좀 더 꼼꼼히 읽어보자. 첫 번째부터 네 번째 문단까지 본의 아니게 시작했지만 의외로 잘 풀려나갔던 글쓰기 인생을 반추한다. 고종석은 어린 시절 "글쓰기가 생업이 될 줄은 몰랐다." 학생 대표로 글짓기 대회에 나가본 적도 없고, 상을 타본 경험도 없다. "그런데 첫 직장이 신문사였"고, "끝 직장도 신문사였"으며, "신문기자 말고 다른 직업을 가져본 적이 없다."

그는 첫 직장에서 영어로 기사를 썼다. 국내의 영자신문사에 취직했기 때문이다. 고종석의 글을 읽어온 사람이라면 귀에 못이 박이도록 들었을 이야기이다. 고종석은 "괜한 겸손을 떨고 싶지는 않다."고 말한다. "1985년엔가, 일본 외신기자 클럽이 아시아 지역 기자들을 대상으로 영문 에세이 콘테스트를 연 적이 있는데", 거기서 "'한국 학생운동과 언론'이라는 제목의 글로 그랑프리를 받"고, "상금으로 받은 50만 엔의 일부로 편집국 동료들과 푸지게 회식"까지 했으니, 그 자부심은 수긍할 만하다. 이후 창간된 한겨레신문사로 자리를 옮기고 한국어로 기사를 쓰면서 "스타일만이 아니라 전문성으로 일부 독자들에게 좋은 반응을 얻기도"하고, "1992년 가을부터 1993년 봄까지 아홉 달간 파리에서 '유럽의 기자들'이라는 저널리즘 프로그램에 참가했는데, 거기서는 불어로 기사를 써야 했다."

그의 문체 때문에 독자들은 고종석을 수줍어하는 문인이라고 생각하기 일쑤지만, 실상은 반드시 그렇다고 말하기 곤란하다. "내 더늠거리는 불어와 깔밋한 기사 문장 사이의 괴리를 동료들은 신기해했다."고, 고종석은 흐뭇하게 뽐낸다. "2005년 『한국일보』 논설위원직을 끝으로 출근 생활을 접었을 때, 나는 한 움큼의 이름을 얻은 글쟁이가 돼 있었다."고 그는 회상한다. 네 문단에 걸쳐 자신의 인생을 곱씹어본 후, 고종석은 이와 같은 이유로 붓을 꺾는다.

> 그러나 내가 글쟁이로서, 다시 말해 얼치기 기자이자 얼치기 소설가이자 얼치기 언어학자로서 독자들에게 끼친 영향은 매우 제한적이었다. 소수의 독자들이 내 글에 호의적이긴 했지만, 내 책이 독자들에게 큰 메아리를 불러일으켜 많이 팔려나간 적은 없다. 설령 내 책이 꽤 팔려나가고 운 좋게 거기 권위가 곁들여졌다 해서, 그것이 세상을 바꿀 수 있을 것 같지는 않다. 분단체제 극복을 위해 그리도 많은 글을 쓴 백낙청이 통일부 중하급 관료나 외교통상통일위원회 소속 국회의원의 보좌관만큼이라도 대한민국의 통일정책에 영향을 끼칠 수 있을까? 미심쩍었다. 글은, 예외적 경우가 있긴 하겠으나, 세상을 바꾸는 데 무력해 보였다. 달포 전쯤, 술자리에서 친구 차병직이 자조적으로 "책은 안철수 같은 사람이나 쓰는 거야! 우린 아니지!"라고 말했을 때, 나는 진지하게 절필을 생각했다.

고종석은 기자, 소설가, 언어학자라는 정체성을 가지고 글을 써왔다. 하지만 스스로 생각하기에 자신의 영향력은 매우 제한적이었다. 왜냐하면 일차적으로는 그의 책이 비록 소수의 충성 독자를 가지고 있었다고는 하나, 큰 반향을 불러일으키며 팔려나가지 못했기 때문이다. 신문 지면에 쓰기에는 다소 겸연쩍긴 하나, 베스트셀러를 쓰지 못한 거의 모든 저자들이 한 번쯤은 자신에게 던져볼 만한 질문이다.

문제는 그다음이다. 고종석은 설령 자신의 책이 많이 팔려나가고 권위를 얻게 되었다 한들, 자신의 글쓰기로 세상을 바꿀 수는 없었을 것이라고 말한다. 여기서 그 문제의 비유가 등장한다. "분단체제 극복을 위해 그리도 많은 글을 쓴 백낙청"이 "통일부 중하급 관료나 외교통상통일위원회 소속 국회의원의 보좌관"과 비교되는 것이다. 대한민국의 통일정책 수립에 있어, 전자가 후자만큼의 영향력을 가지고 있는지 의문을 던진다.

이어지는 내용은 더욱 난해하다. "글은, 예외적 경우가 있긴 하겠으나, 세상을 바꾸는 데 무력해 보였다."면서 다름 아닌 안철수를 들먹이기 때문이다. 당시 안철수는 문재인과 야권의 대선 후보 자리를 놓고 경쟁하던 사람이다. 게다가 자신의 출마 선언문과도 같은 『안철수의 생각』(김영사, 2012년)을 내기 전부터, 어마어마한 수준까지는 아니어도 꾸준히 잘 팔리는 책을 써온 저자이기도 하다. 안철수는 정치에 입문하기 전부터 환영받는 저자였다. 그처럼 '원래 성공한 사람'이 쓴 책이 잘 팔리는 현상 자체만을 놓고 보자면, 결코 새로운 일이 아니기도 하다.

그러니 백낙청과 통일부 관료의 비교이건, 안철수와 고종석 자신을 견주어보는 경우건, 둘 다 번지수를 심하게 잘못 짚었다는 인상을 지우기 어렵다. 가장 단정하고 아름다운 한국어를 구사하는 불세출의 에세이스트가 쓴 문단이라고 하기에는, 내용이 너무 난삽할뿐더러 논리 전개도 이상하다. 글쓰기가 무력한 것이라는 새삼스러운 깨달음에 전적으로 동의하더라도 그렇다. 고종석이 절필을 선언할 수는 있다. 하지만 고종석이 이런 절필 선언문을 남길 수는 없다. 이 불가해한 상황을 어떻게든 이해하기 위해, 우리는 그의 책들을 다시 읽어나갈 것이다.

차라리 고종석이 자신의 글쓰기가 매너리즘에 빠졌다는 이유로 절필을 선언했다면, 적어도 나는 지금보다 쉽게 수긍할 수 있었을 터이다. 2000년대 중반을 넘어 쓴 책에서 이미 그러한 심경을 고백하고 있기 때문이다. 비슷한 시기에 나온 두 권의 책의 서문을 쓰면서, 고종석은 거의 흡사한 자기 성찰을 늘어놓는다.

> 예술에서든 저널리즘에서든 아카데미즘에서든, 되풀이는 글쓰기의 커다란 악덕이다. 그걸 잘 알면서도, 이따금 그 악덕을 저질러온 것이 늘 계면쩍었다. 그래 이 책에서는 표제어를 고를 때나 감회를 펼칠 때나, 앞선 책과 겹치는 데가 없도록 내 깜냥을 다했다. 그러나 지금의 내가 열두어 해 전의 나와 정체성을 공유하고 있는 이상, 그 애씀이 완전히 성공적이었으리라고 자신할 수는 없다.(『어루만지다』, 마음산책, 2008, 서문)

> 되풀이라는 것은 저널리즘에서만이 아니라 지적 담론이나 문학에서도 피해야 할 악덕이다. 하여 나는 '말들의 풍경'을 연재하며 앞선 책들에서 다룬 소재를 피하려 애썼으나, 그 일에 완전히 성공하진 못했다. 아무리 비체계적인 글쓰기라 할지라도 어떤 주제에 접근하면서 빠뜨려서는 안 될 고갱이가 있기 때문에 그리됐다고 변명하고 싶지만, 그것은 나 자신도 설득하지 못할 구차한 변명이다. (중략) 내 글쓰기가 언제까지 계속될지는 모르겠으나, 지적 불성실의 가장 흉한 형태라 할 이런 되풀이와 자기 표절을 늘 경계하겠다는 다짐으로 오랜 독자들에 대한 결례를 조금이나마 치유하고 싶다. (『말들의 풍경』, 개마고원, 2007, 9쪽)

두 가지 사실을 확인할 수 있다. 첫째, 2007~2008년부터 고종석은 이미 했던 말을 되풀이할 가능성을 경계하고 있었다. 둘째, 마찬가지로 그때부터 고종석은 '예술-저널리즘-아카데미즘', 혹은 '저널리즘-지적 담론-문학'의 세 겹 정체성을 인식하고 있었다. 이는 2012년에 쓴 「절필」에 등장하는 '기자-소설가-언어학자'라는 정체성과 정확히 포개진다.

고종석이 되풀이라는 악덕을 경계하고 있었다는 사실은, 심지어 그 경계의 내용마저도 되풀이되고 있으니만큼 굳이 더 강조할 필요가 없을 것이다. 좀 더 흥미로운 것은 두 번째 사실이다. 마치 기독교의 교리 속에서 성부와 성자와 성령이 셋이면서 동시에 하나이듯이, 고종석의 자아상 속에서 기자, 소설가, 언어학자는 각자의 역할을 맡지만 동시에 통합된 자기 모습을 형성하고 있다.

기자-소설가-언어학자라는 세 가지 정체성

기자-소설가-언어학자의 세 가지 정체성은 서로가 서로를 지탱하는 기둥 노릇을 하며 고종석이라는 한 문장가를 형성하고 있었다. 기자인 고종석이 파리에서 경험한 내용을 소설가 고종석이 『기자들』(민음사, 1993)이라는 소설로 써낸다. 언어학자인 고종석은 소설가 고종석이 읽은 글을 차분히 분석하고 독자들에게 제시한다. 언어학자인 고종석이 가진 지식을 동원해, 기자인 고종석은 《조선일보》가 '빨갱이'라는 단어를 으르렁말로 사용하고 있다며 목소리를 높인다.

실제로 고종석은 이상의 세 가지 역할을 동시에, 탁월하게 잘 수행해왔다. 그는 1990년대 말부터 2000년대 초까지 한국 사회를 (비록 지식인 사회에 국한되었다고 비판할 수는 있겠으나) 뜨겁게 달궈온 안티조선 운동의 중요 활동가였다. 이는 기자, 즉 넓은 의미에서의 현실 참여형 지식인의 역할을 다하는 활동이었다고 볼 수 있다.

소설가로서의 고종석 역시 마찬가지다. 어떤 사람들은 그가 늘 똑같은 내용, 즉 지식인이 술에 취해 누이를 그리워하는 소설만 쓸 줄 안다고 비아냥거리곤 한다. 하지만 반대로 생각해보면, 바로 그 형식을 끝없이 변주한 덕분에 고종석은 한국 소설의 역사에서 주목받지 못한 분야, 즉 산문과 소설의 경계를 오가는 글쓰기에서 자신의 작은 영토를 구축하는 데 성공했다. 물론 그마저도 종국에 이르러 어떤 결말, 혹은 파국에 이른 인상을 남기는데, 이것은 잠시 후에 더 살펴보기로 하자.

게다가 고종석은 언어학으로 박사학위까지 받은 사람이다. 그리고 고종석은 언어학을 자신의 지적 영역으로 삼은 사람 중에 단정하고 정련된 문장을 선보일 수 있는 사람은 그리 많지 않다고 주장한다. "우리가 흔히 이론적 글쓰기라고 부르는 작업들이야말로, 그러니까 일정 정도 추상화된 사변의 공간 속에서 이뤄지는 개념과 논리의 연산 작업이야말로, 그 논리연산 규칙의 최소 형태라고 할 문법에 대한 신경증을 마땅히 전제해야 하는 것일 텐데도, 이론가라고 자처하는 사람들의 글에서 문법에 대한 무신경을 너무도 자주 발견하게 되는 것은 놀랍고 쓸쓸한 일"(『고종석의 유럽통신』, 문학동네, 1995, 65쪽)이라고 그는 지적한다.

고종석은 그렇지 않다. 올바른 문장과 글쓰기 운운하는 책들 대부분이, 자신들이 말하는 기준을 지키지 못하면서 남에게 강요하는 반면 고종석은 언어를 설명하면서도 한국어를 올바르게 사용하는 능력을 가지고 있다. 고종석은 자기 자신이 좋은 한국어 문장을 구사하면서 한국어에 대해 설명할 수 있는, 손에 꼽을 만한 언어학자이기도 하다.

물론 그는 독립적으로 사전 편찬 작업을 진행하는 박용수, 남영신이라는 언어학자들에게 존경과 동경의 눈빛을 보낸다. 하지만 자신이 지금껏 누려왔고 앞으로도 어쩔 수 없이 향유하게 될 자유를 포기하고 학자로서의 삶을 택할 것이냐고 묻는다면 아마 고개를 저을 것이다. 『엘리아의 제야』(문학과지성사, 2003)에 등장하는 대화 한 대목을 옮겨보자.

> 대한민국에서 교수 하는 놈들은 거의 예외 없이 누군가의 가랑이 밑을 몇
>
> 번은 기어간 놈이라고 그랬지. 지도교수의 가랑이든, 대학 재단 사람의 가랑
>
> 이든 말이야. 그걸 부끄러워할 줄 좀 알라구 그러더군.(『엘리아의 제야』, 30쪽)

한국어로 기사를 쓰기 시작한 이후 고종석은 늘 《한겨레》의 동료였던 조선희를 동경했다. 하지만 영어뿐 아니라 불어로도 글을 써본 경험이 있는 자신의 삶을 부정하면서까지 조선희가 되고 싶어 할 것 같지는 않다. 『독고준』(새움, 2011) 자체를 소설가 최인훈에게 헌정한 데서 쉽게 알 수 있다시피, 또한 고종석 소설의 성격상, 그는 지식인을 주인공으로 하여 지적인 주제를 탐구하는 소설을 쓰고자 했다. 하지만 소설에서 최인훈 같은 작가들에 대한 동경심을 보여줄 뿐, 그들을 능가하려는 예술적 야심을 드러내지는 않는다.

요컨대 고종석은 세 가지 정체성을 모두 성공적으로 운영하기 위해, 셋 중 하나라도 잃어버리지 않기 위해 그만한 노력을 기울이고 있었던 것이다. 아름다운 글을 쓰지 않는, 비루하게 남의 가랑이 사이를 기어

가는 언어학자가 되지 않았다. 정확한 지식에 기반을 둔 기사를 쓰고자 했다. 문학작품의 가치가 없는 글은 발표하지 않았다.

유럽통신과 사랑의 말들

- - - - - - - - - - - - - - - - - -

잠시 시간을 거슬러, 한국 사회가 대통령 직선제를 쟁취했던 1987년 으로 돌아가 보자. 당시 고종석은 이미 신문기자였고, 영어로 기사를 쓰고 있었다.《한겨레》는 이듬해인 1988년 5월 15일에 창간되었으니 고 종석이 한국어로 기사를 쓰기 시작한 것도 그 후의 일일 수밖에 없다. 고종석은, 특히 김훈이 위악스럽게 포장하여 떠벌이곤 하는, 밥벌이를 위해 굴욕적인 글을 써야 하는 시대를, 적어도 한 사람의 월급쟁이 기자 로서 겪지는 않았던 것이다.

그리고 세계의 문이 갑자기 열렸다. 대학생들은 삼삼오오, 혹은 혼자 서 배낭여행을 떠나기 시작했다. 해외 연수 등을 통해, 군사독재의 무게 를 느끼며 청춘을 삭혔던, 대학생이 아닌 이들조차 더 넓은 세상으로 발을 들여놓지 못해 안달인 시대가 열렸다. "'유럽의 기자들'은 기자 연 수 프로그램 이름이기도 하고, 그 프로그램을 운영하는 재단 이름이기 도 하고, 그 프로그램에 참가하는 기자들을 가리키는 말이기도"(『도시의 기억』, 개마고원, 2008, 203쪽)한데, 고종석은 바로 그 '유럽의 기자들'에 참여 하여, 혹은 '유럽의 기자들'이 되어, 1992년 가을부터 1993년 봄까지의 세 계절을 파리에서 보내게 되었다.

"'유럽의 기자들'은 일상의 권태에 절어 있던 30대 중반 사내에게 어느 가을날 소리 없이 찾아든 축복이었다. 시간의 미화작용에 기대어 뒷날 돌이켜보는 행복 말고 순간순간 겨워했던 행복이 내 삶에 있었다면, 그것은 파리에서의 그 세 계절이었다."(같은 책, 204쪽) 이렇게 고종석의 청춘 시절은 파리에서 뒤늦게 찾아왔고, 금세 사라졌다. "며칠 뒤 서울행 비행기를 탔을 때, 나는 싱그러움이 내 몸뚱이에서 빠져나가고 있음을 깨달았다. 다시는 되돌아오지 않을 싱그러움이."(같은 책. 209쪽)

고작 1년 반 뒤 고종석은 다시 파리행 비행기에 오른다. 별다른 대책도 없었다. 직장을 그만두었지만 다니던 회사는 파리 주재기자라는 직함을 안겨주었다. 프레스 카드를 발급받아 체류증을 갱신해가며 고종석은 파리에서 "'커리어'와 무관한 빈둥거림"(같은 책, 211쪽)을 만끽했다. 당시의 기분을 그는 이렇게 회고한다.

> 확실히 그것은 빈둥거림이었고, 일종의 허송세월이었다. 그러나 그게 바로 내가 바라던 것이기도 했다. 나는 파리에서 세월을 허송하는 게 좋았다. 가능하기만 하다면 늙어죽을 때까지 그러고 싶었다. 파리가 그저 좋았기 때문이다. '유럽의 기자들' 시절만큼 자극적인 행복은 없었지만, 파리는 내게 꼭 맞는 옷 같았다. 그 전에 35년을 산 서울 기억이 가물가물할 지경이었다. 앞에서 얘기하지 않았는가, 파리는 내 마음을 식민지화했다고.(같은 곳)

이 시절의 소설가 고종석은 '유럽의 기자들'의 경험을 바탕으로 『기자들』을 썼다. 기자로 일하는 고종석은 『고종석의 유럽통신』(문학동네, 1995)이라는 지극히 '90년대적'인 감수성이 넘치는 제목을 달고 있는 책을 펴낸다. 유럽의 다양한 시사, 문화 이슈뿐 아니라 다양한 학문적 내용까지 빼곡히 담겨 있는 책이다. 고종석처럼 훌쩍 떠나지 못한 사람들은 바로 그런 세계의 경험과 교양을 그리워하고 있었던 시절이었다.

『사랑의 말, 말들의 사랑』(문학과지성사, 1996)은 바로 그 허송세월하던 시절에 빚어낸 작품이다. "새 아파트의 집세는 예전 아파트의 집세에 견주어 거의 두 배 가까이"(『사랑의 말, 말들의 사랑』, 15쪽) 되었기에 고종석은 허송세월하는 와중에도 부지런히 일을 해야 했고, 그래서 자신의 둘째 아이에 대한 사랑을 조금이나마 회복하게 되었다고 말한 여드레 동안 책 한 권을 써냈다. "나는 억지로 사랑에 대한 생각을 함으로써, 내 몸을 적시는 미움을 중화시키고 싶었다. 그 강요된, 자발적 강요도 강요이므로, 생각의 결과가 이 책이다."(같은 책, 20쪽)

『사랑의 말, 말들의 사랑』은 훗날 고종석이 쓰게 될 여러 책들의 한 기원을 형성한다. 앞서 인용한 『어루만지다』가 '사랑의 말, 말들의 사랑'이라는 부제를 달고 있거니와, 그렇게 직접 연결되는 경우를 빼고 보더라도 그렇다. 이 책은 언어의, 여성의 관능에 대한 애착을 보여준다. 한국어에 대한 사랑은 "결핍으로서의 사랑"인데, "그 사랑을 결핍으로서의 사랑으로 만드는 것은 내 언어에 아로새겨진 그 모국어의 무늬가 머지않아 맞게 될 마모(磨耗)의 운명, 말소의 운명"(같은 책, 21쪽)이라고 탄식한다. 그의 독자들에게 너무도 익숙한 이 모든 광경은 바로 이 책에서부터 시작되었다.

고국에서 떨어져 한국어를 '그리워'하며 사랑할 수 있었기 때문에, 그는 「아내」 같은 글을 쓸 수 있었을지도 모르겠다. 함부로 단언할 수는 없겠으나,『사랑의 말, 말들의 사랑』에 수록된「아내」는, 역사가 그리 오래지 않고 제대로 개척되지 않은 한국어 산문의 역사 속에 오래 기억될 만한, 또 기억되어야 할 걸작이다.

서울에서 삼풍백화점이 무너져 아내의 이종 중 한 사람이 뜻밖에 유명을 달리하는 데서 시작해, 죽음에 대해 성찰하고, "죽은 자들 사이에서 죽음에 대해 지겹도록 생각하면서, 그 지겨움을 통해 두려움을 분해해버리"(같은 책, 143쪽)기 위해 그는 페르-라셰즈 묘지를 아내와 함께 산책한다. 거기에서 새삼스레 아내와의 연애 감정을 되살리고, 만으로 스무 살도 안 된 나이에 시작한 결혼 생활을 반추하고, 아벨라르와 엘로이즈의 연애담을 곱씹는다. 아벨라르와 엘로이즈가 페르-라셰즈로 이장된 과정을 추적하면서 묘지 자체의 역사를 훑어보는 것으로 기나긴 산책은 마무리된다.

> 아내와 나는 엘로이즈와 아벨라르의 무덤 앞에서 30분쯤 머물렀다. 엘로이즈와 아벨라르와 마담 두드토와 루소에 대해 얘기하며, 사랑과 치정에 대해서 얘기하며, 가족과 일과 집과 돈에 대해 얘기하며. 우리는 죽음에 대해서는 얘기하지 않았다. 비가 흩뿌리기 시작했으므로, 우리는 카페를 찾아 페르-라셰즈를 나섰다.(같은 책, 168쪽)

이 소박한 걸작은 고종석이 즐기던 파리 시내의 산책만큼이나 체계적이지 않고 산만하며, 뚜렷한 목적의식도 찾아볼 수 없다. 길지 않은 산문 속에 중세의 철학사와 희대의 스캔들, 그리고 근대 이후 파리의 역사가 등장하는데, 짧은 산책이 끝나고 나면 결국 우리는 다시 고종석의 도시로 돌아오게 된다. 심지어 고종석 본인조차도 이런 글을 다시는 쓰지 못할 것 같다는 생각마저 든다. 어디에도 속하지 않는, 떠돌아다니며 기웃거리는 산책자가, 파리를 헤매며 한국어로 글을 썼다. 고종석에게 아주 짧은 시간 동안 지속된, 그런 시절이었다.

안티조선부터 「우리는 모두 그리스인이다」까지

1997년에 외환위기가 터지지 않았다면, 나는 지금도 파리에 살고 있을지 모른다. 내가 그곳에 간 것은 그저 거기 살기 위해서였으니까. 파리에서 살고 싶다는 욕망은, 그것이 내 아이들에게 재앙이 될지도 모른다는 불안을 잠재울 만큼 이기적으로 강렬한 것이었다. 그러나 그 욕망도 경제현실을 이길 수는 없었다. 외환위기가 터져 원화의 값어치가 반으로 동강나면서, 집세를 포함한 내 가족의 생활비는 두 배로 뛰었다. 내 수입원의 대부분이 서울에서 오는 원고료였다.

나는 그제야 깨달았다. 겉멋에 들려 파리 사람인 양 살았지만, 내 알량한 허영심을 물질적으로 뒷받침해온 것은 서울이었음을. 나는 파리에 살면서도 뿌리를 서울에 박고 있었던 것이다. 나는 파리에 떠 있는 서울 사람이었다. 서울에서 들려오는 비명은 곧 내가 지르는 비명이었다. 몇 달을 버텨내지 못하고 나는 가족과 함께 서울로 돌아왔다. 김대중 씨가 대한민국 15대 대통령으로 취임한 날이었다.(『도시의 기억』, 215쪽)

고종석은 더 이상 파리의 산책자일 수 없게 되었다. 1987년 민주화 이후 10여 년간 지속된 도취의 시대가 끝났다. 고종석이 귀국한 날 대통령이 된 김대중은, 박정희의 측근이었던 김종필과 손을 잡고 이른바 'DJP 연합'을 구축한 후에야, 이인제의 경선 불복 및 탈당으로 인한 이탈표의 외부효과를 등에 업고서 간신히 승리를 거머쥐었다. 군사독재는 끝났다고 다들 믿고 싶었지만, '그들'과 손을 잡지 않고서는 누구도 대한민국의 권력을 손에 쥘 수 없다는 사실 역시 명확해 보였다. 민주화는 아직 완성되지 않았다.

그 무렵을 살았던 다른 이들과 마찬가지로, 파리에서 서울로 강제 송환된 고종석에게 '선출되지 않은 권력'의 문제는 결코 사소하지 않았다. 김영삼에 이어 김대중도 결국 '그들'과 손을 잡아야만 한다면, 대통령을 직접 뽑건 말건 얼마나 큰 차이가 있는 걸까? 그렇다면 '그들'은 누구이며, '그들'과 어떻게 싸워야 하는가? 사방팔방 적을 만들어가며 실명비판의 칼춤을 추던 강준만에게 《조선일보》의 이한우 기자가 명예훼손 소송을 걸면서 순식간에 전선이 그어졌다. '앙시앙 레짐'은 《조선일보》였다. 그들과 싸우는 것, 싸우지 않더라도 적어도 비타협적인 태도를 취하는 것이야말로 시대정신이었다.

동시에 IMF 외환위기는 한국인들의 정신세계에 또 다른 외상을 안겨주었다. 경제적인 충격이야 말할 필요도 없고, 더 중요한 것은 한국인들에게 '세계'의 다른 얼굴을 보여주었다는 사실이었다. 우리가 배낭을 메고 여행을 갈 때, 그들은 관광객을 받아주는 현지인이었다. 하지만 우리가 빚더미에 올라앉자 뼈를 깎아서라도 빚을 갚으라고 요구하는 샤일록 같은 존재로 돌변했다. 관광객에서 채무자로 신분이 격하된 한국인들에게 '세계'는 사뭇 다른 곳이었다. 세계를 여행하고 즐기는 것은 옛날 일이고, 이제 어찌 살아남아야 할지 고민해야 할 시점이었다.

고종석이 '스승'으로 모시던 소설가 복거일이 난데없이 영어를 한국의 공용어로 사용해야 한다고 주장했는데, 바로 이런 맥락을 전제하고 바라볼 필요가 있다. 서양인들을 불쾌하게 하지 않는 테이블 매너 따위가 문제가 아니었다. 어차피 사실상 영어가 상류층의 언어로 자리매김하고 있는 지금 무슨 말인가 싶지만, 당시에는 다들 절박했다. 세계 속에서 '무한경쟁' 해야 하고, 살아남아야 하는 것이다.

그 악명 높은 '영어공용화론'이 담긴 복거일의 『국제어 시대의 민족어』(문학과지성사, 1998년)는 1998년 출간되었다. 몇 달 뒤인 1998년 10월, 강준만이 펴내는 저널룩 『인물과 사상』의 지면에 고종석의 「우리는 모두 그리스인이다」가 게재되었다. 고종석의 이름이 책을 읽는 대중들의 머릿속에 깊이 박혀 들어가는 순간이었다.

이 일의 여파가 얼마나 강했는지 알고 싶다면 1999년에 출간된 『감염된 언어』의 구판을 잠시 접어두고, 2007년 출간된 개정판의 머리말을 펼쳐보자. 고종석은 자신의 책들을 개정하여 다시 출간했지만, 지난 글에 대해 이토록 길게 설명하고 있는 경우는 다시 찾아볼 수 없다.

> 이 책에서 펼친 생각들은 지금도 거의 변함이 없다. 다소 논란을 불러일으켰던 「우리는 모두 그리스인이다」의 논지 역시 마찬가지다. 내가 그 주제를 지금 다룬다 해도 다른 결론에 다다를 것 같지는 않다. 적잖은 독자들이 그 글에서 '약육강식'의 세계관을 읽어낸 것이 매우 당혹스러웠다. 내 한국어가 넉넉히 익지 않아 그런 오해를 빚었는지는 모르겠으나, 내가 거

기서 편든 것은 우리 사회의 가장 덜 혜택 받은 사람들이었다. 또 적잖은 독자들이 그 글에서 언어정책론의 옹호를 읽어낸 것도 당혹스러웠다. 한국어 순화가 됐든 영어 공용이 됐든, 나는 국가적 차원의 적극적 언어정책에 반대한다는 점을 그 글에서 분명히 했다.(『감염된 언어』, 개마고원, 2007, 7쪽)

복거일의 영어공용화론에 대해 핏대 세운 비판을 하는 대신, "우리는 모두 그리스인이다."라는 세계시민주의적 선언을 하는 고종석의 글에서 사람들이 '약육강식'의 세계관을 읽어낸 이유는, 그때가 그런 시절이었기 때문이다. 김대중과 함께라면 든든하리라 싶어서 뽑았지만, 노동자들에게 돌아온 것은 전례 없는 노동 탄압과 노조 분쇄라는 강철 군화였다. 대통령을 조롱할 자유는 어디에나 있었지만, 그가 '노동 유연화'를 꾀하고 '신경제'를 추구하는 데 맞설 권리는 누구에게도 주어지지 않았다. 과거의 질서는 무너지고 새로운 질서는 도래하지 않았는데, 그때만 해도 바로 그 '질서 없음'의 상태가 새로운 시대의 규칙이라는 사실을 아무도 깨닫지 못하고 있었던 것이다.

이런 혼란 속에서 고종석이 '스승'이라 부르던, '반공과 자유와 개인을 이야기하면서도 파시스트가 아니었던' 복거일은 세계 속의 생존을 위해 민족주의적 감수성을 줄여야 하고, 세계인들과 두루 소통되는 언어를 사용해야 하며, 따라서 영어를 공용어로 사용해야 한다는 급진적인 주장을 내놓았다. 나라가 망할지 모른다는 불안감에, 순진한 한국인들이 벽장 속의 금붙이를 꺼내 국가의 손에 위탁한 애국의 열기가 채 가라앉기도 전이었다. 복거일은 당연히 마녀사냥의 대상이 되었고, 그종석은 '스승'을 변호하기 위해 팔을 걷어붙이고 뛰어들었다.

「우리는 모두 그리스인이다」는 고종석의 세 가지 정체성이 모두 발휘된, 역시 그 무렵의 고종석이 아니면 쓸 수 없는 글이다. 그는 안티조선 운동에 가담한 언론인으로서 다른 글에서는 찾아보기 어려울 정도로 목청을 높여《조선일보》를 비롯한 민족주의적 감수성을 밀어붙이는 이들에게 항의한다. 한국어로 문예 활동을 하는 예술가의 감수성은 한국어의 미래에 대한 비관적인 예측마저 포용하게 한다. 모두 고종석이 훈련된 언어학자이기 때문에 가능한 이야기들이다. 기자-소설가-언어학자로서 고종석은 누구도 하지 못했거나 당시로서는 감히 할 수 없었던 이야기를 과감히 내질렀다. 이후 그가 써내려간 사회 참여형 글쓰기의 적지 않은 원동력이 바로 이 지점이라고 말해도 무리가 없을 것이다.

지는 편에 서는 소극적·도피적 낭만주의
- -

고종석에 대한 이런저런 수식어에 대해 생각해보자. 자유주의자이면서 가장 왼쪽에 가깝다거나, 좌파를 부끄럽게 하는 우파라는 등의 이야기는 모두 그가 2000년대 초 진보정당을 지지하지 않았기 때문에 달라붙었던 수식어들이다. 그런데 막상 2007년 대선 국면에서 고종석은 민주노동당의 권영길 후보를 향해 "미래를 위한 사표"(『경계긋기의 어려움』, 개마고원, 2009, 98쪽)를 던지자고 주장하며, 자유주의자에서 자유지상주의로 돌변한 '스승' 복거일에 대해, 대통령이 되자마자 강자의 편으로 돌변한 노무현에 대해서 그랬듯이, 거침없는 비판을 쏟아냈다.

좌파답다-좌파답지 않다-우파답다-우파답지 않다는 식의 다양한 수사가 덧없이 느껴지도록, 한국 사회와 정치가 뒤틀려버렸다. 2006년 무렵이 되자 벌써 '안티조선'은 '추억'이 되었다.(『신성동맹과 함께 살기』, 개마고원, 2006, 12쪽) 고종석은 자신과 막역한 사이인 강금실이 출만한 서울시장 선거를 두고서도 "마땅히 민노당 김종철 후보에게 표를 던져야 했음에도 그러지 못한 나 자신을 책망"(같은 책, 26쪽)한다는 말까지 한다. 양심적 우파니 좌파를 부끄럽게 하는 자유주의자니 하는 소리들은 많았지만, 결국 당시의 풍랑에 휩쓸려 들어가지 않았던 고종석은, 지고지순한 회의주의자 혹은 감상주의자였을 따름이다.

> 나는 하염없는 감상주의자(였)다. 이성과 합리성에 바탕을 둔 리얼리즘이 모자랐던 탓에, 나는 늘 주변인으로 살았다. 크고 작은 공동체의 변두리에, 안과 밖의 경계에 내 자리가 있었다. 그 가두리의 자리를 나는 자유의 자리로 여겼다. 그 자유는 패배의 대가로 얻은 자유였다. 그러니까 내가 일종의 낭만주의자라 하더라도, 그 낭만주의는 영웅적 낭만주의가 아니다. 그것은 삶의 패배를 예상하거나 예정한, 소극적·도피적 낭만주의다.(『도시의 기억』, 34쪽)

이른바 "소극적·도피적 낭만주의"는 고종석 소설의 주인공 및 주변인들을 특징짓는 중요한 정서적 지표이기도 하다. 영웅적 낭만주의자를 고종석은 그려낼 줄 모르거나, 가능하다 해도 그러지 않을 것이다. 다만 기자-소설가-언어학자로서의 온전한 자신을 지키기 위해, 기꺼이 지는 편에 서는 것을 감수할 뿐이다. 하여 미래를 위해 사표를 던지자

고, 진보정치가 몰락하면 앞으로는 더욱 힘들어질 거라고, 자신이 동어
반복을 하고 있다고 인정하기 시작한 2007~2008년 적극적으로 발언하
기 시작한다. 하지만 이미 늦었다.

현실 정치에 대해 발언하던 '논객' 중 박근혜 고유의 에너지를 있는
그대로 바라보고 경고한 사람이 고종석이었고, 이 역시 그가 한 걸음
물러서서 응시하는 사람임을 고려하면 전혀 놀랍지 않은 일이다. 2008
년 3월에 그가 쓴 글을 다시 읽어보자.

> 2004년 노무현 탄핵소추의 반작용으로 궤멸의 위기를 맞은 한나라당을
> 되살려냈을 때, 박근혜 씨가 아버지의 이름으로 그 어려운 일을 해내지는
> 않았다. 그는 상당 부분 자신의 지도력으로 한나라당을 이끌었고, 그의
> 품 안에서 체력을 키운 한나라당은 결국 정권교체에 성공했다.(『경계긋기의
> 어려움』, 76쪽)

그리고 박근혜는 현재, 김영삼이 감옥에 가두었지만 김대중이 대통
령직을 얻자마자 풀어주었던 전두환의 남은 추징금을 환수하기 위해
칼을 빼들고 휘두르는 중이다. "1980년 이후 스물세 번째 5월을 보내며,
우리는 다시 한 번 되새겨야 한다. 전씨는 살인자라는 것을. 그의 손과
돈은 그해 5월에 학살된 사람들의 피로 얼룩져 있다는 것을."(『신성동맹과
함께 살기』, 200쪽) 2003년 5월의 고종석이 쓴 이 글은, 정권이 바뀌고 돌아
오지 않은 채 10년 세월이 흐른 지금에야 역사의 희비극으로 실현되고
있는 중이다.

진보정치의 몰락, 그리고 기자 고종석의 절필

최초의 질문으로 돌아가 보자. 왜 고종석은 절필했을까? 왜 붓을 꺾으면서 백낙청과 통일부 관료를 비교하고, 자기 자신과 안철수를 견주었을까? 통일부 관료는, 설령 그가 작성하는 서류의 힘이 대단히 강하다 할지언정, 결국 한 사람이 아니라 조직의 부품으로서 힘을 발휘할 수 있을 뿐이다. 어쩌면 그 관료는 실제로 책임질 필요 없이 장쾌한 한반도 구상을 마구 떠들 수 있는 백낙청을 부러워할지도 모른다. 적어도 관료 자리를 유지하고 있는 한, 자신의 입장을 발표할 수도 바꿀 수도 없다. 그는 오로지 서류에 찍을 수 있는 도장을 가졌을 뿐, 역사를 움직이는 힘 자체를 갖진 못한다.

안철수와 고종석의 비교는 더더욱 납득하기 어렵다. 안철수는 그렇게 잘 팔리는 책을 써놓고도 결국은 문재인에게 대통령 후보 자리를 양보했으며, 문재인은 대통령이 되지 못했다. 투표율만 높아지면 이긴다는 분위기가 팽배했지만, 스마트폰과 인터넷은 영원히 '우리 편'일 줄 알았지만, 카카오톡으로 투표하자고 격려하는 50대 이상 유권자들의 파도를 넘을 수는 없었다. 당시의 '멘붕'을 떠올려보면, 드골의 말투를 흉내 내어 "그들도 코리아야."라고 비아냥거리고 싶은 심정마저 든다. 그렇게 박근혜는 압도적인 득표수를 기록하며 대통령이 되었다.

언어학자인 고종석이 매너리즘에 빠진 것은 당연한 일이다. 학계의 일원이 아닌 만큼 최신 연구 결과를 입수할 수도 없거니와, 설령 그렇다 하더라도 대중을 상대로 할 수 있는 강의 내용이 뻔하기 때문이다. 스티븐 제이 굴드 같은 일급 학자조차 대중서 내용은 거기서 거기다. 고종석이 한국어에 대해 했던 이야기를 되풀이하는 것은 지적 나태의 증거라기보다는 교사로서의 성실함의 증거일 수도 있는 것이다.

하지만 기자로서, 혹은 한 사람의 지사로서 발언해야 할 고종석의 자리는 이제 없다. 노무현의 당선 이후 시작된 정치 실험과, 그 여파로 인한 진보정치의 몰락 때문이다. 이제 고종석은 좌파 정당을 보고 피노체트니 스탈린이니 하는 것들을 자동 연상하지 않는다. 그런 무지막지한 자들을 떠올리게 할 정도의 힘도 없기 때문이다. 하지만 그에게 주어지는 반대의 선택지는 그저 조악한 정치공학의 산물일 뿐이다.《조선일보》에 기고하지 않음으로써 양심을 지키는 고종석조차, 전두환의 아들인 전재국이 소유한 시공사 계열의 대형 도매상을 통해 자신의 책이 유통되는 사태는 막을 수 없었다. "경계긋기의 어려움"을 고종석은 고백했고, 사실 우리는 모두 그 앞에서 주춤거리고 있다.

소설가 고종석이 다다른 결론을 이야기하면 『해피 패밀리』에 대한 언급이 될 수밖에 없을 터인데, 이 글을 읽는 사람이라면 이미 알고 있을 터이므로 그냥 얘기하자. 소설가 고종석의 주인공들은 누이를 향하지만 누이에게 도달하지 못함으로써 윤리성을 획득하고 발화할 수 있었다. 그런데 고종석의 마지막 작품에 이르러, 그 사랑은 완성됨으로써 파국을 맞이한다. 최인훈 소설의 주인공인 독고준을 살려내 자기 자신을 실컷 투영한 후 노무현의 자살과 함께 죽게 만든 다음의 일이다. 한 사람의 애독자로서, 소설가 고종석의 부활은 결코 쉽지 않을 일임을 알기에, 두 손 모아 기원할 수밖에 없다.

우리가 살아온 논객시대는 결국 이렇게 되었다. 우리는 여전히 '그들'

이 맺은 '신성동맹'과 함께 살고 있다. 항의하는 자에게는 처벌이, 이탈하는 자에게는 핍박이 가해지는 세상이다. 반면 반대편에서 존재했던, 혹은 가능하리라고 믿었던, 말하자면 '민주동맹'은 산산히 깨진 지 오래다. 이런 현실에서 복수의 정체성을 엮어 하나의 자아를 형성했던 한 문인에게, 이 세상은 억지로 적응하기에는 너무도 비루한 곳일지도 모르겠다.

생계를 위해 고종석은 글쓰기 강좌를 하기도 했다. 직업으로서의 글쓰기를 그만두겠다고 했지, 아예 입도 벙긋하지 않고 살겠다고 한 것은 아니므로, 트위터를 통해서건 다른 경로를 이용해서건 계속 무언가를 말할 테고 우리는 들을 것이다. 한 시대를 가장 치열하면서도 단정하게 돌파해온 문인이, 이전까지는 쳐다보지도 않았던 혼탁한 언어의 늪에서 스스로를 감염시키고 있다.

언뜻 생각하면 가슴이 아프다. 그러나 어차피 돌아가야 할 이상향 따윈 없다는 점을 고려하면 꼭 그렇지도 않다. 비비고 섞이고 흔들리고 뒤집히고 씹어 먹히고 내뱉어지는 온갖 지저분한 삶과 언어의 현장 속에서만 새로운 변종이 탄생할 테니까. 우리에게 주어진 한 줌의 말들 속으로 뛰어드는 것 말고는 달리 할 수 있는 일도 없음을, 이제 우리는 알고 있으니까. 하지만 그 얕은 뻘밭에서 뒹굴다 지칠 때면 종종 「아내」 같은 글을 꺼내 읽는 나와 여러분들처럼, 2013년의 고종석 또한 어느 시절의 고종석으로부터 작은 위로를 받을 수 있기를, 나는 진심으로 바란다.

논객시대

인문·사회 담론의 전성기를 수놓은 진보 논객 총정리

1판 1쇄 찍음 2014년 2월 7일
1판 1쇄 펴냄 2014년 2월 14일

지은이 노정태
펴낸이 박상준
펴낸곳 반비

출판등록 1997. 3. 24.(제16-1444호)
서울특별시 강남구 도산대로1길 62
대표전화 515-2000, 팩시밀리 515-2007
편집부 517-4263, 팩시밀리 514-2329

글ⓒ노정태, 2014. Printed in Seoul, Korea.

ISBN 978-89-8371-654-5 03300

반비는 민음사출판그룹의 인문·교양 브랜드입니다.